한 시간 기도

한시간 기도

유기성 지음

규장

기도의 차원이 달라지는 역사를 경험하십시오!

저에게 있어서 가장 자신이 없는 영역이 기도입니다. 항상 기도가 부족하다고 느끼며, 기도하지 않는 불성실함으로 인하여 늘 주님께 죄송한 마음입니다. 그런 제가 기도에 대한 책을 내는 일이 너무나 조심스럽습니다. 그런데도 주님이 이 책을 내게 하신다고 믿는 이유가 있습니다. 저와 같이 기도에 대한 부담은 크면서도 실제로 기도하지 못하는 사람들이 많기 때문입니다. 그들에게도 제게 하신 것처럼 '기도의 기쁨'에 대하여 눈을 열어주시려는 것입니다.

짐과 부담에서 쉼과 충전으로

매일 일기를 쓰면서 주님과 친밀히 동행하다보니 기도에 대한 부담이 계속 커져 갔습니다. 매일 한 시간은 기도해야 한다는 마음이 계속 들었습니다. 겟세마네 동산에서 제자들에게 "한 시간도 깨어 있을 수 없더냐?"라고 하신 주님의 음성이 저에게도 계속 들리는 것 같았습니다. 그 후 여러 사인(sign)을 통하여 주님께서 이것을 정말 원하신다는 것을 깨달았습니다.

그러나 기도는 저에게 무거운 짐과 같았기 때문에 선뜻 순종하지 못하였습니다. 어릴 때부터 본 교회 어른들의 기도는 '큰 소리로', '열심히', '금식하며', '추운 겨울에도 산에 올라가', '밤을 새며', '목이 터져라' 부르짖는 것이었습니다. 한마디로 중노동 같았고 초인적인 노력이 필요한 일이었습니다.

해야 할 것이 하고 싶어지고, 하지 말아야 할 것이 하기 싫어져야 복될 텐데, 대부분 그 반대이기 때문에 문제입니다. 안타깝게도 저의 기도가 그랬습니다. 그래서 '한 시간 기도'가 계속 마음에 부담이었지만 실제로 기도하기까지 시간이 오래 걸렸습니다.

그러나 기도해야 한다는 주님의 강권하심이 너무나 강해서 결국 한 시간 기도 시간을 갖는 일에 순종하게 되었습니다. 매일 일과 중에 한 시간을 따로 구별하려니 익숙하기까지 한 달 정도, 반드시 해야 할 일 외에 다른 일들을 중단해야 했습니다.

그렇게 기도하면서 놀라운 것을 깨달았습니다. 기도 시간이 주님과의 사랑의 교제임을 느낀 것입니다. 요한복음 15장 4절에서 주님은 "내 안에 거하라"라고 하셨는데, 주님이 우리에게 원하시는 기도는 열심히 하는 기도가 아니라 '주님 안에 거하는 기도'임을 알았습니다. 제 영혼과 몸과 마음을 살리려는 뜻이었습니다.

저에게는 무거운 짐이 많습니다. 제 능력으로 도무지 감당할 수 없는 것들입니다. 그런데 기도하기 위해 주님 앞에 나아가니 그 짐을 주님 앞에 다 내려놓을 수가 있었습니다. 매일 한 시간 기도하는 것은 무거운 짐을 하나 더 지는 것이 아니라 우리의 마음이 쉬면서 주님으로부터 새 힘을 공급받는 시간이었습니다. 주님이 원하시는 것은 제가 주님과 보조를 맞추며, 주님 안에서 재충전을 얻는 것이었습니다. 주님 안에서 쉬는 시간이 기도였습니다.

실제로 기도하면서 기도 없는 수고가 헛되다는 것을 다시 한번 깨달았습니다. 제가 가장 많은 시간을 쓰는 일은 설교 준비입니다. 많은 설교를 준비해야 하기 때문에 때로는 한 시간 기도가 부담스러울 때도 있었습니다. 기도를 하더라도 머리로는 설교 준비를 할 때도 많았습니다.

그러나 오랜 시간 준비했던 설교 원고를 마지막 순간, 쓰레기통에 버려야 했던 일이 얼마나 많았는지 모릅니다. 준비하는 데 시간을 많이 들였다고 해서 꼭 은혜로운 설교가 나오는 것은 아니었습니다. 기도 없이 설교를 준비한다는 것이 얼마나 헛된 수고인지 수도 없이 경험하였습니다.

반면에 기도하다가 설교 준비가 끝난 적도 너무나 많았습니다. 그 때는 정말 성령께서 말씀하시는 것을 받아쓰기 하는 느낌이었습니다. 그런데도 여전히 설교 준비 때문에 기도할 시간을 내지 못할 때가 있습니다. 그럴 때면 '아, 나는 정말 구제불능이 아닌가?' 하는 탄식이 나옵니다. 그래서 한 시간 기도운동을 하게 하신 모양입니다. 전적으로 이런 저를 위해서 말입니다.

한 시간 기도운동을 시작하며

한 시간 기도를 하면서 기도의 차원이 달라지는 것을 깨달았습니다. 기도의 능력으로 산다는 것이 제게 실제가 되었습니다.

"이렇게 쉬운데 왜 진작 기도하지 못했을까?"

"이처럼 기쁘고 놀라운데 왜 한 시간 기도하지 않았을까?"

이 은혜를 교인들과 함께 나누고 싶어서 '한 시간 기도운동'을 시작하였습니다. 주님은 저 혼자만의 기도를 원하지 않으셨습니다. 교인들에게도 이 기도를 원하신다고 느꼈습니다. 그러면서 '우리 교회 모든 성도들이 매일 한 시간 기도하면 어떤 일이 벌어질까?' 생각하였는데, 충격이었습니다. 정말 엄청난 일일 것이기 때문입니다. 만약 '한국 교회 성도들이 한 시간 기도하기 시작한다면' 한국 교회는 반드시 개혁될 것이라는 생각도 들었습니다. 교인들에게 한 시간 기도운동을 시작한다고 선포하자, 놀랍게도 여러 분들이 "주님이 제게도 그렇게 말씀하셨어요!"라는 고백을 했습니다.

'바쁜데 한 시간을 어떻게 기도하라는 것이냐?' 하지 말아야 합니다. 한 시간 기도는 낭비가 아닙니다. 한 시간 기도운동은 바로 살아보자는 것입니다. 한 시간 기도해야 하기 때문에 포기해야 하는 것이 있다면, 그렇게 함으로써 거의 틀림없이 유익할 것입니다.

어려운 일이 생긴 사람은 한 시간 기도하자는 말이 반가울 것입니다. 기도하고 싶은 마음이 간절한 상태이기 때문입니다. 반대로 특별한 어려움이 없고 형편이 괜찮은 사람은 한 시간 기도운동이 부담이 될 것입니다. 그러나 정신을 차려야 합니다. 마귀가 우는 사자처럼 삼킬 자를 찾아 두루 돌아다니고 있습니다. 그러니 우리는 항상 위험한 상황에 처해 있는 것입니다. 그것을 자신만 깨닫지 못할 뿐입니다. 그러니 더 위험한 것입니다.

그러므로 "네가 한 시간도 깨어 있을 수 없더냐?"라고 하는 주님의 음성이 천둥소리처럼 들려야 합니다. 우리는 얼마든지 기도하는데 한 시간을 낼 수 있습니다. 주님을 바라보는 눈이 뜨이는 것이 열쇠입니다. 거기서 기도의 기쁨이 나오기 때문입니다. 도저히 기도할 시간이 없을 정도라면 '대체 무슨 일로 그리 바쁜가?' 생각해보아야 합니다.

한 시간 기도의 능력을 경험하라!

여러분도 한 시간 기도를 실천해보기 바랍니다. 기도생활을 하면 반드시 능력이 나타납니다. 담대함이 생깁니다. 아무것도 아닌 것으로 계속해서 시험에 드는 사람이 있습니다. 그러나 엄청난 문제를 겪고도 시험에 들지 않는 사람도 있습니다. 기도가 다르기 때문입니다. 이런 기도의 능력이 어디서 오는 것일까요? 기도를 통하여 예수님과 계속 접촉하고 있기 때문입니다.

이 책의 내용은 '한 시간 기도운동'을 시작하면서 나누었던 설교입니다. 책으로 출간하기로 결정한 뒤 고민이 하나 있었습니다. 설교를 듣는 교인들의 영적 수준은 다양하고 삶의 형편도 너무 다릅니다. 그래서 설교를 정리해서 출간하는 이 책의 내용이 어떤 사람에게는 너무 쉽기도 하고, 어떤 사람에게는 이해하기 어렵기도 할 것입니다.

그렇지만 책으로 출간하기 위하여 정리한 원고를 읽으면서 제 안에 기도의 영이신 성령께서 뜨겁게 역사하심을 경험하면서 '아, 이 책을 출간하는 것이 필요하겠구나!' 하고 깨달았습니다.

이 책은 실제 기도하면서 설교한 내용으로, 이 책을 읽는 여러분도 한 시간 기도하면서 읽어보기를 바랍니다. 그러면 주님이 주시는 큰 유익이 있을 것입니다.

유기성

프롤로그

PART 1

한 시간 기도를 시작하라

PART 2

한 시간 기도를 배우라

PART 3
한 시간 기도로 살자

PART 4
끝까지 기도하라

ONE HOUR PRAYER

한 시간 기도를 시작하라

PART 1

CHAPTER **1**

한 시간도 기도할 수 없더냐

36 이에 예수께서 제자들과 함께 겟세마네라 하는 곳에 이르러 제자
들에게 이르시되 내가 저기 가서 기도할 동안에 너희는 여기 앉아
있으라 하시고 37 베드로와 세베대의 두 아들을 데리고 가실 새 고
민하고 슬퍼하사 38 이에 말씀하시되 내 마음이 매우 고민하여 죽게
되었으니 너희는 여기 머물러 나와 함께 깨어 있으라 하시고 39 조
금 나아가사 얼굴을 땅에 대시고 엎드려 기도하여 이르시되 내 아버
지여 만일 할 만하시거든 이 잔을 내게서 지나가게 하옵소서 그러나
나의 원대로 마시옵고 아버지의 원대로 하옵소서 하시고 40 제자들
에게 오사 그 자는 것을 보시고 베드로에게 말씀하시되 너희가 나와
함께 한 시간도 이렇게 깨어 있을 수 없더냐 41 시험에 들지 않게 깨
어 기도하라 마음에는 원이로되 육신이 약하도다 하시고 42 다시 두
번째 나아가 기도하여 이르시되 내 아버지여 만일 내가 마시지 않고
는 이 잔이 내게서 지나갈 수 없거든 아버지의 원대로 되기를 원하
나이다 하시고 43 다시 오사 보신즉 그들이 자니 이는 그들의 눈이
피곤함일러라 44 또 그들을 두시고 나아가 세 번째 같은 말씀으로 기
도하신 후 45 이에 제자들에게 오사 이르시되 이제는 자고 쉬라 보라
때가 가까이 왔으니 인자가 죄인의 손에 팔리느니라

마태복음 26:36-45

2018년 8월, 대구에서 예수동행일기 세미나를 인도하였는데, 큰 예배당이 가득 차도록 많은 인원이 모인 것을 보고 깜짝 놀랐습니다. 집회를 준비한 이들은 제가 강사로 와서 그렇다고 했지만, 제가 보기에 그것은 전적인 기도의 역사였습니다.

1년 전쯤 한 여자 권사님이 대구에 와서 말씀을 전해달라는 내용으로 손편지 한 통을 보내셨습니다. 많은 집회 요청이 있었지만 그 편지에 특별히 마음이 갔던 이유는 정성들여 쓴 그 편지에서 권사님의 간절함과 함께 깊은 기도가 있다고 느껴졌기 때문입니다. 알고 보니 집회를 준비한 분들이 1년이 넘도록 기도했을 뿐만 아니라 1백여 교회를 일일이 방문하여 집회의 중요성을 알리고, 기도함으로 목사님과 교인들의 참여를 호소했다고 합니다.

저는 '결국 그 기도의 역사구나!'라는 사실을 깨달았습니다. 요즘 한국 교회의 연합집회에서 찾아보기 힘든 일이자 기도의 열매로 이런 부흥을 경험하게 되었기에 하나님께서 기도에 대해 강한 도전을 주신다는 감동을 받았습니다.

하나님의 지시하심

오늘날 한국 교회의 문제는 기도의 모양만 있지 능력을 잃어버린 것입니다. 겉으로는 기도하지만 실제로 기도의 힘을 다 잃어버리고, 예수님 당시 예루살렘 성전과 비슷한 영적 문제에 빠져 있습니다. 예수님은 성전 안에서 매매하는 자들을 내쫓으시며 환전상과 비둘기 파는 자들의 의자를 둘러 엎으셨습니다. 그러면서 이렇게 외치셨습니다.

> 이에 가르쳐 이르시되 기록된 바 내 집은 만민이 기도하는 집이라 칭함을 받으리라고 하지 아니하였느냐 너희는 강도의 소굴을 만들었도다 하시매 막 11:17

당시 예루살렘 성전에서는 겉으로는 하나님께 제사드리고 기도하기는 하지만, 그것은 형식일 뿐이고 실제로는 재물의 유혹에 빠져서 성전이 그야말로 이름만 기도하는 집이 되어 있었습니다. "내 집은 만민이 기도하는 집이라"는 말씀은 지금 우리가 새겨들어야 할 말씀입니다.

하나님께서 몇 년 전부터 저에게 계속해서 "기도하라"는 부담을 주셨습니다. 하나님이 마음에 부담을 주시니까 나름대로 기도하려고 애를 썼지만, 아무래도 주님이 원하시는 수준이 아니었던 것 같습니다. '내가 주님이 하라는 대로 기도하지 못하고 있구나' 하는 부담이 계속 있었고, 그 안타까움을 예수동행일기에 고백할 때가 많았습니다. 그런데 최근에 '한 시간 기도운동'을 일으키라는 하나님의 구체적인 지시하심을 느꼈습니다. 저뿐만 아니라 온 교인에게 매일 한 시간 기도하게 하라는 구체적인 마음을 주셨습니다.

그 즈음 부산으로 말씀을 전하러 가면서 오가는 길에 읽을 책이 없을까 살펴보다가 《기도의 골방》(토기장이)이라는 책이 눈에 띄여 가져가서 찬찬히 읽게 되었습니다. 그 책을 통해 다시 한번 기도의 도전을 받았습니다. 교회로 돌아오자 제 책상에 출판사에서 보내온 책들이 놓여 있었는데, 그중에 《절대 1시간 기도》(하정완, 아르카)라는 책을 보는 순간 제목만으로 전율이 느껴졌습니다. '절대 한 시간 기도'라니! 이건 정말 주님이 한 시간 기도운동을 하라고 여러 가지 사인으로 저에게 말씀하시는 것이 분명했습니다. 그날 아내가 '당신은 행복하십니까' 시리즈 설교에 도움이 될 것 같다고 책 한 권을 권해주었습니다. 그 책이 다름 아닌 조지 뮬러 목사님의 《먼저 기도하라》(강같은평화)였습니다. 저자가 주님 안에서 누린 행복에 대한 내용이었지만, 저에게는 행복보다 '기도'에 대한 도전이 더 강하게 느껴졌습니다.

도저히 부정할 수 없는 강권적인 하나님의 인도하심 앞에 저는 먼저 페이스북 칼럼을 잠시 쉬기로 했습니다. 제가 먼저 '한 시간 기도'를 하지 않고서야 어떻게 교인들에게 기도하라고 할 수 있겠습니까. 칼럼을 중단하고 2주간 한 시간 기도하는 생활을 철저히 해보았습니다. 주님이 제 마음에 "모든 교인이 매일 한 시간씩 기도하면 어떤 일이 일어나겠느냐?"라고 물으셨습니다. 우리 교회 성도 모두가 매일 한 시간씩 기도한다면 기도회로 모이거나 예배를 드릴 때마다 어떤 역사가 일어날지 생각만 해도 온몸에 소름이 돋았습니다. 비단 저희 교회뿐 아니라 한국 교회 성도들이 이렇게 한 시간 기도하게 된다면 한국 교회에 개혁이 일어나고 하나님께서 새 부흥을 주시겠다는 마음이 아주 강하게 들었습니다.

온 교인이 다 모이는 주일에 말씀을 나누면 좋겠지만 그러면 시간의 제약상 말씀을 깊이 나누기가 어려워서 금요성령집회에서 말씀을 나누기로 하고, 중보기도회에 참석한 분들에게 먼저 한 시간 기도운동을 소개했습니다. 그러자 다들 주님의 뜻이라고 동의해주었습니다. "너, 기도 똑바로 해라", "충분히 기도해라", "매일 한 시간은 기도해라" 이미 많은 분들이 이 일에 하나님의 인도함을 받고 있었던 것입니다. 하나님께서 분명히 말씀하셨는데도 몇 번씩 확인을 해주셔야, 우리가 그것을 주님의 뜻으로 여기는 존재라는 것이 너무 안타깝고 죄송하였습니다. 여러분도 이 책을 통해 '이것이 하나님의 사인(sign)이다. 지금 내게 필요한 건 기도야!'라는 감동을 받는다면 매일 한 시간 기도를 함께 시작하면 좋겠습니다.

선제적 기도생활

어느 교회에 갑자기 큰 시험이 생겼습니다. 교회가 존폐 위기에 놓인 큰 어려움이었습니다. 그 일로 제직회가 모였는데 보통 수십 명만 참석하던 것과 달리 거의 모든 제직이 참석하였습니다. 어려운 일이 생기면 교회의 중직자들이 모여서 회의에 회의를 거듭하는 것이 상식인데, 이 교회는 회의를 하기보다 특별새벽기도회를 열어 하나님께 매달려 기도하였습니다. 얼마나 바람직한 일인지 모릅니다. 그렇게 어려움에 대처한 결과 교회는 문제를 잘 넘기게 되었고, 오히려 위기가 기회가 되어 모든 성도가 하나가 되고 믿음이 더 돈독해지는 결과를 가져왔습니다.

그렇습니다. 어려운 일을 당할 때 우리는 하나님께 부르짖어야만 합니다. 요즘 한국 교회는 기도보다 회의만 많이 하는 교회로 바뀌고 있습니다. 그러나 교회의 어려움은 결코 회의로 해결되지 않습니다. 교인들의 문제 또한 마찬가지입니다. 환난이 오고 시험이 오고 두려운 일이 생기고 어떻게 해야 할지 모르는 난감한 상황에 빠질 때 가장 먼저 기도의 자리로 나아가야 합니다. 사람에게 의논하고 사람을 의지하여 여기저기 기웃거릴수록 시험과 연단이 더 길어질 뿐입니다. 우리의 우선순위는 먼저 하나님께 나아가는 것입니다.

이 교회가 큰 시험을 기도로 풀어가는 것을 지켜본 목사님 한 분이 한 번 더 생각해보아야 할 것이 있다는 말을 하였습니다. 고난 당할 때 하나님께 부르짖어야 하지만, 고난 당하기 전에 미리미리 하나님께 부르짖는 기도생활을 한다면 시험 없이 살지 않겠느냐는 것입니다. 물론 그 교회가 비상한 사태를 맞아 모두 뜨겁게 기도한 것은 정말 잘한 일이지만, 평소에 그렇게 기도했다면 그런 시험을 겪지 않았을 수도 있습니다. 문제가 생기기 전에는 새벽기도에 참석하는 인원도, 제직회에 모이는 인원도 얼마 되지 않았습니다. '누군가는 기도하고 섬기겠지' 하고 지냈기 때문입니다. 교회에 어려운 일이 생기기 전에 열심히 새벽기도를 하고 제직회나 당회 또한 성심성의껏 잘했다면 그와 같은 고난 없이 하나님의 복을 받는 교회가 될 수 있었을 것이라고 했습니다. 전적으로 옳은 말씀입니다.

한 시간도 깨어 기도할 수 없더냐

우리도 똑같습니다. 매일 한 시간 기도운동을 하자고 할 때, 현재 아주 힘들고 어려운 문제가 있는 사람은 금세 반응합니다. 그런 분들은 "할 수 있다, 없다" 말하지 않습니다. 누구라도 자기를 붙잡고 기도해줬으면 좋겠고, 기도하고 싶은데 잘 안 되어 속상한 상태이기 때문입니다.

문제는 특별히 기도할 것이 없다고 생각하는 사람입니다. 사는 형편이 괜찮은 사람은 한 시간 기도가 부담이 됩니다. '5분도 기도하기 힘든데 어떻게 매일 한 시간씩 기도하나?' 이런 마음부터 듭니다. 기도의 절박함이 없고 기도생활을 제대로 해보지 않은 것입니다.

이런 사람은 예수님이 겟세마네 동산에서 기도하실 때 하신 말씀을 귀담아들어야 합니다. 예수님은 제자들에게 자신이 기도할 동안에 깨어 있으라고 부탁하셨습니다. 그러나 제자들은 자고 있었습니다. 그러자 주님이 이렇게 책망하십니다.

너희가 나와 함께 한 시간도 이렇게 깨어 있을 수 없더냐 시험에 들지 않

게 깨어 기도하라 마 26:40,41

그 중요한 순간에 제자들은 왜 그렇게 잠들어 있었을까요? 앞으로 무슨 일이 일어날지 몰랐기 때문입니다. 예수님이 십자가에 달리실 것을 알았다면 제자들은 기도하지 말라고 해도 기도했을 것입니다. 그런 일이 일어날 거라고는 꿈에도 몰랐으니까 주님이 당부하셔도 졸리기만 하고 마음에 절박함도 없었던 것입니다.

지금 우리가 그렇습니다. 한 치 앞을 보지 못합니다. 우리 앞에 어떤 일이 펼쳐질지 모릅니다. 어려움이 닥친 사람은 기도해야겠다는 마음이라도 들지만, 어려움이 없는 사람은 기도가 간절하지 않습니다. 그것이 더 문제입니다. 평안하고 별다른 일이 없을 때 졸음이 올 때 정신 차려 기도해야 합니다. 기도가 아니면 이겨낼 수 없는 시험이 우리 눈앞에 있습니다. 제가 악담을 하는 것이 아닙니다. 성경이 그렇게 말씀하고 있습니다.

근신하라 깨어라 너희 대적 마귀가 우는 사자같이 두루 다니며 삼킬 자를 찾나니 벧전 5:8

실제로 내 주변에 우는 사자가 삼킬 자를 찾아 돌아다닌다고 생각해보십시오. 한번은 남아프리카공화국에서 열린 유학생 수련회에 참가했던 길에 사파리에 갔었는데 어린 사자와 함께 사진을 찍는 이벤트 행사가 있었습니다. 사자라도 새끼니까 귀여울 것이라고 생각했는데 막상 가까이 가서 보니 엄청나게 컸습니다. 발바닥이 사람 얼굴만 한 것이 어른이라도 맞으면 부상을 입을 정도였습니다. 사자 새끼도 그 정도인데 으르렁거리는 사자가 먹이를 찾아 두루 돌아다닌다면 정말 끔찍한 일이 아니겠습니까? 그런데 보지 못해서 그렇지 지금 우리 형편이 그렇게 항상 위험한 상황이라는 말입니다.

그러니까 한 시간 기도는 해도 되고 안 해도 되는 문제가 아닙니다. 제가 괜한 일을 하자고 하는 것이 아닙니다. 기도가 없으니까 넘어지지 않아도 될 시험에 맥없이 넘어지게 됩니다. 우리가 꼭 어려운 문제 때문에 무너지는 것이 아닙니다. 아무것도 아닌 것 같은 문제에 넘어지고 늘 시험에 들어 사는 이들이 많습니다. 반면에 '대체 이런 시험을 어떻게 이겨낼 수 있을까?' 싶은 어려움 가운데서 담대히 믿음을 지키는 분들도 있습니다. 이 차이가 어디서 나옵니까? 평소 기도의 차이입니다.

매일 한 시간 기도는 결코 쓸데없이 시간을 낭비하는 것이 아닙니다. '매일 일기를 쓰라고 하더니 이제 한 시간씩 기도하라는 거냐?' 이렇게 생각하는 분들이 있을 것 같아 저도 마음에 부담이 되기는 했습니다. 그런데 매일 예수동행일기를 써온 것이 기도의 연합을 위한 밑바탕이 되었다는 생각을 하였습니다. 매일 한 시간 기도를 하고 오늘 한 시간 기도했다고 일기에 분명히 기록하는 것입니다. 이처럼 동행일기를 함께 쓰는 분들끼리 한 시간 기도를 함께할 수 있다면 좋겠습니다.

이 일은 우리 자신이 사는 길이며 우리 교회와 한국 교회가 살아

나는 길입니다. 마귀가 우리를 삼키려고 할지라도 기도로 무장하고 있으면 능히 이겨낼 수 있습니다. 문제는 그것을 알면서도 실제로 기도하지 못하는 것입니다.

한 시간 기도가 큰 기쁨이 되는 역사

어떤 분은 이렇게 말합니다. "목사님, 뭐 1시간 기도하는 것 가지고 그러세요? 하루에 7시간 기도하는 사람도 있는데…." 물론 기도를 많이 할 수 있으면 좋습니다. 2시간, 3시간도 기도할 수 있는 분들은 얼마든지 하십시오. 한 시간 기도운동은 최소한을 말하는 것입니다. 우리가 정말 예수님을 믿었고, 하나님의 말씀이 진리임을 받아들이기로 했다면 주님이 "한 시간도 깨어 있을 수 없더냐"라고 하신 말씀을 실제로 살아내야 합니다. "한 시간 기도하라"는 주님의 음성이 천둥소리처럼 들려야 합니다.

제가 한 시간 기도운동을 시작하겠다고 한 뒤 만나본 분들은 한결같이 이렇게 말했습니다. "주님이 기도하라고 하셨습니다. 제게도 더 기도해야 된다고 말씀하셨어요." 주님은 우리에게 다 말씀하셨습니다. 문제는 주님의 그 음성이 천둥소리처럼 들리지 않은 것뿐입니다. 주님의 음성인지 아닌지 무심히 넘어가니까 기도에 힘을 얻지 못하는 것입니다.

이제 우리의 귀가 열려서 한 시간 기도하라는 주님의 말씀이 천둥소리처럼 우리의 심령을 칠 수 있기를 바랍니다. 기도 없이 하루를 보낼 때 도저히 견딜 수 없어서 반드시 기도의 자리로 나아가는 역사가 여러분에게 일어나야 합니다. 한 시간 기도가 큰 부담에서 크나큰 기쁨이 되는 역사가 성령의 가장 놀라운 역사입니다.

한 시간 기도운동 자체가 힘든 것이 아닙니다. 한 시간 기도는 우리와 주님과의 관계가 어떤지 보여주는 지표입니다. 얼마 전에 교회 동역자 한 분이 메일을 보내왔습니다.

> "한 시간 기도운동에 대한 권면의 말씀을 듣고 '드디어 올 것이 왔구나' 하는 생각에 어떻게 실천해야 하나 고민이 되었습니다. 그런데 이 고민 자체가 나의 영적 실상을 고스란히 드러내주는 것이었습니다. 만약 '사랑하는 사람과 하루에 한 시간 꼭 만나 대화하고 교제하세요'라고 했다면 그것은 고민이 아니라 큰 기쁨이었을 것입니다. 그런데 사랑하는 주님과 한 시간을 보내라는 것이 부담이 된다면 그것은 내가 주님을 바라본다고 하면서 벽에 대고 이야기하고 허공만 바라본 것과 다름없음이 깨달아져서 그것부터 회개하였습니다."

여러분, 한 시간 기도하자는 말을 듣는 순간 마음에 부담인지 기쁨인지 반드시 스스로 답해보기 바랍니다. 그것은 우리가 믿는 주님이 우리에게 얼마만큼 실제인가를 말해주는 지표가 됩니다. 만약 한 시간 기도가 부담이라면 기도를 하고 말고를 떠나서 예수님과 나의 관계가 낯설고 먼 것입니다. 그러나 '왜 한 시간만 기도해? 더해야지!' 이렇게 생각될 정도로 기도 자체가 기쁨이라면 주님을 진정으로 사랑하고 교제하는 관계라는 뜻입니다. 정말 주님과 동행하는 사람에게는 기도가 부담이 아니라 기대와 기쁨입니다.

매일 한 시간 기도를 결단하라

제가 한 시간 기도를 해보니까 그 시간이 저에게 말할 수 없는 위로와 힘을 얻는 시간이 되었습니다. 제 심령이 회복되는 시간이었습니다. 저에게도 무거운 짐이 많습니다. 때때로 이유 없이 스트레스를 받거나 걱정이 몰려와 밤에 잠이 오지 않을 때도 있습니다. 그런데 기도의 자리에 나가보니까 정말 마음이 쉼을 얻는 것 같습니다. '언제 이런 은혜와 회복을 누릴 수 있을까?' 하는 생각이 들 정도였습니다.

기도는 주님을 만나는 시간입니다. 기도에 능력이 있는 이유는 기도가 주님과의 확실한 교제 시간이기 때문입니다. 기도는 우리를 힘들게 하는 게 아니라 힘을 얻게 해줍니다. 우리가 기도하지 않으니까 도리어 삶이 힘든 것입니다. 기도를 하면 삶 자체가 쉬워집니다. 그것이 기도입니다. 그래서 주님이 제자들에게 "한 시간도 깨어 있을 수 없더냐"라고 말씀하신 것입니다. 육신이 약하기 때문에 우리는 반드시 기도해야 합니다.

먼저 매일 한 시간 기도하겠다는 결단을 하시기 바랍니다. 그리고 여러분의 가족과 지인에게도 한 시간 기도를 결단하였음을 선언하기 바랍니다. 기도의 시작은 내가 매일 한 시간 기도하겠다고 하나님께 약속하는 것입니다. 그런 다음 기도할 시간을 확보해야 합니다. 새벽기도는 매일 기도하기에 매우 좋은 환경입니다. 아침 일찍 일어나야 하는 부담이 있지만, 확실하게 기도할 수 있는 방법으로 새벽기도에 나와 한 시간 동안 기도하면 가장 좋을 것입니다.

또는 기도 모임을 소그룹(속회나 구역 또는 셀)으로 갖는 것입니다. 교회 새벽기도에 나오기 어려운 성도가 있다면 오전 중에 모여서 기도하는 방법도 있습니다. 한 가정에 모여서 각자 한 시간 기도를 하는 것입니다. 누가 기도회를 인도하지 않아도 되고, 찬송을 부르거나 성경을 읽지 않아도 됩니다. 그저 거실에서 찬양을 배경 삼아 각자 기도하면 되는 것입니다. 가정이나 직장에 기도의 영적 싸움을 싸우는 방, 워룸(war room)을 마련해보는 것도 좋습니다.

하루 중에 도저히 한 시간을 낼 수 없다면 어떻게 해야 할까요? 우선 불필요하게 쓰는 시간이 없는지 영적으로 분별해볼 필요가 있습니다. 그래도 한 시간을 확보하기 힘들다면 하루 세 번 20분씩 시간을 쪼개서라도 기도하기를 시작할 수 있습니다. 식사하고 나서 20분씩 기도해서 한 시간을 채워도 됩니다. 새벽기도 시간에 한 시간 기도할 수 있는 여유가 없다면 새벽에 30분 기도하고 오후에 또 30분을 기도해서 한 시간 기도하는 일을 시작해보는 것입니다. 그러나 목표는 한번에 한 시간 기도하는 것이어야 합니다.

한 시간 기도하는 법

한 시간 기도운동의 목표는 한 시간을 온전히 기도하는 것입니다.

실제로 제가 해보니까 20분 기도하는 것과 1시간 기도하는 것은 확연히 달랐습니다. 물론 5분, 10분씩 나눠서 기도해도 60분을 채울 수는 있습니다. 그런데 그렇게 해서는 기도의 깊은 재미를 느끼기가 어렵습니다. 한 시간 동안 온전히 기도할 수 있도록 힘써보십시오.

기도에는 놀라운 힘이 있습니다. 그러니 처음에 잘 안 된다고 흔들리지 마십시오. 시간을 낼 수는 있는데 기도가 어려운 분, 도무지 한 시간이나 기도할 엄두가 나지 않는다는 분들을 위해 한 시간 기도하는 방법을 간단히 소개합니다.

1. 잠잠히 앉아 예수님을 바라봅니다

한 시간 기도하려면 침묵기도를 배워야 합니다. 한 시간 기도를 할 때 처음부터 끝까지 기도가 줄줄 나오지는 않습니다. 한 시간도 기도할 수 없느냐고 하신 주님의 뜻은 계속 말을 이어서 기도하라는 것이 아니었습니다. 기도의 매우 중요한 단계는 침묵으로 주님을 바라보는 시간을 갖는 것입니다. 우리가 워낙 주님을 바라보는 훈련이 안 되어 있기 때문에 힘들게 느껴지지만, 한 시간 기도를 시작하면 주님을 바라보는 시간을 가질 수 있습니다.

흔히 예수님이 겟세마네 동산에서 제자들에게 기도하라고 말씀하셨다고 하지만, 자세히 읽어보면 좀 다릅니다. 정작 기도는 예수님이 하신다고 하셨습니다. 제자들에게는 그저 "내 곁에 앉아 있으라"고 말씀하셨습니다.

이에 예수께서 제자들과 함께 겟세마네라 하는 곳에 이르러 제자들에게 이르시되 내가 저기 가서 기도할 동안에 너희는 여기 앉아 있으라 하시고 마 26:36

사실 예수님이 제자들에게 기도하라고 말씀하신 것은 단지 앉아 있는 것이었습니다. 졸지 말고 주님이 기도하시는 것을 지켜보며 앉아만 있으라는 것이었습니다. 그리고 주님은 제자들에게 깨어 있으라고 당부하십니다.

내 마음이 매우 고민하여 죽게 되었으니 너희는 여기 머물러 나와 함께 깨어 있으라 하시고 마 26:38

이렇듯 주님이 말씀하신 기도가 얼마나 쉬운 것인지 모릅니다. 그저 주님 앞에 앉아 깨어 있는 것, 한 시간 기도운동은 여기서부터 시작하면 됩니다. 기도의 자리를 만들고 "주님!" 하고 부르는 것입니다.

"주님, 제가 지금 주님 안에 있습니다. 제가 좀 피곤합니다. 마음이 너무 부대낍니다. 기쁨도 다 사라졌습니다. 주님이 '내 안에 거하라' 하시니 주님 안에 좀 있고 싶습니다."

이것이 기도입니다. 그저 주님 안에 있는 것입니다. 침묵기도는 지친 마음을 주님께 맡기고 주님 안에 거하는 기도입니다. 침묵기도를 통하여 기도가 주님과의 사랑의 교제임을 느꼈습니다. 기도하러 주님 앞에 나아가니 무거운 짐을 주님 앞에 다 내려놓을 수 있었습니다. 마음의 격동이 사라지고 상처도 아물게 됩니다. 어디서 오는지 설명할 수 없는 확신과 기쁨, 감사가 마음 깊은 곳에서 일어납니다.

이때 찬양을 들으며 잠잠히 기도해도 됩니다. 기도할 때 하나님 앞에 소리 높여 내 기도를 계속 말해야 한다는 생각을 내려놓으면 됩니다. 기도 시간만큼은 주님이 나와 함께 계심을 실제로 믿고 누리는 것입니다. 그러므로 기도 시간은 제게 행복한 시간, 쉬는 시간, 새 힘을 얻는 시간입니다.

2. 성경을 읽습니다

침묵기도를 통하여 주님을 온전히 바라보게 되었다면 성경을 읽습니다. 물론 하나님이 기도를 열어주시면 바로 기도를 해도 되지만, 주님을 잠잠히 바라보면서 마음이 편안해지고 무거운 짐이 내려졌는데도 딱히 기도가 나오지 않는다면 성경을 읽는 것이 좋습니다. 성경을 읽다가 성경 말씀에서 기도 제목을 찾아 말씀이 내게 이루어지도록 기도합니다. 그 말씀을 붙들고 기도하기 시작하면 곧 기도의 문이 열릴 것입니다.

3. 주기도문으로 기도합니다

그러고 나서 주기도문으로 기도해보십시오. 우리가 주기도문을 한번에 암송할 때가 많기 때문에 주기도문의 진짜 의미를 모르고 넘어가기 쉬운데, 한 구절 한 구절씩 의미를 되새기며 주기도문으로 기도하기 바랍니다.

4. 기도 제목을 기록하고 기도합니다

하나님께서 여러분에게 주신 개인적인 기도 제목과 중보기도해야 할 사람이 있을 것입니다. 부부, 자녀, 부모, 친척, 이웃, 동료, 교회, 사역자 등 기도해야 할 사람의 이름과 기도 제목을 써놓고 그것을 보면서 기도합니다. 이렇게 기도하면 한 시간 기도가 그리 길지 않습니다. 누구나 이 기도를 한 번은 할 수 있을 것입니다. 중요한 것은 매일 기도해야 한다는 점입니다. 동행일기에도 오늘 어떻게 한 시간을 기도했는지, 기도 중에 하나님께서 나에게 어떤 특별한 기도 제목을 주셨는지 꼭 기록해보십시오.

어떤 분은 이렇게 말할 것입니다. "그럼 언제까지 기도만 할 겁니까? 지금 돌봐야 할 사람도 많고 해야 할 일도 많은데…." 그렇습니다. 각자 해야 할 일은 해야 합니다. 가정과 교회와 직장의 일을 제대로 하면서 기도해야 합니다. 나라와 사회를 위한 일도 그렇습니다. 일상이 무너지면 안 됩니다. 기도만 한다고 모든 일이 다 해결되는 것은 아닙니다. 그러나 우리가 그 일들을 잘 감당하려면 반드시 "너희는 여기 앉아 있으라"는 말씀대로 행할 준비가 되어 있어야 합니다.

우리는 우리 자신의 삶의 주인이 아닙니다. 나의 일도 사실 주님의 일입니다. 예수님이 주인이시기 때문에 주님이 말씀하신 대로 행하여야 합니다. 우리가 지켜야 할 원칙은 먼저 기도하고 무슨 일이든 하는 것입니다. 매일 한 시간 기도를 기본으로 지키는 것입니다. 그때 비로소 하나님이 우리의 기도를 통해 우리의 삶에 어떤 엄청난 일을 시작하셨는지 알게 됩니다.

한 시간 기도의 강력한 힘

무엇을 기도해야 합니까? 기도의 내용도 중요합니다. 우리는 하나님이 기뻐하시는 기도를 드려야 합니다. 그런데 이것은 기도를 하는 사람에게만 의미가 있습니다. 실제로 기도하지 않으면서 기도의 내용을 말하거나 기도의 수준을 따지는 것은 탁상공론일 뿐입니다. 기도를 많이 하는 사람이나 교회에는 반드시 주(主)의 강력한 역사가 일어납니다.

2003년에 중앙아시아 타지키스탄의 수도 두샨베에 있는 두샨베 선민선교교회를 방문한 적이 있었습니다. 선민선교교회는 강력한 이슬람 국가인 타지키스탄에서 의료와 구제 사역, 고아를 돌보는 등 본격적인 선교 사역을 활발히 벌이는 교회였습니다. 특별한 재정도 없이 선교센터, 학교, 병원, 예배당, 기숙사가 건축되는 놀라운 역사가 일어나고 있었습니다.

그런데 2000년도에 그 교회 교인으로 위장한 이슬람 신학생들의 폭탄 테러로 100여 명의 사상자가 발생하는 끔찍한 일이 있었습니다. 예배를 드리는 가운데 그런 일이 일어났으니 무서워서 어떻게 예수를 믿겠습니까? 그래서 그곳 선교사님의 특별한 요청으로 집회를 인도하러 갔다가 도리어 제가 은혜를 많이 받고 돌아왔습니다. 그런 끔찍한 일을 당했는데도 성도들의 믿음이 다들 좋았습니다. 고통과 피해는 교회가 입었는데, 비밀경찰들은 교인들을 잡아갔습니다. 테러를 일으킨 범인을 잡는 것이 아니라 교인들을 데려가서 "예수를 믿을 거냐? 안 믿을 거냐?" 고문했고, 예수를 안 믿겠다고 하면 풀어준다고 하는데 갖은 고초를 겪으면서도 담대히 자신들의 신앙을 고백했다고 합니다. 그래서 현지 경찰들도 이들이 분명한 신자임을 인정했다는 것입니다.

이런 역사에는 이유가 있었습니다. 그 비밀은 바로 기도가 달랐다는 것입니다. 그 교회에서 지내는 동안 저는 놀라운 광경을 목도하였습니다. 전 교인이 하루 세 번 오전 8시, 정오 그리고 오후 5시에 한 시간씩 기도하는 모습이었습니다. 큰 예배당 바닥에 카펫이 깔려 있고 누구든지 와서 자신이 원하는 곳에 앉아 한 시간 이상 자유롭게 기도했습니다. 저 역시 한 귀퉁이에 앉아 기도를 시작했는데 눈물이 엄청나게 쏟아졌습니다. 그리고 그때 깨달은 것이 있습니다.

'아, 한 시간 기도하는 힘이 이렇게 강력하구나. 실제로 기도를 해야 하나님이 기뻐하시는 기도가 따라오겠구나. 그래야 하나님께서 그 기도를 올바르게 인도하시겠구나.'

기도는 대부흥의 시작이다

1904년 영국 교회는 지금의 한국 교회처럼 영적으로 메말라 있었습니다. 신앙생활은 형식적이고 교회 안에 살아 있는 기도가 없었습니다. 전도의 역사도 없고 사람들은 타락해갔습니다. 그때 젊은 광부였던 이반 로버츠(Evan Roberts)가 하나님의 은혜를 사모함으로 심령의 부흥과 교회의 영적 회복을 위해 간절히 기도하기 시작했습니다. 그는 탄광에서도 집에서도 하나님의 은혜로 부흥이 임하기를 기도했으며 전임 사역자가 되기 위해 신학교에 들어간 뒤에도 기도를 계속했습니다. 그 기도가 무려 10년이나 계속되었습니다.

그런데 그가 한 집회에 참석하여 '나를 굴복하게 하소서'라는 제목의 설교를 듣고 마음이 뜨거워졌다고 합니다. 그날 그는 "하나님, 제가 정말 하나님께 완전히 굴복합니다"라고 고백했습니다. 얼마 후 로버츠가 기도하고 있을 때, 하나님께서는 웨일즈에 부흥을 주실 것이며, 10만 명의 불신자들이 그리스도께 돌아올 것이며, 그 부흥은 영국과 유럽, 아프리카, 아시아 전역으로 퍼져갈 것을 계시해주셨습니다.

그는 마음이 너무 뜨거워져 담임목사님에게 찾아가 설교를 시켜달라고 부탁했습니다. 물론 목사님이 처음에는 허락하지 않았습니다. 하지만 그가 하도 간청하니 마지못해 허락하였고, 수요일 저녁예배 후 이반 로버츠가 계속해서 설교할 테니 듣고 싶은 사람은 남아서 들어도 좋다고 광고해주기로 하였습니다. 그 자리에 17명이 남았고 이반 로버츠는 담대하게 하나님께 들은 말씀을 선포하였습니다. 그의 메시지는 단순했습니다.

"당신은 생각나는 모든 죄를 하나님께 고백해야만 합니다. 당신의 생활 속에 좋지 않은 습관은 모두 제거해야만 합니다. 당신은 성령님의 인도하심에 즉각 순종해야 합니다. 당신은 그리스도를 증거하기 위해서 사람들 앞에 나아가야만 합니다."

이반 로버츠의 설교는 비록 미숙했지만, 그 자리에 있던 담임목사와 17명의 교인들의 마음은 하나님을 만나 불타기 시작했습니다. 그들은 로버츠에게 내일 또 설교해달라고 부탁했고, 다음날 밤에는 더 많은 사람들이 그 젊은 설교자의 말씀을 듣기 위해 모여들었으며, 부흥의 불길은 순식간에 다른 교회로 퍼져갔습니다. 그 후 30일 안에, 3만7천 명이 강단 앞에 나와 자신들의 죄를 회개하고 예수 그리스도를 그들의 구주와 주님으로 영접했습니다. 그리고 5개월 안에 웨일즈 전역에서 10만 명이 울며 그리스도께로 돌아왔습니다. 이것이 웨일즈 대부흥의 시작입니다.

웨일즈의 신문들은 새롭게 태어나 하나님의 나라에 들어간 사람들의 명단을 싣기 시작했고, 대학은 문을 닫고 학생들은 하나님을 찬미하고 노래하며 기도 모임으로 향했습니다. 이 부흥은 서유럽과 북유럽으로, 미국으로, 인도로 확산되었습니다. 한국에서 사역하던 선교사들에게도 이 소식이 전해졌는데, 특히 인도의 부흥에 대한 소문은 선교사들의 마음에 기도의 열망을 일으켰습니다.

기도의 불이 한국 교회를 살린다!

한국에서는 이미 1903년, 자신의 무능함을 통절히 깨달은 감리교 선교사 하디를 중심으로, 성령충만을 위한 기도회가 매일 모이고 있었습니다. 이 보잘것없어 보이는 기도의 불씨가 전혀 예상치 못한 엄청난 역사를 이 땅에 일으키게 됩니다. 1906년 평양 장대현교회의 길선주 장로에 의해 우리나라 최초로 새벽기도회가 시작되었습니다. 1년이 못 되어 1907년 평양 장대현교회 신년 사경회에서 한국 교회 역사상 최초로 성령의 불이 임하였고, 그 후 새벽기도회의 열풍은 삽시간에 전국으로 확산되었으며, 기도의 열기가 한반도를 뒤덮게 되었습니다.

이것이 계기가 되어 한국 교회는 세계 선교 역사상 유래를 찾을 수 없는 대부흥을 맞이하게 되었고, 지금은 세계 선교의 주도적 교회이자 세계가 놀라는 국가 부흥을 이룬 것입니다. 우리는 이 엄청난 일이 작은 기도운동에서 시작된 것에 주목해야 합니다. 지금 우리가 기도하는 것도 궁극적으로 한국 교회를 살리고 주님의 다시 오심을 준비하는 길이라고 믿습니다. 여러분의 개인적인 문제도 하나님께서 기도를 통해 놀랍게 역사하시겠지만, 이 기도의 불이 한국 교회 전체를 살리는 놀라운 하나님의 역사가 될 것입니다.

prayer points

1. 기도의 문이 활짝 열리게 하소서. 지금부터 주님 앞에 갈 때까지 매일 한 시간 기도하는 사람이 되겠습니다. 기도의 힘을 주소서. 영적인 귀를 열어주셔서 기도해야 한다는 주님의 음성이 천둥소리처럼 들리게 해주소서.

2. 주님, 더 크게 말씀해주소서. 오늘 주의 말씀에 이끌림을 받아 기도하기 원합니다. 주를 바라보는 눈을 열어주셔서 기도가 기쁨이 되고 행복한 일이 되게 해주소서. 주님과 함께하는 이 시간에 주를 바라보는 눈이 뜨여 놀랍고 감격스러운 은혜의 시간이 되게 하소서.

3. 주님, 이 시간에 기도의 불을 주소서. 우리의 심령과 한국 교회에 기도의 불을 던져주소서. 우리가 그것을 갈망합니다. 하나님의 뜻하시고 계획하신 일을 온전히 이루어주소서.

CHAPTER **2**

마음이 하나 되어 기도하라

18 진실로 너희에게 이르노니 무엇이든지 너희가 땅에서 매면 하늘
에서도 매일 것이요 무엇이든지 땅에서 풀면 하늘에서도 풀리리라
19 진실로 다시 너희에게 이르노니 너희 중의 두 사람이 땅에서 합심
하여 무엇이든지 구하면 하늘에 계신 내 아버지께서 그들을 위하여
이루게 하시리라 20 두세 사람이 내 이름으로 모인 곳에는 나도 그들
중에 있느니라

마태복음 18:18-20

기도를 하면 할수록 '한 시간 기도운동'이 정말 중요하다고 느낍니다. 한 시간 기도운동을 교회에 공개적으로 선포하고 나서 기도를 하는데 갑자기 큰 두려움이 몰려왔습니다. 제가 잘 가고 있는지 확신이 없어서 두려운 것은 아니었습니다. 하나님께서 기도하라는 강한 사인(sign)을 주시고, 페이스북에 올리던 칼럼까지 일시 중단하고 기도하면서 준비한 일이지만, 이것이 보통 일이 아니라고 깨달아졌기 때문입니다. 제가 과연 이 일을 끝까지 감당할 수 있을지, 혹시 수많은 교인들을 기도의 좌절에 빠뜨리는 건 아닐까 하는 걱정이 확 들어왔습니다. 기도를 일으키는 일이 마치 죽은 사람을 살리는 것보다 더 힘든 것처럼 여겨졌습니다.

우리는 먼저 우리가 시작한 한 시간 기도운동이 얼마나 중요하고 영적으로 심각한 일인지 알아야 합니다. 한 사람의 인생이나 한 나라의 운명은 좋은 생각이나 사상, 올바른 주장으로 바뀌는 것이 아닙니다. 거기에는 반드시 기도가 뒷받침되어야 합니다. 영적인 역사를 일으키는 강력함이 기도이기 때문입니다.

마귀는 이것을 알기 때문에 모든 것을 허용하지만 기도는 하지 못하게 만듭니다. 따라서 여러분이 지난 한 주간 열심히 기도해보려고 다짐해도 잘 안 됐다면 너무 당연한 결과입니다. 마귀가 절대로 기도는 하지 말라고 타협해올 것입니다. '5분 정도 기도하는 건 괜찮아. 10분쯤은 괜찮아. 그런데 한 시간은 하지 마! 너무 힘들잖아? 시간 없잖아? 너 해봤잖아? 안 되잖아?' 이런 생각이 든다면 마귀가 지금 여러분의 마음에 속삭이고 있는 것입니다.

마귀는 우리가 온갖 것을 다하도록 내버려둡니다. 성경을 읽고, 성경을 연구하고, 교회 안에서 모임에 빠짐없이 참석하고, 열심히 봉사하고, 심지어 신학교에 들어가 전임 사역자가 되고, 사회적 소양을 쌓고, 많은 지식을 섭렵하는 것까지 다 허용합니다. 문제는 그런데 열심을 내고 재미를 느끼고 성취감을 맛보느라 정작 기도할 시간을 내지 못한다는 것입니다. 그때 정신을 차려야 합니다. 마귀에게 속고 있다는 것을 깨달아야 합니다. 기도에 대한 가장 중요한 교훈은 실제로 기도하는 것입니다.

기도의 불, 기도의 빛

저는 어릴 때부터 교회에서 자랐고, 커서는 목사가 되었습니다. 그런데 제가 어릴 때 보았던 교회와 지금의 교회는 많이 다릅니다. 가장 큰 차이는 기도입니다. 예전에는 어려운 여건 속에서도 기도가 정말 뜨거웠습니다. 기도 응답의 간증과 성령 체험을 했다는 간증이 넘쳐났습니다. 그 힘으로 그 시절의 어려운 문제들을 극복해냈고, 오히려 기뻐하고 찬송하며 뜨겁게 헌신했습니다. 형편이 어려운 교인들이 바친 헌금으로 예배당이 지어졌고, 어려움과 막막함도 기적과 같이 이겨냈습니다. 세상에 영향력이 있었습니다.

지금은 그때와 비교할 수 없이 좋은 여건입니다. 그런데도 기도가 죽어 있습니다. 간증이 없는 교인들이 많습니다. 마음의 불이 식고 예전에 받았던 은혜가 다 사라져버렸습니다. 하나님께서 주신 감동이 있어서 믿음과 순종으로 어떤 일을 하자고 제안하면 대부분 "안 된다", "못한다"는 말을 듣게 됩니다. 그러나 하나님께서 제 마음에 다른 것은 포기해도 '기도의 불'만큼은 절대 포기해서는 안 된다는 마음을 주셨습니다.

한국 교회가 예전에 뜨겁게 기도했던 이유가 일제 강점기나 6.25 전쟁 같은 어려움을 겪었기 때문만은 아닙니다. 고난 앞에서 기도밖에 할 수 없어서 금식기도, 철야기도, 새벽기도도 한 것이 사실입니다. 그러나 세계 어느 나라나 전쟁을 겪고, 힘들고 어려울 때가 있습니다. 하지만 그런 어려움을 겪었다고 해서 한국 교회 교인들처럼 기도했다는 기록은 찾아보기 힘듭니다.

우리나라는 기이하다 싶을 정도로 힘들고 어려울 때 기도로 그 문제를 풀었습니다. 그래서 한국 교회가 기도를 많이 하는 교회, 뜨겁게 기도하는 교회로 세상에 알려졌습니다. 그런데 지금도 여전히 그렇습니까? 우리에게는 하나님께서 부어주신 엄청난 기도의 은혜가 있었습니다. 우리는 이 땅에 기도의 불이 다 꺼지기 전에 그 불을 다시 일으켜야 합니다. 그만큼 한 시간 기도운동이 중요한 것입니다.

저는 '기도의 빚'을 참 많이 졌습니다. 그 기도의 힘으로 제가 이

자리에 있는 것입니다. 늘 감사하는 것은 교우들의 기도입니다. 또한 저에게는 아흔이 넘도록 하루에 세 번, 시간을 정해놓고 외손주인 저를 위해 기도하신 외할머니가 계셨습니다. 미국에 계신 저의 양어머니의 결사적인 중보기도 또한 잊을 수가 없습니다. 아내의 기도는 저에게 큰 감사요 힘입니다. 기도는 절대로 그냥 해보는 것이 아닙니다. 기도는 놀라운 역사를 일으킵니다.

나의 기도 체험과 기도 훈련

문제는 저의 기도입니다. 하나님께서 저에게 실제로 기도하는 체험을 여러 번 허락하셨습니다. 군목 훈련을 받다가 다리가 부러지는 부상을 당하고 난 뒤 어디서도 저를 받아주지 않았습니다. 이 교회 저 교회를 찾아다녔지만 계속해서 거절당했습니다. 그때 하나님께서 저에게 이런 마음을 주셨습니다.

'하나님께만 매달려 기도해보자. 내가 앞으로 성도들에게 기도에 대한 설교를 할 수 있는지 없는지 여기서 분별해보자. 진짜 기도만 했는데 하나님께서 역사해주시면 그다음부터 기도에 대한 설교를 할 수 있을 것이다.'

저는 모든 연락을 끊고 매일 아침 아버지 서재에 올라가 기도하고 저녁에 내려오기를 3개월 동안 하였습니다. 그 후 하나님께서 갑자기 저를 어느 교회로 인도하셨습니다. 그때 알았습니다. '하나님은 정말 기도를 들으시는구나!' 그런데 왜 3개월이었을까요? 하나님께서 저에게 성경에 나와 있는 모든 기도를 가르치려고 하신 것 같습니다. 3개월 동안 성경을 읽고 기도를 다룬 부분에 밑줄을 치면서 묵상하다보니 제가 기도를 너무 몰랐다는 것을 알았습니다. 기도는 그저 힘들고 어려울 때 "하나님, 도와주세요, 살려주세요!"라고 하는 것이 아님을 비로소 깨달았습니다.

군목으로 있을 때에도 저는 토요일 밤마다 울며 기도했습니다. 군인 형제들이 주일에 예배를 드리러 와서 설교 시간마다 꾸벅꾸벅 조는 모습이 너무 처량해 보였기 때문입니다. 그것은 정말 고통스러운 일입니다. 설교하는 저도 힘들지만, 주일에 한 번 예배드리러 나온 형제들이 말씀을 듣지 못하고 돌아간다면 얼마나 큰 손해입니까? 그래서 저는 토요일마다 하나님 앞에 간절히 기도했습니다.

"하나님, 군인 형제들이 졸지 않고 말씀을 들을 수 있게 해주십시오."

그때 하나님이 주시는 마음이 있었습니다. '너, 설교 원고 보지 마라. 그러니까 졸지! 네가 고개 숙이니까 다 고개 숙이잖아.' 그래서 토요일에 관사 뒤뜰에 나가 제가 쓴 설교 원고를 외우기 시작했습니다. 그다음 주일에 예배에 나온 군인 형제들과 일일이 눈을 맞춰가며 설교가 끝날 때까지 한 사람이라도 더 말씀을 듣게 하려고 애썼습니다. 하나님께서 군목 기간 내내 왜 그렇게 눈물로 기도하게 하셨을까요? 이유는 하나입니다. 기도 없이는 어떤 사역도 이루어지지 않는다는 것을 저에게 가르치려고 하신 것입니다.

또 제가 부목사로 있을 때 갑자기 담임 목회를 나가야겠다는 마음이 들었습니다. 부목사로 부임해간 지 1년도 안 된 시점에 담임 목회를 나간다고 하면 그것은 저를 불러준 담임목사님을 배신하는 것인데도 자꾸 그런 마음이 들었습니다. 그 교회는 부목사님들이 모여 앉아 새벽기도를 드렸습니다. 담임목사님이 뒤를 돌아보면 사역자 중에 누가 왔는지 안 왔는지 다 알 수 있을 정도였습니다.

부목사님들이 한자리에 모여 있으니 새벽기도를 마치고 각자 기도할 때 옆에 있는 분들의 기도가 들렸습니다. '아, 사모님이 아프시구나', '요즘 재정 문제로 힘드시구나' 이렇게 서로의 기도를 듣게 됩니다. 그러니 제가 담임 목회를 나가게 해달라는 기도를 하면 큰일이지 않습니까. 소문이 나겠지요. 그래서 사람이 없는 성가대석으로 나가 끝자리에서 기도했습니다.

"하나님, 저 담임 목회 나가게 해주십시오!"

그렇게 기도한 지 11개월 만에 막내 목사였던 제가 담임 목회를 하게 되었습니다. 그 일은 저에게 매우 중요한 기도의 훈련이자 체험이었습니다. 물론 담임목사님의 허락을 받고 기쁘게 축복해주셔서 갈 수 있었습니다.

그런데 이런 여러 기도의 체험이 있었는데도, 어느 순간에 보니 제가 하나님이 기뻐하시는 기도를 드리기보다 기도에 대해 가르치고 설교하는 것을 더 좋아하는 목사가 되어 있음을 깨달았습니다. 어쩌면 하나님께서 저에게 한 시간 기도운동을 일으키라고 하신 이유가, 저를 꼼짝없이 기도의 자리로 나가게 하기 위해서라는 생각도 들었습니다. 온 교우들에게 매일 한 시간 기도하라고 해놓고 제가 안

할 수는 없지 않습니까. 하나님의 방법은 정말 절묘합니다. 저부터 기도를 안 하면 안 되는 일이었습니다.

만약 어느 날 갑자기 제가 "이제 더 이상 한 시간 기도운동은 안 하겠습니다. 기도운동은 여기서 끝입니다"라고 말한다면 그것은 다른 이유가 아닙니다. 제가 한 시간 기도를 안 하고 있으니까 양심에 찔려서 그런 것입니다. 나도 안 하면서 다른 사람에게 하라고 할 수는 없기 때문입니다. 한 시간 기도운동이 그토록 놀라운 하나님의 계획 속에 있는 일이라는 것이 깨달아지자 제 마음에 두려움이 사라졌습니다.

세상에서 가장 위대한 일

여러분, 하나님의 뜻대로 사는 일이 오히려 눈총을 받고 심지어 죄가 되는 이 세상 형국에서 우리가 믿음을 지키고 믿음의 역사를 경험할 수 있는 유일한 방법은 기도의 힘을 얻는 것입니다. 기도가 죽으면 모든 것이 끝입니다. 하나님은 더 이상 우리 삶에 역사하실 수 없고, 우리는 더 이상 하나님의 역사를 경험할 수 없습니다.

세상에서 가장 위대한 것이 무엇일까요? 원수를 사랑하는 것은 정말 위대한 일입니다. 자식을 위해 목숨을 바치는 부모의 사랑이 얼마나 놀랍습니까. 시련과 역경을 인내하고 극복해내는 일은 매우 존경할 만하고 인간 승리라고 할 수 있습니다. 하지만 그 일은 그저 주변 사람들에게 한순간의 감동과 영향을 끼치는 정도로 끝납니다. 그러나 하나님께서는 한두 사람이나 일정한 지역이 아닌, 나라와 민족과 전 세계에 영향력을 끼칠 수 있는 놀라운 힘을 우리에게 주셨습니다. 그것이 바로 '기도'입니다.

매일 하나님의 나라와 민족의 통일과 한국 교회의 새 부흥을 위해 기도할 때마다 저는 '주님, 제가 도대체 누구이기에 이 엄청난 기도를 드릴 수 있다는 말입니까?' 하고 감격이 됩니다. 우리가 하나님의 나라를 위한 기도를 잘 하지 않는 이유는, 그 일이 나와는 상관이 없을 것 같은 엄청난 일이기 때문입니다. 민족의 통일을 위한 기도 역시 해도 안 될 것 같으니까 하지 않는 것입니다. 그럼 한국 교회의 새 부흥을 위한 기도는 왜 하지 않습니까? 이 역시 내가 기도할 영역이라는 생각이 들지 않을 만큼 엄청난 주제이기 때문입니다.

그런데 하나님께서 우리에게 그 기도를 하게 하십니다. 기도는 우리의 능력이나 형편을 완전히 뛰어넘습니다. 아무리 성실하게 열심히 잘 살아도 우리에게는 그저 그런 보통 수준의 영향력밖에 없습니다. 성공을 했다고 하더라도 몇몇 주변 사람들에게 존경받는 정도입니다. 그런데 기도는 나라를 바꾸고 민족을 바꿉니다. 믿어지지 않을 만큼의 능력입니다. 하나님께서 여러분 안에 허락하신 기도의 복이 얼마나 크고 강하고 놀라운지 명심해야 한 시간 기도를 하게 됩니다. 반대로 기도가 얼마나 놀라운지 모르니까 힘들고 바쁘다고 안 하게 되는 것입니다.

완전한 기도의 역사와 기도의 응답

중국에서 선교 사역을 하던 허드슨 테일러(Hudson Taylor)가 극도로 쇠약해지며 몸을 움직일 수 없게 되었습니다. 그의 행동반경은 네 모서리를 가진 작은 침상 위였습니다. 그러나 그의 침대 발치에 중국 지도가 걸려 있었습니다. 중국 지도 외에 또 하나가 있다면 그것은 주님의 임재하심이었습니다. 1875년이 밝아왔을 때 이제 그는 병상에서 연필도 잡을 수가 없었습니다. 그러나 그는 기도했고 중국 선교를 위해 기도해달라는 내용의 기사를 신문사에 의뢰하였습니다.

"이 글을 읽는 기독교인에게 호소합니다. 귀하께서 지금 바로 1분만 하나님께 진심으로 기도해주십시오. 중국 복음 사업을 위하여 18명의 선교사를 보내주실 것을 기도하여주십시오."

그가 병상에서 인내하며 기다리는 동안 놀랍게도 18명의 선교사가 찾아왔습니다. 오직 기도의 역사였습니다. 그는 이렇게 간증했습니다.

> "제가 건강해서 18명의 선교사를 구하느라 열심히 뛰었다면 아마 제 힘으로 이들을 보내서 선교했을 거라고 생각했을 것입니다. 그러나 반대로 제가 병상에 있었기 때문에 완전한 기도의 응답으로 하나님께서 역사하신 것입니다."

기도는 우리의 상상을 훨씬 뛰어넘는 능력이 있습니다. 중요한 것은 기도에 놀라운 능력이 있음을 아는 것이 아니라 실제로 기도하는 것입니다. 이 능력이 우리에게 있다고 한번 생각해보십시오. 한 시간씩 기도하는 일을 1년 동안 지속한다고 합시다. 더 나아가 매일 한 시간 기도생활을 10년 동안 했다면 그는 정말 놀라운 삶을 살게 됩니다. 우리가 성경에서 보았던 수많은 간증과 역사가 실제로 우리의 삶 가운데 일어나게 됩니다.

기도는 선택의 문제가 아니다

제가 기도를 해보니까 한 시간 기도의 가장 어려운 고비는 기도를 시작하는 것이었습니다. 그런데 우리가 기도를 시작하면 성령님이 도우십니다. 기도의 자리에 가서 앉으면 그다음부터는 성령님이 이끄십니다. 많은 사람들이 막상 기도를 시작하지 못하는 이유는 기도하는 것을 선택의 문제라고 생각하기 때문입니다. 기도는 내가 기도할까 말까 고민하고 선택할 문제가 아닙니다.

이제 우리는 무조건 기도로 살아야 합니다. 내 삶의 최우선순위가 '기도'가 되어야 합니다. 숨을 쉴까 말까 생각하고 쉬는 사람이 있습니까? 숨은 그냥 계속 쉬는 것입니다. 기도는 영혼의 호흡입니다. 따라서 기도도 선택이 아닙니다. 기도하지 않으면 죽기 때문입니다. 기도하지 않을 가능성 자체를 없애야 합니다. 무조건 먼저 기도해야 합니다. 일어나면 기도하고, 식사하고 나서 기도하고, 잠깐 시간이 나도 기도하는 것입니다. 그렇게 마음을 정하면 기도가 돌파됩니다.

"하나님, 내가 죽고 사는 것이 기도의 능력에 있음을 이제 알았습니다. 하나님은 그저 내 능력, 내 생각, 내 지식, 내 경험의 범위 안에서만 살게 하지 않으시고, 하나님의 역사와 능력이 내 인생 가운데 들어오도록 놀라운 기도의 복을 주셨는데, 저에게 지금 기도의 힘이 전혀 없습니다. 그러니 온 교우가 한 시간 기도하기로 작정한 이때야 말로 제가 기도의 힘을 얻을 수 있는 기회인 것 같습니다. 더 이상 기도할까 말까 생각하지 않겠습니다. 나에게는 선택권이 없습니다."

여러분, 이렇게 나아간다면 반드시 기도의 역사가 일어납니다.

연합해서 기도하라

여러분이 기도하려면 기도하기로 혼자서 결심하고 혼자서 노력해서는 안 됩니다. 그러면 결과가 뻔합니다. 여기저기서 기도를 시작하다가 여기저기서 끝납니다. 혼자서는 끝까지 기도하지 못합니다. 기도도 연합해서 하는 것이 중요합니다. 기도하기 위해서 주위 사람들과 연합하는 것입니다. 하늘에서 매이고 하늘에서 풀리는 권세가 우리의 합심기도에 달려 있습니다.

> 너희 중의 두 사람이 땅에서 합심하여 무엇이든지 구하면 하늘에 계신 내 아버지께서 그들을 위하여 이루게 하시리라 마 18:19

우리가 기도할 때 이 말씀을 반드시 기억해야 합니다. 기도하기로 결심했는데 왜 기도가 안 될까요? 혼자서 하려니까 그렇습니다. 기도의 짝이 있습니까? 같이 기도하는 사람이 있는지 생각해보십시오. 서로 기도를 점검해주고 함께 기도하는 사람이 있습니까? 없다면 같이할 사람을 얻게 되기를 바랍니다.

우리가 각자 기도하는 것이 아니라 기도회로 모이는 이유는 무엇입니까? 중보기도회, 철야기도회로 모이니 기도하는 데 힘이 나고 모여서 기도하면 기도가 더 잘 됩니다. 한 사람의 기도와 열 명의 기도와 3천 명의 기도는 다릅니다. 함께 모여서 하는 기도에 강력한 힘이 있습니다. 주님도 두 사람이 합심해서 기도하면 끝까지 기도할 수 있다고 하셨습니다.

우리가 기도하지 못하는 것은 뿔뿔이 흩어져서 각자 알아서 기도하기 때문입니다. 그러면 결국 모두의 기도가 흐지부지되고 말 것입니다. 어느 순간 교회 안에 기도하는 사람들이 사라져도 아무도 알 수 없습니다. '누군가 기도하겠지!'라고 생각할 뿐입니다. 그래서는 안 됩니다. 그러니까 혼자 기도하지 말고 함께 기도해야 합니다. 두 사람이 함께 기도하면 두 사람만 함께하는 것이 아닙니다. 주님도 함께하십니다. 그것이 가장 강력한 기도입니다.

두세 사람이 내 이름으로 모인 곳에는 나도 그들 중에 있느니라 마 18:20

모라비안 교도들의 '골든 썸머'(golden summer, 1727년 여름 모라비안 공동체에 임한 회개와 부흥) 이후 모라비안 공동체에서는 세계 복음화를 위해 매일 한 시간씩 밤낮으로 24시간 릴레이 기도를 이어갔습니다. 이 '한 시간 중보기도'가 무려 100년 동안 끊이지 않으면서 그 후 실제로 전 세계에 복음이 전해지는 역사가 일어났습니다. 그런데 어떻게 이런 기도가 가능했습니까? 함께 기도하는 공동체가 있었기 때문입니다.

기도 동역자를 정하라

출애굽기 17장에서 아말렉과 이스라엘 백성이 싸울 때 모세는 산으로 올라가서 기도하고 여호수아는 군대를 이끌고 나가 싸웠습니다. 그때 모세의 기도 손이 올라가면 여호수아 군대가 이기고, 모세의 기도 손이 내려오면 여호수아 군대가 졌습니다. 그것을 본 아론과 훌이 모세를 바위에 앉히고 양쪽에서 모세의 팔을 붙들어 세웠습니다. 그렇게 모세의 팔이 내려오지 않게 하자 결국은 여호수아 군대가 아말렉을 완전히 무찌르게 됩니다.

모세는 이 전투의 승리를 기념하여 제단을 쌓아 예배를 드리고, 그 제단의 이름을 '여호와 닛시'라고 하였습니다. 이는 "여호와는 나의 깃발"이라는 의미로, "하나님이 함께하신다", "하나님이 통치하신다", "하나님이 간섭하신다"라는 뜻이 있습니다. 우리 삶의 모든 영역에 이 기도의 깃발이 올라가야 합니다. 부부간, 자녀 문제, 경제 문제, 건강 문제, 직장 문제, 나라와 민족 등 우리와 밀접한 모든 영역에 기도의 깃발이 올라가야 합니다.

무엇보다 기도가 끊어지지 않도록 서로 연합하는 것이 정말 중요합니다. 성경에 나오는 모든 전쟁에는 영적 의미가 있습니다. 이스라엘 백성은 전투만 하지 않았고 기도도 같이 했습니다. 모세는 여호수아가 출전하기 전에 그들을 위하여 간단히 기도한 것이 아닙니다. 전쟁을 시작할 때만 기도하고 말았다면 모세의 팔이 피곤해서 내려올 리 없습니다. 여호수아가 전쟁하는 내내 모세도 팔을 올리고 계속해서 같이 기도했습니다. 이것이 하나님이 우리에게 가르쳐주신 귀중한 교훈입니다. 우리의 가정생활, 직장생활, 자녀교육, 재정의 문제, 전도할 때 매사에 기도가 동반되어야 합니다. 그런데 우리의 기도가 충분하지 않기 때문에 삶의 영역에서 하나님의 역사가 나타나지 않는 것입니다.

내가 모세의 기도를 할 때 나에게도 아론과 훌이 있어야 합니다. 반대로 어떤 사람이 모세의 기도를 드려야 할 상황에서 그의 기도의 손이 내려오지 않도록 누군가 옆에서 아론과 훌이 되어 그 사람의 기도가 끊어지지 않게 도와주어야 합니다. 이것이 하나님께서 우리가 계속 기도할 수 있게 하시는 놀라운 방법입니다. 그러므로 여러분에게 기도의 짝이 있는지 확인해보시기 바랍니다. 하나님이 내게 아론과 훌로 누구를 주셨는지 살펴야 합니다. 여러분이 기도를 중단하지 않도록 여러분을 지켜주고, 도와주고, 중보해줄 수 있는 아론과 훌이 누구입니까? 기도의 짝을 정하시기 바랍니다.

여러분의 기도에 함께 기도해주는 분이 있습니까? 기도로 손잡아주는 사람이 몇 명이나 됩니까? 없다면 그 사람부터 세워야 합니다. 남편과 아내, 부모와 자녀, 교우들끼리 서로 기도자가 되어주면 어떨까요? 그 사람이 한 시간 기도운동에 동참하는 사람이라면 엄청난 힘이 됩니다. 그렇다면 결국 한 시간 기도를 해내게 될 것입니다. 그런데 주변에 동역할 기도자가 없다면 몸부림치다가 자신도 그만 기도하지 못하게 됩니다.

"목사님, 저는 없어요. 아무리 찾아도 없어요. 남편은 원수 같고, 자식도 도움이 안 되고, 오히려 기도에 방해만 됩니다."

이런 분들도 있을 것입니다. 아무리 찾아도 나를 도와 기도해줄 사람, 나와 기도 짝이 되어줄 사람이 없다면 아론과 훌을 찾지 말고 모세를 찾아보십시오. 기도해줄 누군가를 찾는 것이 아니라 여러분이 먼저 기도하는 누군가에게 기도의 친구가 되어줄 수 있기를 바랍니다. 가족들의 기도의 손이 내려오지 않도록, 목사님의 기도의 손이 내려오지 않도록, 장로님, 속장님의 기도의 손이 내려오지 않도록 기도하시기 바랍니다. 여러분은 지금 기도로 누구를 돕고 있습니까?

기도 연합의 역사

그런데 꼭 기억해야 할 것이 있습니다. 기도도 잘 안 하고, 기도를 잘 못하는 사람이어도 상관이 없습니다. 많이 부족한 짝이라도 아무런 문제가 되지 않습니다. 두 사람이 기도로 연합하기만 하면 주님이 함께 계십니다. 우리의 기도를 도와주고 끝까지 이끄실 분은 주님이십니다. 그러니까 함께 기도할 수만 있다면 어떤 분이라도 좋습니다.

한 사람부터 시작하기 바랍니다. 그리고 꾸준히 늘려가야 합니다. 할 수 있으면 손을 잡고 기도할 시간을 가져야 합니다. 기도 모임을 갖는 것은 매우 좋은 일입니다. 매일 주어진 성경을 읽고 매일 합심기도로 기도하고 각자의 문제를 내놓고 기도하는 것입니다. 그러나 매일 모이기 힘들고, 한 주에 한 번 기도회에 참석하기 힘든 사람도 있습니다. 그러면 예수동행일기에 그것을 기록하여 이 결단을 지켜가기 바랍니다. 일기에 기록하고 그것을 나누면 모이기 힘든 여건에서도 매일 한 시간 기도하게 됩니다. 기도를 기록하게 되니 기도가 더 분명해지고, 응답도 확인할 수 있습니다. 그리고 그럴 때 함께 기도하는 사람의 수가 무제한으로 늘어날 수 있습니다. 예수동행일기 나눔방은 하나님이 우리에게 주신 엄청난 도구입니다.

여러분이 정말 기도하기 원한다면 하나님께서 반드시 기도를 도우실 것입니다. 기도할 때 여러분이 기도의 깃발을 들어야 할 부분이 어디인지 성령께서 깨우쳐주십니다. 내가 기도해야 할 문제가 무엇인지, 내가 연합해야 할 기도의 사람이 누구인지, 하나님이 가르쳐주시고 기도의 불을 내려주실 것입니다. 기도가 연합되어 한쪽에서 불이 붙으면 그 불이 옮겨붙기 시작합니다. 우리 하나님께서 반드시 그렇게 해주시기를 원합니다.

prayer points

1. 가정, 교회, 직장, 나라, 민족, 모든 영역 가운데 기도의 깃발을 높이 들게 하소서. 내 삶의 모든 영역과 하나님이 원하시는 곳에 여호와의 깃발

을 꽃게 하소서.

2. 하나님, 함께 기도할 자를 붙여주소서. 나에게 기도의 짝을 주소서. 함께 기도할 자를 생각나게 하셔서 합심하여 기도에 힘쓰게 하소서. 주변의 모든 이들이 기도자로 서고, 함께 기도하는 거룩한 힘을 얻게 하소서.

3. 큰 불을 일으키는 작은 불꽃으로 살게 하셔서 사방에 기도의 불이 붙게 하소서. 기도의 문이 활짝 열려 기도의 능력을 경험하게 하소서. 온전한 기도의 사람이 되게 해주소서. 주여, 기도의 불을 내려주소서.

CHAPTER **3**

기도로 살자

모든 기도와 간구를 하되 항상 성령 안에서 기도하고 이를 위하여 깨어 구하기를 항상 힘쓰며 여러 성도를 위하여 구하라

에베소서 6:18

여러분, 매일 한 시간씩 기도하고 계십니까? 실제로 한 시간 기도가 쉽지 않은 분들이 있을 것입니다. 그러나 조급해하지 마시기 바랍니다. 한 시간 기도하는 일은 여러분의 열심이나 각오로 되는 것이 아닙니다. 매일 한 시간 기도는 근본적으로 기쁨으로 할 수 있어야 합니다. 교회에서 하니까, 목사님이 하라고 하는데, 그래도 내가 직분자니까 해야 한다는 마음으로는 기도할 수 없습니다. 그것은 또 하나의 무거운 짐이 되어버리고 맙니다. 한 시간 동안 기도하려면 그 일이 우리 속에서부터 기쁨이 되어야 합니다. 기쁘면 하게 됩니다. 한 시간 기도하는 일이 아직 기쁘지 않다면 그 마음이 바뀌기를 축복합니다.

매일 한 시간 기도는 목표가 아니라 그 자체가 응답받아야 할 기도 제목이라는 것을 알아야 합니다. 그러니까 한 시간 기도하기가 어려운 분들은 "주님, 저에게 매일 한 시간 기도할 수 있게 해주세요"라고 기도하고, 그것을 응답으로 받아야 하는 것입니다. 기도는 내가 한 시간 동안 기도하려고 노력해서 성취하는 것이 아니라 하나님께서 한 시간을 기도할 수 있도록 역사해주심을 고백하는 것이기 때문에 스트레스가 아닙니다. 믿고 기대하고 감사할 일입니다. 따라서 한 시간 기도는 정말 황홀한 일입니다.

매일 한 시간 기도가 어렵다는 분들도 머잖아 이런 간증을 하게 될 것입니다. "제가 정말 한 시간을 기도하게 될 줄은 생각지도 못했습니다. 그런데 지금은 그 시간이 정말 큰 기쁨이 되었습니다. 매일 그렇게 살고 있습니다." 우리가 이런 간증을 할 수 있는 이유는 그 일이 우리에게 달린 것이 아니라 성령님께 달려 있기 때문입니다. 이 일을 하게 하시는 분이 성령님이십니다. 기도에는 그만한 권능이 있습니다. 그래서 기도하라는 것입니다.

기도의 권능

한 시간 기도는 경건한 삶의 차원이 아니더라도 그 기도에 큰 권능이 있습니다. 개인적으로 매일 한 시간 기도하면서 한 달을 살고, 6개월을 살고, 1년을 살아보면 비로소 하나님이 살아 계신 것과 내 안에 주님이 계신 것을 알게 됩니다. 나를 통해 하나님이 역사하시는 놀라운 간증이 풍성한 삶을 살게 됩니다. 한 사람도 그런데 더 나아가 모든 교인들이 매일 한 시간씩 기도한다면 그 교회에서 드리는 기도는 나라와 민족의 역사를 바꿀 것입니다.

그런데 많은 분들이 기도의 권능에 대한 정확한 이해가 없는 것 같습니다. 성경을 읽어보면 성도들이 기도할 때 방언이 터지는 일들이 종종 있습니다. 그래서 어떤 분은 방언을 기도의 권능이라고 하기도 합니다. 실제로 방언을 하면 기도가 좀 더 쉬워집니다. 내가 생각해서 기도하는 것과 달리 방언으로 기도하면 기도의 깊이와 길이, 기도를 통해서 얻는 힘과 능력이 달라집니다. 그래서 방언으로 기도하기를 사모하고, 방언을 받은 분들은 기도할 때마다 방언으로 기도하기도 합니다. 그러나 방언이 성경이 말하는 기도의 권능은 아닙니다.

성경에는 기도하는데 땅이 진동했다는 말씀도 나옵니다. 기도로 죽은 사람이 살아나고, 병든 자가 고침을 받고, 귀신들린 자가 깨끗함을 받는 역사 또한 증거합니다. 우리의 사역 현장에서도 실제로 그런 일들이 일어납니다. 하나님은 기도를 통해 이런 놀라운 역사를 일으키십니다. 하지만 그것을 기도의 권능이라고 하지는 않습니다.

진정한 기도의 권능은 의외로 아주 간단합니다. 바로 기도를 끝까지 할 수 있는 것입니다. 기도를 하다가 말다가, 열심히 했다가 낙심해서 중간에 그치는 것이 아니라 하나님이 역사하실 때까지 계속 기도할 수 있는 것이 기도의 능력입니다. 기도는 기도하라는 설교 말씀을 듣는 동안만 하는 것도 아니고, 마음먹은 며칠간만 하는 것도 아닙니다. 어떤 처지와 형편에서도 낙심하지 않고 끝까지 기도하는 것입니다. 매일 한 시간 기도를 시작했다면 우리 주님이 오실 때까지, 주님 앞에 갈 때까지 계속 기도하는 것이 가장 강력한 기도의 능력입니다.

성령 안에서 기도하는 능력

한 시간 기도하자고 하니까 많은 사람들이 기도가 안 된다고 합니다. 그 말은 기도가 어렵다는 것이 아니라 기도의 능력이 없다는 의미입니다. 무슨 능력이 없는 것입니까? 성령 안에서 기도하는 능력이 없다는 것입니다. 한 시간 기도를 하려면 반드시 성령 안에서 기도해야 합니다. 성경을 가만히 읽어보면 그냥 기도하라고 하지 않고 성령 안에서 기도하라고 하셨습니다.

> 온갖 기도와 간구로 언제나 성령 안에서 기도하십시오. 이것을 위하여 늘 깨어서 끝까지 참으면서 모든 성도를 위하여 간구하십시오 엡 6:18 새번역

한 시간 기도에 반드시 덧붙여야 할 것이 '성령 안에서'입니다. 성령 안에서 기도하십시오. 그렇게 기도하면 '늘 깨어서' 기도하고, '끝까지 참으면서' 기도할 수 있다는 것입니다. 성령 안에서 기도하라는 말은 기도를 인간적인 열심이나 노력으로 하지 말라는 뜻입니다. 그렇게 해서는 기도가 되지도 않고 금방 지칩니다. 또 기도한다 해도 주님이 쓰시는 기도자가 될 수 없습니다.

"나는 한다면 하는 사람이야. 한 시간 기도? 하면 되지 뭐." 이렇게 성령의 역사가 아닌 탁월한 의지와 노력으로 기도를 많이 하는 사람도 있습니다. 그런데 그런 사람의 특징은 기도 많이 하는 것을 자랑하고 교만하고 거칩니다. "내가 우리 교회에서 기도 제일 많이 하는 사람이야. 나는 하루에 몇 시간씩도 기도해. 기도도 안 하면서 무슨 교인이야? 기도도 안 하고 직분자라고 할 수 있어?" 이것은 진

정으로 성령 안에서 기도하는 사람의 증거가 아닙니다.

방언에 대하여 거부감을 가지고 있던 목사님이 있었습니다. 방언하는 교인들로부터 마음에 상처를 받은 일이 있었던 것입니다. "아니, 전도사님이 방언도 못하세요?"라는 말에 속으로 '나는 방언하는 사람보다 더 경건하다'라고 생각했고, 그래서 결혼할 배우자의 조건도 방언하지 않는 여자였습니다. 그런데 중매로 만나 결혼한 사모님이 어느 날 방언으로 기도하는 것을 듣고 고민에 휩싸였습니다. 이제 와서 이혼할 수도 없는 노릇이고, 그래서 어떻게 방언을 하게 되었는지 물었습니다.

"아무것도 아입니더, 기도하는데 혀가 꼬이데예, 마 신경쓰지 마이소."

목사님은 그 말에 감동을 받았습니다. 너무 겸손한 것입니다. 그동안 자신이 보아왔던, 방언하는 것을 은근히 자랑하는 사람이 아니었습니다. 그래서 자신도 방언을 하고 싶다는 소원이 생겨 작정하고 기도원에 올라가 방언을 체험했다고 합니다.

저도 어릴 때부터 기도 많이 하는 분들을 참 많이 봐왔는데 다 은혜가 되는 것은 아니었습니다. 기도를 많이 한다는 것은 충분히 인정해드릴 만합니다. 기도를 많이 하다보니까 영적인 힘이 있는 것처럼 느껴지기도 합니다. 목소리만 들어봐도 기도를 많이 하는 분이라는 느낌이 들 때도 있습니다. 그런데 그런 분일수록 자부심이 강하고 성격도 매우 강합니다. 무슨 말을 하면 "뭐 일주일 금식하면 되겠네" 이런 식으로 말해서 상대방의 기를 꺾어놓습니다. 그러나 그것을 성령 안에서 기도하는 것이라고 생각해서는 안 됩니다.

성령님께 전적으로 의지하는 기도

성령 안에서 하는 기도는 완전히 다릅니다. '예수 믿는 좋은 그리스도인' 하면 어떤 모습이 떠오릅니까? 두 종류의 사람이 있을 것입니다. 첫 번째, 주일예배에 한 번도 빠진 적이 없고, 새벽기도나 모든 기도회에 다 참석하고, 술 담배, 제사 안 하고, 십일조생활을 철저히 하고, 어디를 가든지 예수 믿으라고 열심히 전도하는 사람입니다. 또 다른 부류는 항상 기쁘고 감사가 넘치고 모든 일을 사랑으로 합니다. 어떠한 어려움 중에도 담대하며, 전도를 해도 말로 하는 것이 아니라 사랑으로 사람의 마음을 이끌기 때문에 편안합니다. 그래서 사람들이 절로 그를 따르게 됩니다.

그런데 이 두 부류의 사람은 전혀 다른 이미지를 가지고 있습니다. 성령 안에서 기도하느냐 아니냐도 이런 차이가 있습니다. 물론 종교적인 열심이 예수님을 잘 믿는 것처럼 보이게 할 수도 있습니다. 주일예배에 열심히 나오고, 십일조도 꼬박 드리고, 새벽기도를 빠지지 않고, 말로 열심히 전도하는 외적 열심에 치우치다보면 율법주의적 경건이 될 수 있습니다. 불교 신자나 무슬림이나 다 자기 종교를 열심히 믿고 종교생활 하는 사람들입니다. 그러나 우리는 거기에 속으면 안 됩니다.

우리가 정말 성령 안에 있는 사람이 되었는지 알아보려면 성령의 아홉 가지 열매가 있는지 살펴보면 됩니다. 기도도 이와 같습니다. '기도하는 사람은 정말 좋은 사람이구나', '기도하는 사람을 닮고 싶다', '나도 그렇게 기도하고 싶다' 이런 역사는 성령 안에서 기도하는 사람에게만 나타납니다. 성령 안에서 기도하라는 것은 성령님께 전적으로 기도를 의지하라는 뜻입니다. 그러므로 한 시간 기도를 아직 못한다고 해서 좌절할 필요가 없습니다. 그것은 내가 하는 일이 아닙니다. 나를 한 시간 기도하게 해주는 분은 주님이십니다. 주님만이 그 일을 하게 하시고, 주님이 하셔야 가장 아름답습니다. 또 오래 지속할 수 있습니다.

내 생각이 완전히 달라지는 기도

성령 안에서 기도하라는 것은 자기 생각대로 기도하지 말라는 뜻이기도 합니다. 많은 성도들이 기도하다가 좌절하는 이유는 자기 생각대로 기도하고, 자기가 원하는 대로 응답되기를 바라기 때문입니다. 그런데 하나님께서 그렇게 하지 않으시니까 '기도해도 소용없다', '기도해도 안 된다'고 낙심하는 것입니다. 이렇듯 우리가 성령 안에서 기도하지 않고 자기 생각으로 기도할 수가 있습니다.

예수님은 우리가 구하면 반드시 응답해주겠다고 약속하셨습니다. 그런데 이 약속은 어떤 조건이 반드시 충족될 경우에 해당하는 것입니다.

너희가 내 안에 거하고 내 말이 너희 안에 거하면 무엇이든지 원하는 대로 구하라 그리하면 이루리라 요 15:7

우리가 무엇을 구하든지 무조건 다 들어주시겠다는 것이 아니라 우리가 주님 안에 거하고 주님의 말이 우리 안에 거해야 구하는 대로 다 주실 수 있는 것입니다. 우리가 하나님 앞에 나아가 성령께서 주시는 생각으로 기도하는 것이 바로 성령 안에서 기도하는 것입니다.

도저히 용서할 수 없는 사람 때문에 힘들어하던 분이 저에게 메일을 보내셨습니다.

"목사님, 아주 놀라운 일이 일어났습니다. 성령집회 때 기도를 하는데, 하나님께서 저에게 말할 수 없이 큰 죄를 지은 그 사람을 용서하라고 하셨습니다. 목사님도 도무지 용서할 수 없다면 그 사람을 위해 기도해보라고 하셔서 그렇게 기도할 때 그 사람이 정말 긍휼해지는 마음이 들었습니다. 제 마음과는 정말 다른 기도가 나왔고, 그 사람과 그의 가정을 위해 울며 기도하게 되었습니다. 그 후 제 마음이 놀랍게 평안해지는 것을 느꼈습니다. 이후에 남편도 손양원 목사님에 대한 주일 말씀을 듣고 그 사람에 대한 미움을 내려놓게 되었다고 고백했습니다."

기도하면서 용서할 수 없었던 사람을 용서하게 된 것입니다. 여러분도 기도해보면 경험하겠지만, 실제로 성령 안에서 기도하면 내 생각이 완전히 달라집니다. 이것이 기도의 깊은 재미이기도 합니다. 기도할 때마다 우리 마음속에 일어나는 기대이기도 합니다. '주님이 뭘 원하실까? 나는 이렇게 하기 원하는데, 주님의 생각은 어떠실까?' 우리 안에서 기도를 일으켜 기도하게 하시고 응답하시는 분은 성령님입니다. 그분을 의지하여 기도하시기 바랍니다.

기도 응답이 없어도 계속하는 기도

기도의 권능은 기도 응답이 없다고 느낄 때 나타납니다. 자신이 원하는 기도 응답을 바라고 기도한 사람은 그에 대한 응답이 없으면 기도가 잦아들게 됩니다. '언제까지 기도해야 돼?', '기도해도 소용없잖아', '기도했는데 오히려 더 나빠졌어!'라고 좌절합니다. 그런데 이것은 진정한 의미에서 성령으로 기도한 것이 아닙니다.

성령 안에서 기도하면 기도 응답의 여부와 상관없이 계속 기도하게 됩니다. 요셉의 수많은 기도는 응답되지 않았습니다. 애굽에 종으로 팔려가고, 억울하게 감옥에 갇히게 된 것은 요셉이 원해서 된 것이 아니었습니다. 그때 요셉이 얼마나 답답했겠습니까. 원하는 대로 되는 것이 없고 오히려 상황은 더 어려워집니다. 그런데도 요셉은 하나님의 영이 늘 자신과 함께하신다는 것을 알았습니다. 그것이 요셉에게는 가장 좋은 응답이었습니다.

그래서 요셉은 낙심하지 않고 끝까지 주님을 바라보고 기도하는 삶을 살았고, 결국 하나님이 그를 애굽의 총리로 세우시고 그의 모든 가족을 구원하셨습니다. 그러니 기도의 권능은 기도가 응답되지 않고 상황이 더 어려워지는데도 계속 기도할 수 있는 힘이라는 것입니다. 그때 하나님께서 기도하는 우리를 통해서 역사하시는 것입니다.

목포 사랑의교회 백동조 목사님의 어머니는 기도의 사람이었습니다. 목사님의 어머니는 너무 어려운 가정 형편에서 전도를 받고 교회에 나간 후 기도를 시작하였는데, 비가 오나 눈이 오나 새벽기도, 철야기도, 산기도를 빠지지 않았습니다. 그런데 기도를 해도 해결되는 문제가 없었습니다. 여전히 지독히 가난하고 가족끼리 문제도 많았습니다. 그렇지만 어머니는 새벽마다 교회에 가서 기도하기를 그치지 않았습니다.

그러던 어느 날 어머니가 새벽에도, 철야기도회에도 교회에 가지 않으시는 것을 본 어린 백동조 목사님이 "엄마, 왜 교회에 가지 않아요?"라고 물으니 어머니가 "응. 나 이제 집에서 기도하기로 했다"고 하시며 힘없이 방으로 들어가 대성통곡을 하며 하나님께 이렇게 이야기하시더랍니다.

"하나님, 저, 더 이상 교회 가서 기도 안 할랍니다. 아무개 집사가 기도해도 별것도 없다고 말합니다. 제가 봐도 그렇습니다. 하나님, 저를 보면 누가 기도하고 싶겠습니까? 제가 기도해야 할 사람들이 기도도 못하게 교회 문을 막고 있는 것 같습니다. 이제 남부끄러워서 기도도 못하겠습니다."

저렇게까지 기도하는데 아무 소용없다고 누군가 뒤에서 쑥덕이는 말을 들으신 것입니다. 그런데 집에서 기도하던 어머니가 일주일 만에 다시 교회에 나가셨습니다. 집에서는 기도가 안 된다면서 말입니다. 목사님의 어머니는 여생을 열심히 기도하다가 돌아가셨지만 돌아가실 때까지도 많은 문제에 대한 기도 응답을 받지 못하셨습니다.

그런데 백동조 목사님은 고백하기를, 어머니의 기도가 지금 자신의 삶과 목회 가운데 다 이루어지고 있다고 울먹이셨습니다. 제가 보기에도 백 목사님의 어머니는 진짜 능력 있는 기도자입니다. 왜입니까? 아무 응답도 없는데 기도를 그치지 않고 끝까지 기도할 수 있다는 것은 성령의 역사가 아니면 설명할 수 없습니다. 끝까지 하나님의 인도함을 받을 수 있었다는 것입니다. 어떤 기도는 오늘 기도하고 당장 내일 응답되지만, 진짜 중요한 기도일수록 시간이 오래 걸립니다. 하나님께서 내 기도에 딱 맞게 응답하시기까지 수많은 과정을 통해서 그것을 이루시기도 하기 때문입니다. 그때에도 성령 안에서 기도하는 사람은 응답의 여부와 상관없이 계속 기도할 수 있습니다. 진짜 기도의 능력은 계속 기도하는 것입니다.

'한 시간 기도하려고 했는데 오늘은 10분도 못했네', '어제는 기도했는데, 오늘은 못하고 지나가버렸네. 아, 나는 안 되나봐.' 사실 이런 사람이 기도의 능력이 없는 것입니다. 오늘은 10분 기도했지만 내일 또다시 시작할 수 있어야 합니다. "하나님, 제가 한 시간 기도할 수 있게 해주세요" 이렇게 기도하고 다시 시작하는 것입니다. 한 시간을 기도하려고 했지만 20분 만에 까무룩 잠이 들었더라도 "할렐루야! 하나님, 20분이나 기도한 게 얼마 만인지 모르겠습니다. 신기록입니다. 주님을 찬양합니다!" 이렇게 기도하고 다음 날 다시 기도를 시작할 수 있어야 합니다. 이것이 얼마나 대단한 능력인지 아십니까. 그러면 하나님께서 반드시 그렇게 만드십니다. 기도할 수 있게 해주시고, 기도의 능력을 부어주시고, 기도를 잘 못하던 사람이 엄청난 기도의 사람이 되게 해주시는 것입니다.

제가 신학교 1학년 때 몇몇 동기생과 함께 매일 아침 기도하기로 했습니다. 4년 내내 아침마다 신학교 건물 교회 종탑에 모여서 기도했는데, 그렇게 기도해서 일어난 역사가 하나도 없었습니다. 그렇지만 졸업할 때까지 계속 매일 아침 기도 모임을 가질 수 있었고, 지금 생각해보니 그것이 능력이었습니다. 신학교를 졸업한 지 40여 년이 지난 지금 그때 함께 기도했던 목사님들이 목회와 사역을 정말 잘하고 계십니다. 생각해보면 신기할 정도입니다. 그때 드린 기도가 아무 의미 없는 기도가 아니었다는 것을 깨닫습니다.

하나님께서 우리에게 부어주실 기도의 능력은 기도가 되든 안 되든 계속해서 기도할 수 있게 해주시는 것입니다. 내가 기도하려고 하는 것이 아니라 내 안에 계신 성령께서 나로 하여금 기도하게 만드시는 것입니다. 우리의 기도를 이끄시는 분은 오직 주님이십니다.

친밀함이 깊어지는 기도

기도하기 힘든 이유는 주님과의 관계가 친밀하지 않기 때문입니다. 친밀하지 않은 주님과는 대화를 이어나가기 어렵습니다. 그런데 주님과의 친밀함이 깊어지기 시작하면 기도는 기쁨이 됩니다. 사랑하는 사람을 만나 자꾸 대화하고 싶은 것은 본능입니다. 마음에 드는 사람, 마음이 통하는 사람과는 계속 대화하고 싶어집니다. 주님께 기도하는 일이 그렇게 될 것입니다. 한 시간 기도는 자연스러워야 하고 기뻐야 합니다. 그렇게 기도할 수 있는 것이 능력이고 모든 성도에게 주시는 은혜입니다.

예수동행일기 추천의 글로 한 자매의 일기가 올라와서 그것을 본 많은 분들이 은혜를 받고, 그 자매를 위해서 함께 기도하고 있습니다. 참 귀한 고백 일기였습니다. 투병 중에도 오직 예수님만 바라보기를 힘쓰고 매일 한 시간 기도하면서 받은 은혜가 감동적입니다. 어머니이신 권사님의 감사 편지와 자매의 예수동행일기를 소개합니다.

"딸이 병원에 입원해 있는 동안 하루 종일 주님만 바라보는 훈련을 했습니다. 지난 월요일부터 딸과 함께 밤마다 잔잔한 찬양을 틀어놓고 한 시간 동안 기도하기 시작했는데, 딸이 굳이 뭔가 구하는 기도를 드리기보다 주님을 느껴보려고 집중할 때 몸과 마음에 성령을 느끼게 되었습니다. 한 시간 기도 시간에 주님이 자신의 몸을 치료하시는 것이 느껴지더랍니다. 지금 딸의 소망은 감사절에는 간증을 하고, 내년 봄쯤에는 성가대에도 서고 싶어 합니다. 이미 주님이 자기를 치료하셨다고 하네요. 딸의 놀라운 변화를 지켜보면서 살아 계신 하나님께 감사와 찬송과 영광을 돌려드립니다."

이번에는 자매의 첫 번째 일기입니다.

내가 만난 하나님

"저는 간암 투병 중인 학생입니다. 지금까지 병원 치료에 참 많이 의지하고 여러 치료를 받았습니다. 하지만 하나님을 의지하고 만나려고 한 적은 없었습니다. 최근에 컨디션이 안 좋아져서 치료를 쉬게 되었는데, 하나님이 제 기도를 기다리고 계셨다는 생각이 들었습니다. 그런데 하나님과 친밀하게 지내지 못하다가 기도하려니까 기도가 잘 안 되고 답답했습니다.

이번에 급체로 병원에 입원할 때는 별의별 생각이 다 들고 너무나 염려가 되어 하나님께 기도하면서도 마음 한편에는 '하나님이 혹시 안 계시면 어떡하지?'라는 생각까지 들었습니다. 하나님께 저의 이런 마음을 다 고백하고 하나님을 의심 없이 믿게 해달라고 기도했습니다. 염려가 심한 만큼 간절히 간절히 기도드렸습니다.

그런데 기도를 아무리 해도 하나님의 뜻을 알 수 없으니까 너무 답답했습니다. 유기성 목사님 설교를 들은 대로 하나님께 묻고는 있는데, 그냥 나 혼자 허공에 말하는 것 같다는 생각도 들었습니다. 하나님께 말씀을 통해서라도 제게 알려달라고 간절히 기도했습니다. 그러고 나서 유튜브에 뜨는 추천 설교를 들었는데, 매일 그날의 고민에 대한 답을 주시고 위로해주시고 저의 염려를 잠재워주셨습니다.

그러다가 지난 토요일에 추천 설교로 '한 시간 기도운동'이 올라왔습니다. 기도하는 방법을 처음 배웠습니다. 월요일에 엄마와 함께 불을 끄고 병실에서 한 시간 기도를 드렸습니다. 그런데 한 시간이 다 되어갈 때쯤 몸에 소름이 돋는 듯하면서 머리가 갑자기 박하사탕처럼 시원해졌습니다. 머리로만 알던 하나님이 이제는 저와 함께하신다는 게 생생히 느껴집니다. 하나님을 알고 나니까 하나님을 여기저기 전하고 싶어집니다.
올해 3월에 처음 예수동행일기를 쓸 때만 해도 하나님께 말을 거는 게 허공에 대고 말하는 것 같다가 '혹시 하나님이 없으면 이거 다 바보짓이잖아' 하는 생각에 허무한 마음이 들 때도 있었습니다. 그래서 예수동행일기에 쓰기 위해 큐티(QT)를 시작하게 되었는데 믿음의 기초가 쌓이는 것이 느껴졌습니다. 최근에는 직접적인 변화가 있었는데, 가족들에게 짜증이 줄었다는 이야기를 들었습니다. 엄마와의 관계가 회복되고, 말하면서 우는 것이 사라졌습니다. 앞으로 변화될 저 자신이 기대됩니다. 예수동행일기를 쓰게 되어서 하나님께 감사합니다."

두 번째 일기입니다.

하나님, 감사해요

"아침에 일어나서 예수님을 생각하지 못하고 조급하게 행동하다가 실수가 많았습니다. '또 내가 하려고 했구나, 예수님께 묻지 못했구나' 하는 생각이 들었습니다. 새벽 4시 반쯤 침대에 걸터앉아 있는데, '여호와 닛시'라는 단어가 떠올랐습니다. 뜻을 몰라서 검색해보니 '여호와는 나의 깃발', 승리하시는 하나님을 찬양한다는 뜻이라고 했습니다.
새벽 5시 반에 엄마가 새벽기도를 드리러 가고, 혼자 남은 병실에서 잠이 오지 않아 깨어 있었습니다. 한 시간 기도를 하고 잠이 오면 자야겠다고 생각했습니다. 찬양을 틀고 눈을 감고 기도했습니다. 그때 성령님이 제

발에 오신 것이 느껴졌습니다. 나의 오래된 하지불안증후군을 고쳐주시려나보다 싶었습니다. 호흡이 시원해지는 것이 느껴졌습니다. 오른쪽 눈 안쪽이 시원해졌습니다. 나는 모르지만 눈 안쪽도 치료받을 것이 있나보다 싶었습니다. 그러다가 눈을 감고 있는데 갑자기 앞이 환해졌습니다. 눈을 떠보니 방은 그대로였습니다. 다시 눈을 감으니까 점점 환해지면서 일렁이는 빛으로 바뀌었습니다. 그러다가 푸른 불꽃 같은 게 보였습니다. 가슴이 뜨끈해지는 것이 느껴졌습니다. 마음속으로 '이제 됐다' 하는 생각이 들었습니다. 이것이 성령의 불인가 싶었습니다.

오늘은 퇴원하는 날입니다. 하나님의 은혜로 영양제 하나 맞지 않고 퇴원하면서 병실을 청소하던 친한 아주머니에게 하나님이 정말 계신다고 말씀드렸습니다. 하나님을 만나니까 자꾸 하나님을 전하고 싶습니다. 오늘 하루도 보살펴주신 하나님께 감사드립니다."

이 자매의 일기와 간증이 귀한 것은, 성령께서 어떻게 우리의 기도의 문을 여시고, 어떻게 기도하게 하시고, 어떻게 우리를 인도하시는지를 잘 전해주기 때문입니다. 여러분이 이 자매와 똑같은 성령 체험을 하지는 않겠지만, 계속 기도한다면 성령께서 분명히 여러분에게 역사하심을 알게 될 것입니다.

성령님이 이끄시는 대로 순종하는 기도

계속 기도하고 싶고 기도 처소가 될 만한 곳을 자꾸 찾게 된다면 성령님이 이끄시는 대로 순종해보십시오. 기도가 잘 안 되면 "주님, 저 주님 앞에 이렇게 왔습니다" 하고 가만히 있어도 됩니다. 주님이 "내 안에 거하라. 나와 함께 앉아 있으라"고 하신 것이 기도이기 때문입니다.

찬양을 틀어놓고 찬양에 집중해도 이미 기도가 된 것입니다. 성경을 읽으며 하나님이 주시는 문장이나 단어를 붙잡고 기도하고, 또다시 말씀을 읽고 말씀을 붙잡으며 기도해도 됩니다. 주기도문을 외기도 쉽지 않다면 주기도문을 펼쳐놓고 한 구절씩 읽고 주님이 주신 마음으로 기도하고, 또 한 구절 읽고 기도해보기 바랍니다. 기도할 수 있는 방법은 다양하고, 성령님은 우리를 얼마든지 기도로 이끄십니다.

성령 안에서 기도하라는 말은 성령을 더 의지하라는 뜻입니다. 절대로 우리 자신의 의지에 달려 있지 않다는 것을 명심해야 합니다. 우리를 기도하게 만드실 분은 성령님이십니다. 그러니까 지금 기도가 잘 안 되는 분들도 가슴 설레는 기대를 품을 수 있습니다.

'아, 나도 강한 기도의 용사가 되겠구나.'

주님이 정말 그렇게 만들어주십니다. 우리가 이 사실을 진짜 믿으면 믿음으로 담대히 선포하게 됩니다. 이 일은 주님을 정말 기쁘시게 하는 일입니다.

"주님, 제가 아직은 엉터리 기도자입니다. 주님이 저를 보고 웃으실 일이 많겠습니다. 그러나 주님, 주님께 저 자신을 완전히 드립니다. 못하면 못하는 대로, 안 되면 안 되는 대로. 그러나 주님, 저는 절대로 포기 안 합니다. 이제는 주님이 저를 기도자로 쓰시도록 저 자신을 완전히 드리겠습니다."

우리가 이런 기도를 드리면 주님이 얼마나 기쁘시겠습니까.

하나님의 얼굴을 비비는 기도

마음에 깊이 와닿는 글을 읽은 적이 있었습니다. 어느 목사님이 학위 문제로 잠시 미국에 가야 하는 딸을 대신해서 9개월 된 손자를 돌보아야 할 형편이 되었습니다.

어느 날 낮에 잠깐 쉬기 위해 누웠는데 잠이 쏟아졌습니다. 그런데 잠결에 얼굴에 뭔가 자꾸 닿는 느낌이 들어서 눈을 떠보니 손자가 자기 얼굴을 할아버지인 목사님의 얼굴에 비비고 있었습니다. 자는 척하고 가만히 있었더니 얼굴을 비비던 아이가 다른 곳으로 엉금엉금 기어가 혼자서 잘 놀았습니다. 그런데 2,3분 후에 또다시 할아버지에게 와서 얼굴을 비비더랍니다. 그러기를 일고여덟 번 계속 반복했습니다.

혼자 놀다가도 할아버지가 있으니 안심하는 그 모습이 어찌나 흐뭇한지, 아이가 하는 짓이 얼마나 예쁜지, 목사님이 그만 손주에게 홀딱 반하고 말았습니다. '저 아이를 위해서라면 내가 못할 일이 없고 아낄 것도 없겠다!' 싶은 마음이 들었습니다. 그렇지만 9개월 된 아이에게 목사님이 아낌없이 모든 것을 준들 아이는 감당할 수 없을 것입니다. 큰돈을 줘도 쓸 수 없고, 자동차를 사줘도 소용이 없습니다. 할아버지가 어린 손주에게 해줄 수 있는 것은 우유나 장난감을 사주는 정도입니다. 아직 너무 어리기 때문입니다. 그러나 아이가 장성하여 감당할 수 있는 상황이 되면 무엇이든 다 해줄 것입니다.

그때 목사님이 '바로 이거다!'라고 깨닫게 되었다고 합니다. '우리가 하나님 앞에 꼭 이렇게만 하면 되겠구나. 손자가 할아버지인 내게 와서 얼굴을 비비듯 우리가 하나님께 꼭 그렇게 한다면 하나님이 얼마나 기쁘실까?' 그렇습니다. 하나님이 계시면 안심하고 하나님께 얼굴을 비빈다면 우리도 하나님의 귀염둥이가 될 것입니다. 하나님의 귀염둥이에게 하나님께서 무엇을 아끼시겠습니까? 하나님께 와서 자꾸 얼굴을 비비며 '하나님, 사랑합니다. 저는 하나님이 계셔야 편안합니다. 하나님이 계셔야 제 마음이 안심됩니다' 이렇게 고백하는 사람에게 하나님께서 무엇을 아끼시겠습니까? 우리가 감당할 수 있는 것이라면 하나님은 무엇이든지 다 주실 것이라고 믿습니다.

우리가 회사에서 일을 하다가도 '하나님, 함께 계시지요?' 하면서 잠깐이라도 한적한 곳에 가서 "하나님, 제가 직장에서 일을 잘하게 해주세요. 본이 되게 해주세요. 하나님의 영광을 드러내게 해주세요" 그렇게 기도했다면 하나님의 얼굴에 내 얼굴을 비빈 것입니다. 설거지를 하다가도 마음에 감동이 와서 "하나님, 저희 가정을 지켜주시고, 제가 나아갈 길을 명확히 보여주시고, 제 마음에 기쁨을 주세요" 라고 기도했다면 하나님께 가서 얼굴을 비빈 것입니다. 공부하다가 짬을 내어 "주님, 제게 공부할 힘을 주세요. 공부할 수 있는 것에 감사하고 공부가 제게 기쁨이 되게 해주세요" 이렇게 기도했다면 어린

아이가 할아버지한테 다가와 얼굴을 비빈 것과 똑같이 한 것입니다.

그런데 여러분이 알아야 합니다. 어린 손주가 할아버지의 마음을 알았을까요? 우리도 하나님의 마음을 다 헤아리기는 어렵지만, 하나님은 우리가 하나님의 얼굴에 우리 얼굴을 비빌 때 그 순간 너무 황홀해하십니다. 범사에 그렇게 한다면 하나님의 마음에 우리가 얼마나 사랑스럽겠습니까? 여러분이 기도하다가 한 시간을 못 채우고 5분 만에 끝내고 시계를 봐도 하나님은 너무 기뻐하십니다. 기도하려고 하는 것 자체가 하나님께 계속 얼굴을 비비는 일이기 때문입니다.

성령님께 여러분의 기도생활 자체를 의지하십시오. 그렇게 기도할 때 성령께서 여러분의 기도를 도우실 것입니다. 성령님이 도우시고 역사하심을 느끼게 될 것입니다. 성령 안에서 기도해보십시오. 앞으로 여러분의 마음에 기도가 부담이 아니라 기대이기를 바랍니다.

"주님, 저는 성령님이 하실 일이 너무너무 기대됩니다. 하나님께 얼굴을 비비는 어린아이처럼 주님 앞에 그저 나아갑니다. 기도 처소라고 생각되면 그 자리에서 무릎을 꿇고 주님 앞에 나아가겠습니다. 주님, 감사합니다."

"나는 한 시간 기도하게 될 것이다!" 믿음으로 이렇게 선포하시기 바랍니다. 그러면 주님이 반드시 응답해주실 것입니다. 반드시 한 시간 기도하게 될 것입니다. 성령의 역사하심을 경험하는 증인이 될 것입니다. 성령 안에서 기도하시기 바랍니다. '어렵다', '실패했다', '부끄럽다'는 생각을 버리고 기쁨으로 기도합시다. 기도의 역사는 전적으로 성령의 역사이기 때문입니다.

prayer points

1. 기도의 영을 부어주소서. 기도의 자리로 나아가게 하시고, 성령께서 기도를 도우신다는 것을 알게 해주소서. 성령의 역사하심으로 기도하게 하소서.

2. 하나님, 우리에게 기도의 부흥을 주소서. 무엇보다 우리 가정이 기도의 부흥을 경험하게 하소서. 서로가 서로에게 기도의 용사가 되어 기도의 불을 붙이게 해주소서. 한국 교회에 기도의 부흥이 일어나게 하소서. 하나님, 우리가 성령의 바람을 타고 기도하듯이 하나님의 은혜의 물결을 따라 기도하게 해주소서.

3. 모든 문제를 하나님 앞에 기도로 올려드립니다. 개인적으로 겪는 문제, 건강 문제, 가정 문제, 직장 문제, 교회 문제를 가지고 성령의 이끄심을 따라 기도하게 하소서. 기도의 문을 열어주소서.

ONE HOUR PRAYER

한 시간 기도를 배우라

PART 2

CHAPTER **4**

부르짖을 수 있는 은혜

[1] 예레미야가 아직 시위대 뜰에 갇혀 있을 때에 여호와의 말씀이 그
에게 두 번째로 임하니라 이르시되 [2] 일을 행하시는 여호와, 그것을
만들며 성취하시는 여호와, 그의 이름을 여호와라 하는 이가 이와 같
이 이르시도다 [3] 너는 내게 부르짖으라 내가 네게 응답하겠고 네가
알지 못하는 크고 은밀한 일을 네게 보이리라

예레미야서 33:1-3

한 시간 기도운동을 시작하고 나니 예상외로 이미 한 시간 기도하는 분들이 많다는 것을 알았습니다. 한 시간 기도를 하고 있다는 메일을 보내오거나 저를 만났을 때 한 시간 기도의 간증을 나눠주시는 분들도 많았습니다. 한번은 뉴질랜드로 이민을 간 어떤 분이 저에게 메일을 보내왔습니다. 이민자의 삶도 힘든데 고국에서 들려오는 소식에 마음이 무겁고, 이민교회 안의 영적 메마름이 너무 안타깝고, 경제적인 문제도 있고, 어려움도 많아 날마다 하나님께 엎드려 기도하지 않을 수 없었다고 합니다.

그러면서 사진 한 장을 첨부하셨는데, 그것은 뉴질랜드의 아름다운 자연 사진이 아니라 흉측해 보이는 발 사진이었습니다. 매일 한 시간 이상 기도하는 생활을 수년간 해오던 어느 날 아내가 자신의 발등을 보고 깜짝 놀라 물었다고 합니다. “여보, 당신 발이 왜 이래요? 어디 아픈 거 아니에요?” 그래서 발등을 자세히 보고 자신도 무슨 병이 생긴 것이 아닌지 순간 두려움이 몰려왔다고 했습니다.

그런데 그것은 카펫 위에서 날마다 무릎을 꿇고 기도하다보니 발등이 계속 쓸려서 생긴 흉터였습니다. 굳은살이 박인 발등은 하나님이 주신 선물이요, 실제로 매일 한 시간 기도를 통하여 그동안 하나님께서 베풀어주신 은혜가 너무 많다고 했습니다. 전심으로 하나님을 찾으면 하나님께서 반드시 만나주신다는 것을 알았다고 하면서 한 시간 기도운동을 시작해주어 감사하다고 하셨습니다.

기도생활을 훈련하는 은혜

주부들에게는 독일의 주방 칼이 인기가 있다고 합니다. 군인들에게는 정비가 잘 된 총이 매우 중요합니다. 남자들은 작업용 연장이 잘 갖추어지면 굉장히 뿌듯해합니다. 그리고 성도들에게 무엇보다 중요한 것이 기도입니다. 기도는 주부의 칼이나 군인의 총이나 남자들의 연장과 비교할 수 없이 중요한 것입니다.

그러면 여러분의 기도는 어떻습니까? 기도를 안 하는 교인은 없겠지만, 그 기도가 어떤 기도인지는 사람마다 다릅니다. 어떤 사람의 기도는 녹이 슬고, 제대로 정비되지 않아 초점이 맞지 않는 총일 수도 있습니다. 하지만 어떤 사람의 기도는 기름칠되고 영점(零點) 조정이 잘 된 총 같을 것입니다. 한 시간 기도운동은 그저 한 시간을 채워서 기도하자는 것이 아닙니다. 우리의 기도가 이전에는 녹슬고 무딘 칼 같았다면, 무딘 칼도 갈고 또 갈면 날이 서고 아주 잘 드는 칼로 바뀌는 것처럼 기도도 그렇게 하자는 것입니다.

'나는 기도 못해, 하나님께서 내 기도를 들어주실 리 없어.' 언제까지 그러고 살 것입니까? 왜 그런 형편이 되었습니까? 기도가 안 된다고 중단했기 때문입니다. 그렇다고 기도를 안 하면 무 하나도 제대로 썰지 못하는 투박하고 녹슨 칼이 되고 마는 것입니다. 기도를 그만두어서는 안 됩니다. 한 시간 기도를 하는 중이라도 한 주간 정신없이 지내느라 기도의 리듬을 잃어버리기도 하고, 기도에 대한 마음이 식을 수도 있습니다. 그러나 중요한 것은 다시 시작하는 것입니다.

기도는 기도를 하면서 배우게 됩니다. 기도의 능력 또한 기도를 하면서 놀랍게 자랍니다. 기도를 했다가 안 했다가 하면 똑같은 기도를 하게 되지만, 기도를 꾸준히 하면 기도의 차원이 달라집니다. 우리가 기도를 하다가 중단하는 이유는 혼자서 기도해보려고 애를 쓰기 때문입니다. 하지만 혼자서는 기도할 힘을 얻기가 쉽지 않습니다. 기도하는 흐름이 없고 같이 기도하는 사람도 없이 혼자서 기도한다면 도저히 기도할 수 없을 만한 상황에 놓일 때 스스로 일어서지 못합니다. 기도를 꾸준히 하기 위해서 우리는 연합해야 합니다. 가족 또는 지체들과 모여서 기도하고, 기도의 짝을 만들어서 한 시간 기도를 약속하여 기도하고, 그렇지 못하더라도 각자 기도하고 동행일기에 적으면서 기도하다보면 기도의 한계를 돌파하게 됩니다.

우리는 지금 한 시간 기도운동을 하기 때문에 기도를 안 하면 마음에 부담이 됩니다. 기도를 쉬게 될까 봐 계속해서 기도에 대해 이야기합니다. 교회 여기저기에 한 시간 기도운동 포스터가 붙어 있어서 잊을래야 잊을 수가 없습니다. 물론 부담이 될 수 있습니다. 하지만 몰라서 못했다는 말조차 할 수 없게 된 이 기회를 놓치지 말아야 합니다. 이번에야말로 기도생활을 제대로 훈련해야 합니다.

우리는 하나님께서 택하신 특별한 민족임이 분명합니다. 한국 교회는 기도로 유명합니다. 외국의 교인들이나 목회자들이 가장 인상 깊게 여기는 것이 한국 교회의 '기도'입니다. 통성기도를 'Korean Prayer'라고 이름 붙일 정도로, 한국 교회는 뜨겁게 기도합니다. 그렇게 기도하는 교회가 전 세계에 흔하지 않습니다. 그렇지만 그것이 한국이라는 나라에 고난의 역사가 있었기 때문만은 아닙니다. 고난의 시절, 기독교인들은 소수였고 존재감도 크지 않았습니다. 그러나 한국의 기독교인들은 정말 뜨겁게, 그리고 간절히 기도했습니다.

제가 한 시간 기도운동을 시작하면서 기도하던 중 마음에 깨달은 것이 있습니다. 우리나라가 아닌 다른 어느 나라에서 "우리 한 시간 기도합시다! 앞으로 한 시간 기도운동을 해나갑시다!"라고 했다면 어땠을까요? 우리처럼 이렇게 반응했을까요? 아마 아닐 것입니다. 이것은 하나님께서 허락하신 정말 특별한 은혜입니다. 한 시간 기도운동에 반응하는 우리의 뜨거운 마음이 그 증거입니다. 마음과 생각을 주님께 더욱 집중해보십시오. 하나님께서 우리에게 무조건 기도만 하라고 하시는 것이 아닙니다. 기도할 수 있는 분위기와 환경을 계속 만들어주고 계십니다. 이때 우리의 기도가 그 차원을 완전히 달리하는 역사가 있기를 축복합니다.

아버지께 부르짖는 기도

기도의 축복은 근본적으로 하나님을 "아버지"라고 부르는 것입니다. 우리가 받은 은혜와 복이 많지만 가장 귀하고 놀라운 복이 하나님을 아버지라고 부를 수 있도록 허락해주셨다는 것입니다. "예수 그리스도 안에서 하나님이 내 아버지가 되셨다"는 이것이 기도의 기본입니다. 이것은 자녀 된 권세입니다. 따라서 우리가 하나님께 드리는 기도는 자녀가 아버지에게 구하는 것입니다. 아버지에게 이야기하듯이 하는 것이 기도입니다. 우리의 기도를 들으시는 하나님은 나의 아버지이십니다.

한 가정의 아버지라면 퇴근해서 집에 들어갔을 때 아이들이 "아버지" 하고 부르며 나올 때의 느낌을 아실 것입니다. 자녀들이 장성해서 명절에 집에 찾아와 "아버지" 하고 부르며 들어올 때 느껴지는 기분이 있습니다. 하나님께서 우리의 기도를 들으실 때도 꼭 그와 같습니다. 그러니까 반드시 소리를 지르면서 기도할 필요는 없습니다. 자녀가 아버지를 부르듯이 친밀한 교제 속에서 드리는 기도가 핵심입니다.

그런데 성경에는 기도할 때 "부르짖으라"는 내용이 많이 나옵니다. 하나님께서 부르짖는 기도를 들으신다는 내용도 성경 곳곳에 나옵니다. 부르짖는다는 것은 부르짖는 사람이 아주 고통스러운 상황에 처해 있다는 것을 전제한 것입니다. 요셉이 애굽의 총리로 있을 때 야곱의 가족 75명이 애굽으로 이주합니다. 그리고 400여 년의 세월이 흐르자 히브리인이 무려 2,3백만 명으로 급증했고 그것을 본 바로는 두려움을 느꼈습니다. 전쟁이 일어날 때 그들이 적과 내통하고 자신들을 칠지도 모른다고 생각했기 때문입니다. 그래서 이스라엘 자손이 더 이상 번성하지 못하도록 사내아이가 태어나면 그 아이를 즉시 죽이는 끔찍한 만행을 저질렀습니다.

그러니까 이스라엘 백성이 하나님께 부르짖기 시작했습니다. "하나님, 살려주세요!" 이제는 애굽에서 사는 것이 너무 고통스럽고 끔찍해졌기 때문입니다. 하나님께서는 그 부르짖음을 들으셨습니다.

> 여호와께서 이르시되 내가 애굽에 있는 내 백성의 고통을 분명히 보고 그들이 그들의 감독자로 말미암아 부르짖음을 듣고 그 근심을 알고 내가 내려가서 그들을 애굽인의 손에서 건져내고 그들을 그 땅에서 인도하여 아름답고 광대한 땅, 젖과 꿀이 흐르는 땅 곧 가나안 족속, 헷 족속, 아모리 족속, 브리스 족속, 히위 족속, 여부스 족속의 지방에 데려가려 하노라 출 3:7,8

하나님께 부르짖는 축복

우리가 부르짖어 기도할 때가 많다면, 우리에게 고통스러운 일이 많은 것입니다. 교인들의 기도를 보더라도 힘들고 어려운 사람들의 기도는 소리가 큽니다. "왜 이렇게 시끄럽게 기도해!"라고 하는 분들은 그래도 형편이 괜찮다는 뜻입니다. 자신이 처한 상황에 따라 기도가 이렇게 달라집니다.

제가 목회를 하면서 함께 기도해보니 교인들은 힘들고 어려워서 소리를 지르는데, 신기하게도 부르짖으면서 기도할 때 성령의 역사가 강하게 나타났습니다. 형편이 어려울 때는 기도 소리가 커지다가 형편이 좀 괜찮아지면 기도 소리도 서서히 작아집니다. 기도 소리가 작으면 성령의 역사가 느껴지지 않고 기도도 힘을 잃어갑니다. 그래서 저는 목회자로서 우리의 상황이 어떻든지 간에 하나님 앞에 부르짖어서 기도하기를 원하는 마음이 강하게 일어났고, 기도의 소리를 잘 지켜야겠다고 생각하게 되었습니다.

> 너는 내게 부르짖으라 내가 네게 응답하겠고 네가 알지 못하는 크고 은밀한 일을 네게 보이리라 렘 33:3

여러분 중에 정말 부르짖어야 할 형편인데도 "기도가 안 된다", "기도를 못 하겠다" 하는 분이 있습니까? 아직 정신을 못 차려서 그런 것입니다. 부르짖을 만큼 더 어려워져야 합니다. 그러나 그것은 정말 어리석은 일입니다. 그러니까 우리는 큰 소리로 기도해야 할 상황에 처할 조짐이 보이면 바로 기도해야 합니다. 비명이 터져 나올 때까지 기다릴 필요가 없습니다.

"너는 내게 부르짖으라"라는 이 말씀은 '명령'이기도 하고, 한편으로 부르짖어도 된다는 '허락'이기도 합니다. 여러분, 어떤 사람에게 도움을 받고자 할 때 큰 소리로 요구합니까? 아닙니다. 최대한 겸손하게 낮은 자세로, 부드럽고 공손한 목소리로 부탁합니다. 하지만 빚준 사람에게 가면 큰소리로 "줄 거야? 안 줄 거야?", "돈 내놔!"라고 할 것입니다. 그렇다면 우리가 어떻게 하나님 앞에 부르짖을 수 있겠습니까? 우리가 어떤 존재이기에 감히 하나님 앞에서 큰 소리로 기도할 수 있겠습니까?

이것은 하나님께서 허락하셨기 때문에 그렇게 할 수 있는 것입니다. 하나님께서 어려운 문제가 생긴 사람에게 "부르짖어 기도해라. 왜 가만있니? 큰 소리로 기도해봐!" 이렇게 말씀하셨다는 뜻이기도 합니다. 하나님께서 소리를 질러도 된다고 허락하신 것입니다. 그러니까 부르짖는 기도는 하나님의 놀라운 은혜입니다. 우리는 하나님께 부르짖는 축복을 마음껏 누려야 합니다.

하나님의 크고 비밀한 일

하나님께서 우리에게 부르짖는 기도를 하라고 하시는 이유는 하나님께서 우리의 기도를 통해 일하시기 때문입니다. 우리가 이 비밀을 정확하게 알아야 합니다.

하나님은 아브라함에게 그의 자손이 낯선 땅에서 살게 될 것을 예언하셨습니다. 하나님께서는 그들이 400년 동안 괴로움을 받을 것이라고 말씀하셨습니다. 그런데 그들이 애굽에서 나온 것은 430년 만입니다. 그렇다면 30년은 어떤 기간이었을까요? 부르짖는 기도가 나올 수밖에 없는 고통스러운 기간이었으리라 추측하게 됩니다.

하나님께서는 이미 이스라엘 백성을 애굽에서 건져내실 계획을 세워놓으셨습니다. 그러면서도 이스라엘 백성이 애굽을 떠나 가나안 땅으로 가게 해달라고 기도할 때까지 기다리신 것입니다. 하나님이 계획하셨을지라도 우리의 기도가 없으면 하나님은 일하시지 않습니다. 구원을 이루어야 하는데도 애굽에 적응한 채 떠날 마음이 없는 그들에게 하나님은 서서히 보호의 손길을 거두십니다. 남자아이가 태어나면 바로 죽임을 당하는가 하면 노역 또한 말할 수 없이 심해집니다. 이스라엘 백성은 더 이상 이렇게 살 수 없다는 절박함 때문에 부르짖었습니다.

그러나 하나님의 계획은 더 크고 놀랍습니다. 하나님이 하시려는 일은 이스라엘 백성을 출애굽 시켜서 가나안 땅에 들어가게 하는 것입니다. 이것이 크고 비밀한 일입니다. 그러니까 여러분이 하나님 앞에 부르짖을 문제가 생겼을 때 신앙적인 판단을 잘해야 합니다. 부르짖는 기도가 나온다면 우리의 생각을 뛰어넘는 하나님의 크고 비밀한 일이 진행되고 있다고 믿어야 합니다. 하나님의 계획은 단순히 그 문제만 해결해주려고 하는 것이 아닙니다. 당장 죽을 것처럼 부르짖게 되더라도 어려운 형편만 보지 말고, 하나님께서 간섭하실 때가 가까웠다고 생각해야 합니다.

부르짖는 기도 너머에서 일어나는 역사

이스라엘 백성이 바벨론에 포로로 끌려갔을 때 하나님은 예레미야에게 포로생활의 기한이 70년이 될 것이라고 말씀하셨습니다. 그 후 다니엘이 책을 읽다가 하나님이 예레미야에게 알려주신 연수를 깨닫고 충격을 받습니다. 왜냐하면 그 기한이 얼마 남지 않았기 때문입니다. 그때부터 다니엘이 기도하기 시작합니다.

“하나님, 이게 사실입니까? 도대체 역사는 앞으로 어떻게 진행됩니까?”

다니엘이 기도했지만 응답이 없습니다. 계속 부르짖는데도 응답이 없는 이유를 알 수가 없었습니다. 알고 보니 페르시아 공중에서 페르시아를 지배하던 악한 영이 하나님의 응답의 천사를 막아 그가 다니엘에게 오지 못한 것이었습니다. 그러나 다니엘이 계속 기도하자 천사장 미가엘이 도와주어 응답의 천사가 다니엘에게 와서 하나님이 하실 크고 놀라운 비밀을 깨닫게 해줍니다.

하나님께서는 이스라엘 백성이 70년 만에 포로에서 돌아오게 되는 그 일들을 전부 계획하셨습니다. 그런데 기도가 필요합니다. 하나님이 계획하신 일을 이루기 위해서는 반드시 우리의 기도가 필수적입니다. 그래야 하나님이 하셨다는 것을 알게 됩니다. 기도하지 않고 되는 일은 하나님이 하셨다는 고백이 나오지 않지만, 정말 간절히 기도해서 된 일은 ‘아, 하나님이 하셨구나!’ 하는 고백이 절로 나옵니다. 하나님은 하나님께서 친히 모든 일을 하신다는 것을 알게 하시려고 우리에게 기도를 시키십니다. 그 과정 가운데 우리가 부르짖을 만한 어려운 상황이 벌어지는 것입니다.

그러므로 여러분이 부르짖을 만한 문제를 만났다면, 지금 자신이 겪는 어려움보다 더 중요한 문제가 하나님의 계획 가운데 진행되고 있음을 알아야 합니다. 하나님께서 우리를 기도의 자리로 계속 나오게 하시면서 하나님이 이루실 일이 있는 것입니다. 우리 눈앞에 일어나는 일만 바라보고 기도할 것이 아니라 하나님이 하시고자 하는 일을 알게 해달라고 기도하시기 바랍니다.

얼마 전까지만 해도 한반도에 전쟁이 날 것 같은 위기 속에 있었습니다. 해외에서는 다 전쟁이 나는 줄 알았습니다. 우리가 태연히 일상생활을 해나가는 것 자체를 이해하지 못할 정도로 밖에서 보기에 우리나라는 전쟁의 위기 속에 있었습니다. 그럴 때 하나님께서 기도를 시키셨습니다. 저희 교회에서도 두 번이나 40일 릴레이 금식기도를 하며 이 땅에 전쟁이 일어나지 않게 해달라고 기도했습니다. 릴레이 금식기도 자체가 우리의 울부짖음이자 부르짖음이었습니다.

그런데 시간이 흘러서 지금은 믿어지지 않을 정도로 분위기가 바뀌었습니다. 물론 북한과의 회담이나 협상은 겉으로 보이는 것만으로 쉽게 판단할 수 없다고 말합니다. 물론 그럴 가능성도 있습니다. 그런데 중요한 것은 초점을 하나님께 두어야 한다는 것입니다. 북한이 속내를 감추고 겉으로만 평화를 내세울 수 있습니다. 그러나 하나님이 평화를 주시면 되는 일입니다. 하나님이 하실 수 있습니다. 북이 어떤 전략으로 나오더라도 하나님은 그것을 무산시키실 수 있습니다.

사실 남북정상회담이나 미북회담이 열리면서 도리어 기도를 안 하게 될까 봐 걱정입니다. 특별히 더 기도할 일이 없고 가만히 있어도 된다고 생각할까 봐 말입니다. 전쟁이 일어날 것 같은 다급한 분위기에서는 금식기도를 하자는 말에 많은 분들이 동참했는데, 이제는 다 잘 되고 있다고 말하는 것이 더 걱정입니다. 하나님이 우리에게 기도를 시키실 때는 우리가 생각하지 못한 하나님의 계획이 있고, 그 계획이 진행되고 있다는 사실을 분명히 알아야 합니다.

부르짖지 못하는 것이 더 두렵다!

지금 어떤 고통으로 하나님께 부르짖고 있습니까? 하나님께서 우리가 부르짖을 만한 상황을 만드셨는지도 모릅니다. 그러므로 부르짖는 기도가 나올 때 아무리 다급해도 하나님의 역사에 주목해야 합니다. 창세기 21장에는 하갈이 이스마엘과 함께 광야로 쫓겨나 어린 아들이 죽어가는 것을 보고 목놓아 부르짖는 장면이 나옵니다. 그때 하나님이 하갈에게 임하십니다. 그의 부르짖음을 들으신 것입니다.

> 일어나 아이를 일으켜 네 손으로 붙들라 그가 큰 민족을 이루게 하리라 하시니라 하나님이 하갈의 눈을 밝히셨으므로 샘물을 보고 가서 가죽부대에 물을 채워다가 그 아이에게 마시게 하였더라 창 21:18,19

하나님은 하갈에게 하나님의 크고 비밀한 일을 알려주셨습니다.

"큰 민족을 이룰 것이다. 여기서 목말라 죽지 않아."

물론 이것은 하나님께서 이미 아브라함에게 예언하신 말씀입니다. 그런데 하갈이 부르짖자 하나님께서 하갈에게도 하나님의 계획을 분명히 알게 하셔서 더 이상 두려워하거나 염려하지 않도록 해주십니다.

부르짖어서 기도할 때 어려운 상황만 본다면 딱하고 불쌍하게 느껴지기도 합니다. 그러나 부르짖지 못하는 것이 더 두려운 일입니다.

형편이 좋아서 부르짖을 일이 전혀 없다면 부르짖지 않을 수도 있습니다. 그런데 우리의 사정은 결코 그렇지가 않습니다. 지금 나의 처지가 편안하다고 해서 나의 내일도 편안하다는 보장은 없습니다. 나는 괜찮은데 나라도 괜찮은지는 모르는 일입니다. 우리가 정말 하나님을 믿고 그 역사를 보는 눈이 뜨였다면 우리에게는 부르짖을 일이 항상 많습니다.

서로 돕고 격려하며 기도하라

교회 안에서 기도할 때 큰 소리로 기도하는 분과 조용히 기도하는 분은 성향이 다릅니다. 그래서 갈등도 있습니다. 그런데 우리에게는 두 가지 기도가 다 필요합니다. 부르짖는 기도에는 힘이 있습니다. 그러나 큰 소리로 기도하는 것만이 능사는 아닙니다. 기독교는 너무 시끄럽다는 비판에도 일리가 있습니다. 하지만 영적 무감각에 빠지는 것은 더 두려운 일입니다. 아픈데도 통증을 느끼지 못한다면 그 상태가 매우 심각한 것처럼 부르짖어야 할 상황인데 부르짖지 않는다면 큰일입니다.

우리는 기도의 문이 열려야 부르짖을 수 있습니다. 그러나 반대로 부르짖을 때 기도의 문이 열리기도 합니다. 급하고 슬프고 어려운 일을 당했는데도 영적으로 눌려서 오히려 기도가 잘 되지 않을 때가 있습니다. 그럴 때 조용히 기도하면 육신에 더 눌립니다. 졸음이 밀려오고 오래 기도하지 못합니다. 그때 서로 크게 기도함으로 기도를 도와야 합니다. 같이 소리내어 기도하는 사람들이 있다면 그 기도가 얼마나 힘을 얻겠습니까? 교회 안에서 큰 소리로 기도하는 일은 항상 격려를 받아야 합니다. 그것을 제지한다면 기도의 불을 끄는 것과 같습니다. 우리가 교회 안에서 꼭 가져야 할 마음은 기도하는 분위기를 계속 지켜가는 것입니다.

국립암센터에서 금연에 대해 조사한 바에 따르면, 흡연자들은 대부분 자신의 의지만으로 금연을 시도하며, 이들이 6개월 이상 금연에 성공할 확률은 4퍼센트에 불과하다고 합니다. 그에 비해 금연 상담을 하고, 금연 약을 복용하거나 금연을 위한 모임에 참여하는 사람들은 혼자서 금연하려고 노력하는 사람보다 금연 성공률이 두세 배나 높아집니다. 그러니까 우리나라 흡연자의 절대다수가 혼자서 애만 쓰다가 "안 된다", "못하겠다"고 하면서 금연을 포기한다는 것입니다.

금연만 그런 것이 아닙니다. 금연도 서로 도와야 한다면 기도생활은 더 말할 것이 없습니다. 여러분이 정말 기도하는 사람이 되고 싶다면 혼자 노력해서는 되지 않습니다. 만약 큰 예배당에 혼자 있다면 얼마나 예배드리고 기도할 수 있겠습니까? 함께 모여서 예배하고 기도하는 사람들이 많을 때 힘을 얻게 됩니다. 우리는 기도의 연합을 이루어야 합니다. 동시에 우리에게 있어야 할 하나님의 지혜는 진짜 중요한 문제를 위해서 부르짖어야 한다는 것입니다.

정말 중요한 기도의 제목으로 부르짖어라!

예수님은 보리떡 다섯 개와 물고기 두 마리로 오천 명을 먹이실 때 하늘을 우러러 감사기도 하시고 무리에게 떡을 나눠주라고 하셨습니다. 죽은 나사로를 살리실 때도 무덤 앞에서 "아버지께서 언제나 이 아들의 기도를 들어주심을 압니다. 이 기도를 드리는 것은 둘러선 사람들이 아버지께서 나를 보내신 것을 믿게 하기 위해서입니다"라고 기도하고 "나사로야, 나오라" 하시니 나사로가 살아났습니다.

예수님은 수많은 사람들을 먹이는 일이나 심지어 죽은 사람을 살리는 문제로 기도하실 때 철야를 하거나 금식하신 일이 없습니다. 어찌 생각하면 너무 소홀히 기도하신 게 아닌가 싶을 정도로 간단히 기도하셨습니다. 그런데 예수님은 십자가의 길을 가시기 위해 40일을 금식하셨고, 십자가를 지시기 전 겟세마네 동산에서 땀방울이 핏방울이 되도록 밤새 기도하셨습니다.

그런데 우리는 어떻습니까? 우리는 보통 반대로 기도합니다. 먹고사는 문제, 재정적인 어려움이 닥칠 때 산 기도, 철야기도, 금식기도를 하며 이번 사업만 잘되게 해달라고 매달립니다. 건강에 문제가 생기고, 죽을병에 걸리면 간절한 마음으로 기도합니다. 그런가 하면 하나님이 내게 주신 사명을 감당하기 위해서 "먼저 그의 나라와 그의 의를 구하라"는 기도는 너무 소홀히 하고 지나칠 때가 많습니다. 자기 십자가를 지기 위한 기도, 주님의 능력을 받아야 할 기도는 하지 않으면서 평생 사역하는 사역자도 더러 있습니다. 우리가 이것을 바꿔야 합니다.

하나님의 나라를 위한 부르짖는 기도

우리가 하나님의 나라와 민족과 한국 교회를 위한 '매일 합심기도' 제목을 가지고 기도하는 것은 그래서 의미가 있습니다. 저의 일과 중 중요한 비중을 차지하는 것이 매일 합심기도 제목을 작성하는 일입니다. 이 기도 제목은 제가 정하는 것이 아니라 하나님이 주시는 것입니다. 이것은 우리에게 정말 중요한 기도 제목입니다. 사실 이렇게 기도문을 보내드리지 않으면 솔직히 기도하지 않을 분들이 많습니다. '하나님의 나라를 위해 기도해야 하는데', '나라와 민족을 위해서 기도해야 하는데', '한국 교회를 위해서 기도해야 하는데' 우리가 이렇게 생각만 하지, 실제로 기도하지 않고 지나쳐버리기가 얼마나 쉽습니까.

그러다가 덜컥 하나님 앞에 섰을 때 주님이 "너는 도대체 기도의 축복을 어디에다 썼느냐?"라고 물으시면 어떻게 하겠습니까? 먹고 사는 문제가 힘들고 어려워서 기도한 적은 있어도, 하나님의 나라와 이 민족과 한국 교회를 위해서 한 번도 제대로 기도해보지 못하고 하나님 앞에 서는 것은 너무나 두려운 일입니다. 여러분, 이 기도 제목을 받을 때 축복의 문자로 받으시기 바랍니다. 단지 기도문을 받고 그 기도를 따라하는 데 그치지 말고, 그 기도가 부르짖는 기도가 되어야 합니다. 그러면 정말 엄청난 역사가 일어날 것입니다.

내 형편과 처지는 특별히 부르짖을 일이 없지만, 하나님의 나라와 이 민족과 한국 교회를 위해서 정말 애통함으로 부르짖어 기도한다는 것은 성령의 역사가 아니면 불가능한 일입니다. 주님이 그 마음을 부어주시지 않으면 안 됩니다. 여러분 안에 부르짖어 기도할 수밖에 없는 문제가 있다면 하나님의 더 크고 놀라운 계획이 반드시 있습니다. 우리 마음 깊은 곳에서 나오는 부르짖음을 주시도록, 하나님의 역사를 이룰 그 기도를 하게 해주시기를 기도합시다.

prayer points

1. 주여, 우리 안에 기도의 영을 부어주소서. 기도해야 할 것이 무엇인지 알게 하옵소서. 성령으로 기도하게 하옵소서.

2. 주여, 부르짖는 기도에 응답하시고 하나님의 크고 비밀한 일을 알게 하소서. 우리 마음의 심령에 깨닫게 하시고 눈이 열리게 하시고 우리 심령에 성령의 역사하심이 임하게 하옵소서.

3. 주여, 함께 기도할 자를 세워주소서. 가족들이 함께 기도하게 해주시고, 교인들이 기도하는 사람이 되게 하소서. 그래서 가정에 부흥이 일어나고, 교회 안에 부흥이 일어나고, 한국 교회에 다시 한번 기도 부흥을 주소서.

CHAPTER **5**

감사함으로 기도하자

15 그리스도의 평강이 너희 마음을 주장하게 하라 너희는 평강을 위
하여 한 몸으로 부르심을 받았나니 너희는 또한 감사하는 자가 되라
16 그리스도의 말씀이 너희 속에 풍성히 거하여 모든 지혜로 피차 가
르치며 권면하고 시와 찬송과 신령한 노래를 부르며 감사하는 마음
으로 하나님을 찬양하고 17 또 무엇을 하든지 말에나 일에나 다 주
예수의 이름으로 하고 그를 힘입어 하나님 아버지께 감사하라

골로새서 3:15-17

요즘 사람들을 만나면 군사들이 전쟁터에서 맥없이 쓰러져 있는 것 같다는 느낌을 받곤 합니다. 가까이 가서 보면 죽은 것은 아닙니다. 생각도 있고 눈망울도 움직이고 말도 합니다. 그런데 손발에 힘이 하나도 없이 늘어져 있습니다. 무기력하고 공허합니다. 그러니 군사로서 제 역할을 감당하지 못합니다. 어떻게 해야 하는지도 알고, 어떻게 되었으면 좋겠다는 소원이 있어도 도무지 움직이지 못한다면, 그것은 우리의 기도에 힘이 없기 때문입니다. 우리의 삶에 하나님 앞에 드리는 강력한 기도가 없는 것입니다. 이렇듯 한 시간 기도가 없는 그리스도인의 영적 실상은 참으로 안타깝습니다.

어떤 분이 아주 오랜만에 새벽기도에 나와 기도를 했다고 합니다. 그런데 평소 기도를 너무 안 해서 어떻게 기도해야 할지 모르다가 툭 튀어나온 첫마디가 "저기요"였다고 합니다. 지나가는 사람에게 말을 거는 것도 아니고 하나님 앞에서 "저기요"라고 해놓고 자신도 너무 난감하고, 기도를 못하는 자신이 한심하고 부끄러웠다는 것입니다.

정말 당황스러울 정도로 우리의 기도가 힘이 없습니다. 그렇지만 기도해야 합니다. 그러지 않으면 죽습니다. 우리의 기도가 어떠냐에 따라 나도 살고, 가정과 교회가 살아나고, 이 나라가 살아납니다.

기도는 우리의 사명입니다.

믿고 감사하는 기도의 능력

우리가 기도할 때 얻는 가장 강력한 능력은 감사하게 되는 것입니다. 하나님 앞에 나와 기도할 때 여러분의 마음속에서 감사가 터져 나온다면 아주 강력한 기도자가 된 것입니다.

우리가 기도해서 그 기도가 이루어진 것을 응답이라고 할 수 있습니다. 그런데 우리가 반드시 그 일이 이루어지고 난 다음 응답받았다고 깨닫는 것은 아닙니다. 그 일이 이루어지기 전에 우리 안에서 감사가 터져 나올 때도 응답받았다고 할 수 있습니다. 하나님께 기도했는데 마음속에 이미 이루어졌다고 믿어져서 감사하고, 그것이 이루어지지 않아도 내 마음에 이미 충분하다고 깨달아져서 감사하게 되는 것이 얼마나 강력한 기도인지 모릅니다. 이런 진정한 감사는 기도할 때만 나옵니다.

얼마 전에 제가 쓴 《주 안에서 사람은 바뀐다》(규장)가 출간되었습니다. 성령집회 때 '성령의 열매'에 대해 설교한 내용의 책입니다. 그런데 출간 기념 인터뷰 중에 이런 질문을 받았습니다.

"어떻게 하면 성령의 열매를 맺을 수 있을까요?"

그때 하나님이 주시는 뚜렷한 생각이 있어서 이렇게 답했습니다.

"성령의 열매를 맺으려고 노력하면 안 됩니다. 그러면 좌절하게 되고 안 된다는 말이 나옵니다. 왜 우리 안에 성령의 열매가 맺어지지 않습니까? 성령의 열매를 맺으려고 노력하니까 그렇습니다. 하나님은 우리에게 또 하나의 계명을 주시려고 아홉 가지 열매를 맺으라고 하신 것이 아닙니다. 그러면 성령의 열매가 아니지요."

그렇습니다. 성령의 열매는 성령께서 맺어주시는 것입니다. 하나님이 우리에게 주시는 선물입니다. 하나님의 약속입니다. 여러분은 선물을 받을 때 어떻게 합니까? 노력해서 받습니까? 노력해서 받는 것은 선물이 아닙니다. 어느 날 아버지가 자녀들에게 선물을 주겠다고 하면 아이들이 어떻게 반응합니까? 그 선물을 받기 위해서 노력하고 눈물로 기도하면서 몸부림치나요? 그렇지 않죠. 아버지가 선물을 준다니까 마냥 기뻐서 그날이 오기를 고대합니다. 왜냐하면 아버지는 약속을 지키시기 때문에 반드시 그 선물을 받을 것이기 때문입니다.

성령의 열매도 똑같습니다. 선물을 받을 때의 설렘과 기대와 기쁨으로 성령의 열매를 생각해야 합니다. 그러니까 감사하는 것입니다. 오직 믿고 감사하십시오. 성령의 열매를 맺기 위해 자신이 고뇌한다고 열매가 맺어지는 것이 아닙니다. 사랑을 해보려고 하고, 기뻐하며 살아보려고 애를 써서는 절대로 그 열매가 맺어지지 않습니다.

'주님이 내 성질을 완전히 바꾸신대! 야, 나 같은 사람의 성질을 완전히 새롭게 만드신대! 아홉 가지 열매가 다 맺어진대! 주님이 그렇게 해주신대! 와, 너무 기뻐! 정말 감사하잖아!'

그런데 아직까지 내 성질이 그렇게 바뀐 것은 아닙니다. 그렇지만 주님이 그렇게 해주신다고 약속하십니다. 주의 성령께서 내 안에 오셨고, 성령께서 내가 계속 주님을 바라보게 하십니다. 나는 죽고 예수로 사는 십자가의 복음이 분명하고, 나와 함께 계시는 주님이 분명하면 주님을 계속 바라보게 됩니다. 주님을 계속 바라보면 주님이 나와 함께 계신 것이 믿어집니다. 주님이 나와 함께 계신 것이 믿어지니까 전에는 마음대로 말하고 행동했는데, 이제 더 이상 그렇게 못하게 되는 것입니다.

주님이 나와 함께하심이 믿어지니까 주님을 기쁘시게 하는 말을 하게 되고, 주님이 하라고 하시는 일을 하게 되는 것입니다. 다른 사람들이 볼 때는 '저 사람이 저럴 사람이 아니었는데, 어떻게 저렇게 사랑이 많지? 어떻게 저렇게 기뻐해? 어떻게 저렇게 오래 참는 사람이 되었지? 어떻게 저렇게 충성해? 어떻게 저렇게 온유하지?' 하게 되는 것입니다.

사실 육신의 성질은 그대로입니다. 혈기도 그대로이고, 못된 생각도 그렇고, 나쁜 버릇도 똑같습니다. 우리의 육신이 달라진 것은 아닙니다. 그런데 내 속에서 완전히 다른 모습이 나타납니다. 주님을 바라보기 때문에 그렇습니다.

그래서 "주님이 하셨습니다"라는 고백이 나오는 것입니다. 겸손해서 그렇게 말하는 것이 아니라 그것이 사실이기 때문입니다. 원래 내 성질은 그렇지 않은데, 내가 주님을 바라보니까 주님이 나를 통해서 그렇게 바꾸시는 것이 성령의 열매입니다. 그것을 믿고 감사하는 것이 가장 강력한 기도입니다.

기도 하면 가장 먼저 감사를 떠올려라

골로새교회 교인들은 예수를 믿는 것 때문에 여러 어려움을 겪었습니다. 사도 바울은 그런 골로새교회 교인들에게, 기도하면 하나님께서 그 마음에 평강을 주신다고 권면합니다.

그리스도의 평강이 너희 마음을 주장하게 하라… 골 3:15

기도는 왜 하는 것일까요? 주님의 평강이 내 마음을 주장하시도록 하기 위해서입니다. 주님의 평강이 마음을 채우지 않은 상태에서 무슨 말이나 행동을 하고 결정을 하면 그것이 나쁘게 번지거나 대가가 쓰라리기도 합니다. 그런데 기도하면 내 마음이 놀랍게 평강해집니다. 내 마음에 임하는 평강은 그리스도께서 함께하고 역사하신다는 확실한 증거입니다. 그때부터 하나님이 나를 통해서 일하시는 역사가 나타납니다.

… 너희는 평강을 위하여 한 몸으로 부르심을 받았나니… 골 3:15

그리고 기도하면 하나 되는 역사가 일어납니다. 혹시 가정이 하나 되지 않고, 여러분이 섬기는 교회 부서의 의견이 하나로 모아지지 않습니까? 그렇다면 작정기도를 해보십시오. 모두가 주님을 바라보면 다투거나 흩어지지 않고 평안한 가운데 하나가 됩니다. 우리가 주님 안에 있는지 아닌지는 평안과 하나됨으로 알 수 있습니다.

주목할 것은 더 나아가 감사하게 된다는 것입니다.

… 너희는 또한 감사하는 자가 되라 골 3:15

마음에 평강이 오고, 하나 되는 역사가 일어나고, 감사가 터져 나오는, 이것이 기도의 힘입니다. 우리가 기도할 때 단지 기도만 하는 것이 아닙니다. 반드시 성령의 역사가 우리 안에 일어나기 시작합니다. 하루이틀, 일주일, 한 달을 기도한 것으로 끝나는 것이 아닙니다. 우리가 한 시간 기도하기를 힘쓰고 무시로 기도하면 우리 안에 마음의 요동이 사라지고 놀라운 평강이 임합니다. 하나 되지 않던 관계가 하나가 되고 무엇보다 감사가 흘러나옵니다. 그러니 세상에 힘든 일이 뭐가 있겠습니까. 기도하면 우리 속에서 하나님의 놀라운 기적이 일어나는 것입니다.

그러니까 '기도' 하면 가장 먼저 '감사'가 떠올라야 합니다. 보통 기도 하면 '열심히', '뜨겁게', '간절히' 이런 단어들이 떠오릅니다. 물론 그렇게 기도하는 것도 중요합니다. 또 그렇게 기도해야 합니다. 그렇지만 뜨겁고 간절하던 기도가 시간이 지나면 쉽게 무너집니다. 의지적인 노력이나 감정은 시간이 지나면서 지치고 식어지기 마련입니다. 그러니까 항상 뜨겁고 간절하게 기도할 수는 없습니다.

제가 교회에서 예배 중에 기도를 인도할 때면 항상 "주여"라고 부른 다음에 기도합니다. 먼저 기도의 힘을 얻기 위해 주님을 부르는 것입니다. 그런데 이것도 나중에 습관적으로 "주여" 하고 외칠 수가 있습니다. 어떤 것이든 시간이 지나면 다 힘이 빠지게 됩니다. 오늘의 은혜로 충만했던 감정도 어느 정도 시간이 지나면 사그라집니다. 우리가 기도에 지속적으로 힘을 얻어 평생 기도의 삶을 살아가려면 열심만이 아니라 감사의 기도가 있어야 합니다. 감사의 기도가 우리의 기도를 아주 강하게 만듭니다.

감사는 영적 성숙과 믿음의 척도다!

감사는 우리가 영적으로 얼마나 성숙한지를 보여줍니다. 어린아이들은 부모에게 무얼 달라고 요구할 때 단도직입적으로 말합니다. "밥 줘", "돈 줘", "옷 사줘", "휴대폰 사줘" 아이들이 하는 말이 다 그렇습니다. 아직 어린아이인 줄 아니까 아이들이 그렇게 말해도 부모가 상처를 받지 않는 것입니다. 그런데 다 컸는데도 부모에게 똑같이 "밥 줘", "돈 줘" 그렇게 말하면 부모의 마음이 좋지 않을 것입니다. 나이가 들었다는 표시는 받은 은혜에 감사할 줄 아는 것입니다.

그러면 어른들은 어떻게 구할까요? 성도가 목사인 저에게 뭔가를 바랄 때 단도직입적으로 말하지 않습니다. 제게 메일을 보내주시는 분들은 하나같이 "목사님을 통해서 은혜 많이 받았습니다"로 시작합니다. 이렇게 감사의 인사를 하고 나서 자신에게 어떤 도움이 필요한지, 무엇을 요청하고 싶은지 그 내용을 말합니다. 이것이 어른 사이의 교제입니다.

하나님과도 마찬가지입니다. 하나님은 어린아이 같은 기도도 다

들어주십니다. "하나님, 돈 좀 주세요", "밥 주세요" 이렇게 아이처럼 하는 기도도 하나님은 외면하지 않으십니다. 그러나 믿음이 자란 뒤에도 계속 그렇게 하면 하나님도 그 기도에는 역사하지 못하십니다. 역사하신다고 해도 어린아이에게 할 수 있는 정도로 해주십니다. 영적으로 어린아이인데 어떻게 더한 것을 주실 수 있겠습니까?

기도할 때도 마찬가지입니다. 감사는 형편에 따라 달라지는 것이 아니라 우리의 영적 성숙과 믿음에 따라 달라집니다. 그래서 고난의 때에 더 감사하게 되는 것입니다. 고난을 통해 주님과 더 가까워졌기 때문입니다. 여러분의 기도 속에 강력한 감사가 있습니까? 더 구할 것이 없는 깊은 감사만 있다면 하나님께서 여러분에게 더 큰 것을 맡기실 것입니다. 왜냐하면 이미 영적으로 성숙하여 능히 감당할 수 있기 때문입니다.

중소기업을 경영하던 어느 집사님이 갑자기 중병에 걸려 병원에 입원했습니다. 몇 개월 병원에 입원해 있는 동안 회사는 부도가 났습니다. 거래처가 다 끊기고, 갚아야 할 부채만 늘고, 돈을 받을 곳은 자신을 외면했습니다. 그러니까 얼마나 상심했겠습니까. 하나님 앞에 나와 기도할 때 마음에서부터 탄식이 나왔습니다.

"하나님, 저 이제 아무것도 남은 것이 없어요. 저는 어떡합니까?"

그러던 어느 날 새벽기도를 갔다 오는 길에 두 다리가 없어 휠체어에 몸을 의지한 장애인을 만났습니다. 집사님이 그 분을 한참 바라보다가 '저분이 만약 다리가 나을 수 있다고 하면 자신이 가진 전부를 다 주고서라도 그렇게 하지 않을까?' 하는 생각이 들었습니다. 그러고 보니 자신은 두 다리가 멀쩡하고 그것은 돈으로 환산할 수 없이 엄청난 것이었습니다. 자신은 하나님 앞에 이제 아무것도 남은 것이 없다고 고백했는데, 그것은 사실이 아닌 것입니다. 자신에게 없는 것은 돈뿐이지 자신은 가진 것이 너무 많고, 감사할 것이 너무 많다는 것을 깨닫자 낙심했던 것을 회개하고 재기하게 되었다고 합니다.

이것이 기도의 차이입니다. "하나님, 저 다 잃어버렸어요. 이제 아무것도 없어요"라고 기도할 때와 "하나님, 정말 감사합니다. 하나님, 제게 있는 게 이렇게 많네요"라고 기도하는 차이입니다. 여러분의 기도는 여러분의 나이와 같지 않습니다. 영적 성숙이 우리의 기도를 다르게 만듭니다.

강력한 감사는 무엇인가?

우리의 기도에 감사가 더해지면 그때부터 기도가 강력해집니다. 그리고 기도가 재밌어집니다. 기도가 내 심령을 풀어주고 새 힘을 얻게 하기 때문입니다. 여러분, 한 시간 기도를 하려면 기도할 힘이 있어야 하는데, 그 힘이 감사에서 나온다는 것을 꼭 기억하십시오.

누군가로부터 감사 인사를 받아도 그냥 무덤덤할 때가 있습니다. 으레 하는 상투적인 인사라고 생각되기 때문입니다. 그런데 우리의 기도에 능력이 되는 감사도 그렇습니다. 이 감사는 감사할 것이 무엇인지 찾아서 감사하는 것이 아닙니다. 억지로 하는 감사, 적당히 하는 감사는 감사가 아닙니다. 바로 강력한 감사여야 합니다. 너무나 유명한 데살로니가전서 5장 말씀처럼 범사에 감사하는 것입니다. 모든 것에 대한 감사, 이것이 하나님께서 우리에게 기도의 힘을 부어주시는 통로입니다.

> 범사에 감사하라 이것이 그리스도 예수 안에서 너희를 향하신 하나님의 뜻이니라 살전 5:18

한 시간 기도할 때 내 삶의 모든 것에 감사하십시오. 내 주변에 있는 모든 사람에 대해 감사하고, 내게 일어나는 모든 일에 대해 감사하는 것입니다. 때로는 나를 너무 힘들게 하거나 너무 비참하게 만드는 일조차도 하나님께 감사하는 것입니다. 도저히 감사할 수 없을 때도 감사하는 것입니다. 이런 감사가 나오면 기도는 그야말로 뒤집어집니다. 이렇듯 범사에 감사하는 것이 하나님의 뜻입니다.

모든 것에 감사하신 예수님

이제 그것을 우리의 기도에 적용해야 합니다. 한 시간 기도하기로 작정했다면 그렇게 살아내야 합니다. 예수님은 늘 감사하는 분이었습니다. 도저히 감사할 수 없을 것 같은 상황에서도 감사하셨습니다. 요한복음 6장에는 예수님이 5천 명의 무리를 먹이시는 장면이 나옵니다. 고작 보리떡 다섯 개와 물고기 두 마리로 오천 명을 먹여야 하는 상황입니다. 그런데 주님은 하나님께 감사하며 기도하셨습니다.

너무나 초라해서 탄식이 나올 만한데도 주님은 감사하셨습니다. 그리고 오병이어의 기적이 일어났습니다.

요한복음 11장에 나사로가 죽었을 때도 시체 냄새가 진동하는 무덤 앞에서 주님은 하나님께 감사하셨습니다.

> 돌을 옮겨놓으니 예수께서 눈을 들어 우러러보시고 이르시되 아버지여 내 말을 들으신 것을 감사하나이다 요 11:41

정말 말이 안 되는 상황이었습니다. 예수님이 능력을 많이 행하신 고라신과 벳새다 고을 사람들이 주님을 믿지 못합니다. 예수님은 이런 답답한 상황에서도 하나님께 감사하십니다.

> … 아버지여 이것을 지혜롭고 슬기 있는 자들에게는 숨기시고 어린 아이들에게는 나타내심을 감사하나이다 마 11:25

누가복음 22장에서 예수님은 십자가를 지시기 전날 밤 제자들과 마지막 만찬을 나누십니다. 예수님은 제자들이 자기를 버리고 도망치고 부인할 것을 아셨는데도 그들에게 포도주와 떡을 나눠주시며 하나님께 감사기도를 하셨습니다. 누가 보더라도 지금 감사할 타이밍이 아닌데 주님은 하나님께 감사하셨습니다. 그러면 우리도 그렇게 기도해야 한다는 것을 깨닫습니다. 왜입니까? 예수님이 우리 주님이십니다. 우리 안에서 기도하게 하시는 분이 주님이시기 때문입니다.

그리스도의 말씀이 너희 속에 풍성히 거하여… 감사하는 마음으로 하나님을 찬양하고 또 무엇을 하든지 말에나 일에나 다 주 예수의 이름으로 하고 그를 힘입어 하나님 아버지께 감사하라 골 3:16,17

주님은 모든 것에 감사하십니다. 감사할 수 없는 상황에서도 감사하셨습니다. 그리고 하나님의 기적이 일어났습니다. 그리스도의 말씀이 우리 속에 풍성히 거해서 감사하는 마음으로 하나님을 찬양하고, 무엇을 하든지 다 주 예수의 이름으로 하고, 주님을 힘입어 하나님께 감사하는 것, 우리 안에 계신 주님의 역사가 감사입니다.

왕을 이기는 사람인가?

예수께서 내 주인이 되시고 나의 왕이 되시면 결론적으로 내게 감사가 나타납니다. 어느 목사님의 초등학생 딸이 호른이라는 악기를 배우고 싶어 했습니다. 하지만 사모님은 호른은 어렵다고 차라리 플루트를 하라고 했습니다. 그러자 아이가 의기소침해져서 자기 방으로 들어갔습니다. 목사님은 바로 따라 들어가서 침울한 표정의 딸에게 말했습니다.

“아빠는 네 편이야. 네가 하고 싶은 것을 하렴. 아빠가 널 도와줄게.”

그런데 그 딸이 가만히 있다가 이렇게 말했다고 합니다.

“아빠, 저 플루트 할 거예요. 아빠는 엄마 못 이겨요. 엄마 이기는 사람은 손님밖에 없어요."

여러분을 이길 수 있는 사람이 있습니까? 예수님은 여러분을 이길 수 있습니까? 주님이 "감사하라" 하시면 아멘입니까? 그래야 예수 믿는 사람입니다. "우리 주님이 감사하라고 하셔. 주님이 모범을 보이셨어"라고 말할 수 있습니까? 아니면 "감사할 수 있어야 감사하지요!" 아직도 이렇게 이야기합니까?

"나는 내가 이해되어야 하고, 내가 설득되어야 하는 사람이야!" 그렇다면 예수님은 나의 왕이 아니십니다. 그런 사람에게는 주님이 더 이상 역사하실 수 없습니다. 그러니까 기도가 계속 겉도는 것입니다. 주님이 내 기도를 쓰실 수가 없습니다. 예수님이 우리 마음에 진정한 왕이 되셔야 합니다. 이것이 기도의 강력함입니다.

그러기 위해서 우리는 기도하는 것입니다. 매일 한 시간씩 꾸준히 기도하는 이유가 뭡니까? 예수님이 나를 다스리시고, 나의 왕이 되시고, 내가 예수님이 원하시는 대로 말하고 행동하게 되기 때문에 한 시간 기도하는 것입니다.

감사할 것이 확실한 은혜

마음이 완악해지면 감사부터 사라집니다. 영혼이 메마르고 완악해진 가장 뚜렷한 증거가 삶에서 감사가 없어지는 것입니다. 진짜 감사할 일인데도 오히려 화를 내고 짜증을 부립니다. 이런 점에서 많은 부모가 자녀에게 실수합니다. 자녀를 격려하고 응원하고 감사해야 할 상황에서 불만하고 질책하고 화를 내고 무자비한 폭언을 할 경우 아이의 마음에 엄청난 상처가 됩니다. 부모의 심령이 메마르면 부모가 사랑하는 자녀의 가능성조차 잘라버리는 끔찍한 일을 저지르기도 합니다.

우리는 기도의 자리를 지키고 진정으로 감사할 것을 감사할 줄 알아야 합니다. 그러나 억지로 감사할 일은 아닙니다. 우리는 감사할 것이 확실하고 강력한 은혜를 받고 사는 사람입니다. 어느 목사님의 아버지 되시는 목사님이 계셨는데, 설교 때마다 찬송가 257장 3절 가사를 개사하여 찬송을 부르셨다고 합니다.

> 나 같은 죽일 놈 목사가 되어서 주 앞에 옳다함 얻음은
> 확실히 믿기는 어린양 예수의 그 피로 속죄함 얻었네

그러면 이것이 이 목사님만 받은 은혜입니까? 우리는 아닙니까? 지옥에 갈 수밖에 없는 내가 하나님의 이해할 수 없는 사랑으로 용서받고, 지옥에서 건짐 받고, 하나님의 자녀가 되었습니다. 이 사실을 진정으로 믿으면 범사에 감사가 나오는 것입니다. 내가 원하는 대로 일이 풀리거나 그렇지 못해도 상관없습니다. 이것이 예수 믿는 우리에게 부어주신 하나님의 은혜입니다.

감사는 느껴질 때까지 기다려서는 안 됩니다. 범사 감사하는 훈련을 해야 합니다.

"하나님, 모든 것에 다 감사합니다."

"내 옆에 가시 같은 사람도 감사합니다."

"절망적인 일도 감사합니다."

기도 훈련 또한 중요합니다.

"감사의 눈이 뜨이게 하소서."

"감사할 힘이 있게 하소서."

"감사가 더욱 넘치게 하소서."

절대 감사

강력한 감사로 사역해온 멀린 캐로더스(Merlin R. Carothers) 목사님은 청년 시절에 부랑자였다고 합니다. 군에서 탈주하여 감옥까지 간 그가 예수님을 만나 회심하고 군목이 되어 부대에서도 강력하게 사역했습니다. 그가 전하는 메시지의 핵심은 "항상 찬송하라. 항상 감사하라"였습니다. 목사님의 저서로 《감옥생활에서 찬송생활로》, 《걸으면서 뛰면서 감사찬송》, 《찬송생활의 권능》(보이스사) 등이 있는데, 그 분의 첫 책 《감옥생활에서 찬송생활로》 중에 이런 이야기가 나옵니다.

어느 날 아침 하나님께서 목사님을 잠에서 깨워주시며 이렇게 말씀하셨다고 합니다.

"발가락을 움직여보거라."

그래서 누운 자리에서 발가락을 꼼지락 움직여보았습니다. 그다음 "손가락을 움직여보거라"라는 말씀에 이번에는 손가락을 움직여보았습니다.

"똑바로 서보거라."

그 말씀대로 일어나서 똑바로 섰습니다.

"화장실로 걸어가보거라."

그래서 화장실까지 걸어갔습니다.

"눈이 보이는지 거울 앞에 서보거라."

거울에 비친 자신의 얼굴을 쳐다보았습니다. 하나님이 말씀하신 것은 그뿐이었습니다. 그런데 목사님의 마음에 강하게 깨달아진 것이 있었습니다.

'아, 나는 정말 감사할 것이 많구나.'

지금 발가락이 움직이고 손가락이 움직인다면 기적입니다. 스스로 일어날 수 있고, 화장실에 갈 수 있고, 거울을 봤을 때 자신의 얼굴이 보인다면 정말 엄청난 감사의 조건입니다. 우리의 삶은 감사할 것밖에 없다는 것을 깨닫고 그날부터 그는 평생 "범사에 감사하고 찬송하자"라고 외쳤습니다. 매일매일 걸으면서 뛰면서 감사찬송하는 삶을 살았습니다.

"어떤 사람들이 내게 이러한 찬양이 적극적인 생활 방법을 뜻하는 것이냐고 물었다. 아니다. 결코 그렇지 않다. 어떠한 경우에서든지 하나님을 찬양한다는 것은 그 어려움에 눈을 감는 것을 말하는 것이 아니다. 어떠한 일이든지 그 일을 좋은 편으로만 생각하는 것은 문제를 회피하려는 위태로운 방법이다. 우리가 하나님을 찬양한다는 것은 우리의 어려운 사건에도 불구하고 감사하는 것이 아니라, 바로 그 어려운 사건 자체를 감사드리는 것이다."

정말 강력한 말입니다. 캐로더스 목사님의 책에는 모든 상황에서 찬송하고 모든 상황에 감사했더니 어떤 역사가 일어났는지 기적과 같은 삶의 변화들이 계속 소개되고 있습니다. 《걸으면서 뛰면서 감사찬송》에도 다음과 같은 목사님의 간증이 나옵니다.

목사님은 인디애나주에서 목회를 하다가 하나님의 강권하심으로 캘리포니아로 사역지를 옮기게 되었습니다. 모든 이삿짐을 트레일러에 싣고 온 가족이 한 달 동안 휴가 겸 이사를 떠나게 된 것입니다. 그런데 도중에 큰 교통사고를 당하여 차도 짐도 다 잃어버리고 말았습니다. 다행히 가족들은 크게 다치지 않았습니다. 그날 저녁 작은 호텔에서 예배를 드리는데, 목사님은 늘 하던 대로 교통사고가 난 것을 감사하며 기도하였습니다.

그러자 아들이 크게 화를 내었습니다.

"솔직히 나는 우리 식구들이 바보 같다고 생각해요! 그런 사고에 대해 하나님께 감사하다니…. 우리가 가진 모든 것이 다 쓰레기더미로 변했어요. 우리 자동차는 날아가버렸고 휴가도 망쳤고 이제 우리는 아무데도 갈 곳이 없어요. 그런데도 하나님을 찬양하신다고요? 나는 그것이 진심인지 믿을 수 없어요!"

그러면서 아들이 울었습니다. 그러나 주님은 그때부터 역사하셨습니다. 놀랍게도 다음날 모든 차량과 짐에 대한 보험금이 지급되었습니다. 교통사고를 일으킨 사람이나 사고를 목격한 증인들이 전도가 되었고, 캐로더스 목사님이 그 마을에 머물러 있는 동안 교회에 부흥이 일어났습니다. 또한 생각지도 않은 멋진 휴가 여행도 경험하였습니다. 가족이 캘리포니아에 도착했을 때 잃어버린 것 하나 없이 다 회복되었습니다.

《찬송생활의 권능》에도 항상 찬양하고 감사하는 것이 얼마나 놀라운 능력이 있는지 증언하는 이야기가 있습니다. 지적 장애를 가진 딸을 둔 부부가 있었습니다. 수년 동안 온갖 방법으로 딸을 치료해 보려고 애쓰던 이들이 우연히 캐로더스 목사님의 설교를 듣게 되었습니다.

"역경 그 자체에 감사하고 그런 역경을 주신 하나님을 찬미하십시오."

부부는 고민했지만 말씀에 순종하여 무릎을 꿇고 기도하기 시작했습니다.

"사랑하는 주님, 저희는 주님이 저희를 사랑하시는 것과 저희 딸을 저희보다 더 사랑하고 계심을 알고 있습니다. 이해할 수 없지만, 딸에게 장애가 있는 것으로 인하여 주님께 감사합니다. 우리를 향한 당신의 사랑과 지혜를 찬양합니다."

그 후 놀랍게도 도저히 가망이 없어 보이던 딸은 완쾌되었고 결혼하여 아름다운 가정을 이루게 되었습니다. 이것이 가장 강력한 기도의 힘입니다.

모든 것에 감사합니다, 주님!

여러분, 기도를 시작하고 기도를 배워서 계속 기도해나가기를 축복합니다. 한 시간 기도하기로 작정한 이상 한번 해보십시오. 기도할 때 찬송을 많이 부르고 모든 것에 감사하는 기도를 드리시기 바랍니다. 그러면 한 시간도 길지 않습니다.

지금 여러분이 만나는 사람, 함께하는 가족, 나를 힘들게 하는 사람, 억울하게 만드는 사람, 고통을 주는 사람이 있어도 하나님께 감사하는 것입니다. 하나님께서 범사에 감사하라고 하셨으니까 아주 작은 일부터 감사하고 나쁜 일조차 믿음으로 감사하는 것입니다. 머리로는 절대로 감사할 수 없는 일, 자존심 상하는 일을 "감사합니다. 주님"이라고 고백하는 것입니다. 이것이 모든 것의 주관자이신 예수님을 믿는 우리의 결론입니다.

예수동행일기를 쓰면서 저도 가장 먼저 감사할 것부터 고백했습니다. 그러다가 어느 순간 감사할 것이 따로 있는 것이 아니라 모든 일이 감사임을 깨달았습니다. 그래서 예수동행일기를 쓰며 모든 일에 대하여 감사하기 시작했습니다. 우리가 이 일에 다 같이 증인이 되면 좋겠습니다. 하나님의 말씀대로, 하나님이 하라는 대로 기도했을 때 어떤 역사가 일어나는지 증인이 되는 것입니다.

감사할 게 있으면 감사하고, 없으면 안 하고, 감사할 것조차 제대로 깨닫지 못하고 늘 불평과 원망만 많다면 기도해도 마음이 눌리고, 슬퍼서 기도조차 할 수 없습니다. 한두 번 기도할 수 있을지는 몰라도 기도 자체가 기쁘지 않고 하나님의 역사도 나타나지 않습니다. 기도에 감사가 뒷받침되지 않을 때는 기도의 역사도 없습니다. 그러니 결국 기도하지 못하는 것입니다.

> 감사함으로 그의 문에 들어가며 찬송함으로 그의 궁정에 들어가서 그에게 감사하며 그의 이름을 송축할지어다 시 100:4

시편 기자는 감사함으로 하나님 앞으로 가는 성전 문을 열고 들어간다고 노래했습니다. 찬송함으로 그의 궁정에 들어가서 그분에게 감사하고 그분의 이름을 찬양하라고 합니다. 감사가 기도할 수 있는 힘이며 통로입니다. 우리가 기도할 때 이 일이 그대로 체험되기를 원합니다.

prayer points

1. 마음에 감사가 식은 것을 주님 앞에 회개합니다. 믿음이 없어 두려워하고 불평하고 원망했던 것들을 용서해주소서. 힘든 일을 겪고 어려운 사람을 만나더라도 감사하게 하소서. 내게 닥친 여러 가지 불행한 일조차 믿음으로 감사를 말하게 하소서.

2. 주를 바라보는 눈이 분명히 뜨이기를 원합니다. 주님만이 모든 사람과 모든 상황에 감사하게 하실 수 있습니다. 주를 바라보는 눈이 뜨이면 지

금의 처지와 형편에 대한 모든 낙심과 좌절, 절망이 다 떠나가는 줄 믿습니다. 주여, 눈을 열어 주를 보게 하시고 주 안에서 감사가 터져 나오게 해주소서. 제 심령에서 감사가 터져 나오게 하소서.

3. 모든 일과 사람에게 감사하며 하나님 앞에 나아가 기도할 수 있게 해주소서. 나의 심령과 가정과 교회와 나라에 기도의 부흥과 감사의 부흥이 임하게 하소서.

CHAPTER **6**

역사하는 힘이 많은 기도

15 믿음의 기도는 병든 자를 구원하리니 주께서 그를 일으키시리라
혹시 죄를 범하였을지라도 사하심을 받으리라 16 그러므로 너희 죄
를 서로 고백하며 병이 낫기를 위하여 서로 기도하라 의인의 간구는
역사하는 힘이 큼이니라 17 엘리야는 우리와 성정이 같은 사람이로
되 그가 비가 오지 않기를 간절히 기도한즉 삼 년 육 개월 동안 땅에
비가 오지 아니하고 18 다시 기도하니 하늘이 비를 주고 땅이 열매를
맺었느니라

야고보서 5:15-18

미국 고든코넬신학교에서 진행하는 중국 목회자 세미나가 저희 교회에서 열려 중국 목회자들에게 한국 교회와 저희 교회의 사역에 대해서 소개할 기회가 있었습니다. 한국 교회가 급성장한 부흥의 때와 요즘 한국 교회가 겪고 있는 심각한 위기에 대해 말씀드리고, 그 회복을 위해 예수동행운동을 펼치고 있으며, 매일 주님과의 관계를 점검하는 일기를 쓰고 있다고 소개해드렸습니다. 그 내용을 매우 진지하게 들으신 다음 질의응답 시간에 깊이 있는 질문을 많이 해주셨는데, 그중에 기억에 남고 제 마음에 큰 아픔으로 와 닿은 질문이 있었습니다.

"한국 교회는 기도를 많이 하기로 유명하다고 들었습니다. 그러면 그렇게 기도를 많이 하는데 왜 한국 교회에 이런 위기가 왔습니까?"

한국 교회는 정말 기도를 많이 하기로 유명한 교회입니다. 전 세계에서 한국 교회로 기도를 배우려고 찾아옵니다. 그러면 대체 왜 이런 문제가 생기는 걸까요? 중국 목회자의 질문은 하나님께서 저에게도 고통스러운 자기반성을 하게 하신 부분이었기 때문에 부끄럽지만 솔직하게 이렇게 대답하였습니다.

"한국 교회가 기도는 많이 하는데, 기도의 초점을 잘못 맞추어 기도했기 때문입니다."

우리 기도의 타락과 좌절

언제부터인가 한국 교회 교인들은 기도를 자신이 원하는 것을 이루는 방법으로, 하나님으로부터 뭔가 좋은 것을 응답받는 수단으로 생각하게 되었습니다. 그리고 기도가 응답되면 그것을 간증하였습니다. 우리가 기도하고 기도한 대로 이루어지는 것, 이것이 기도의 축복이자 하나님이 살아 계신 증거라고 생각했습니다. 하나님이 그 사람을 사랑하시는 증거라고 여긴 것입니다.

그러다보니 기도가 점점 욕심의 기도가 되기 시작했습니다. 새벽기도, 철야기도, 금식기도 등 그저 열심히 기도하는 것이 최고의 가치이자 "성공하게 해주세요", "합격하게 해주세요", "병이 낫게 해주세요"라고 조르고 떼쓰는 형태의 기도가 되어버린 것입니다. 교회를 위한 기도도 마찬가지입니다. "교인이 더 많아지게 해주세요", "더 큰 예배당을 짓게 해주세요" 하나님이 우리에게 무슨 빚이라도 진 것처럼 하나님께 당당히 요구하는 기도를 하기 시작했습니다. 한국 교회가 성공주의에 빠진 것입니다. 성공하면 복을 받은 것이고 기도 응답을 받은 것이라 여겼습니다. 기도 응답이 욕심을 더욱 자극한 것입니다.

기도는 많이 하는데 우리 속에 욕심이 점점 커졌습니다. 결국 한국 교회가 엄청나게 부흥하고, 큰 예배당들이 지어졌지만 사람들에게는 그다지 환영받지 못했습니다. 믿지 않는 많은 사람들이 한국 교회를 폄하하고 비난합니다. 하지만 교회 입장에서는 공정하게 평가받지 못한 억울함이 있습니다. 잘못한 사람도 있지만 잘하는 사람도 많은데, 모든 교회와 기독교인들을 싸잡아 비난하는 말을 들을 때마다 마음이 상합니다. 그러나 실제로 우리가 잘못한 것이 있고, 그런 욕을 먹을 빌미를 제공한 것은 사실입니다.

다른 한편에서는 기도해도 응답받지 못한 사람들이 기도할 의미를 찾지 못하고 영적 좌절에 빠졌습니다. 어떤 사람은 기도해서 하나님이 엄청난 복을 주셨다는데, 자신은 기도해도 아무런 역사가 일어나지 않으니 기도할 마음조차 없어지는 것입니다. '기도해도 안 되네', '하나님은 나를 버리셨나 봐', '하나님이 내 기도는 안 들어주시나 봐' 이러면서 점점 기도가 줄어듭니다. 기도 응답을 받은 사람은 타락하고, 기도 응답을 받지 못한 사람은 좌절합니다. 한국 교회가 기도를 많이 하는데 위기를 만났습니다. 우리가 왜 기도해야 하는지 그 중심을 잃어버렸기 때문입니다.

기도, 응답인가? 교제인가?

2015년 부산의 한 지역신문에 이런 기사가 실렸습니다. 한밤중에 부산 황령산에서 살려달라는 여성의 비명이 들렸다는 신고가 들어왔습니다. 여러 사람의 신고로 70여 명의 경찰이 비를 맞으며 황령산 일대를 샅샅이 수색한 끝에 소리를 지른 여인을 찾았습니다. 알고 보니 그 여자는 무슨 해코지를 당한 것이 아니라 산에서 기도하고 있었다고 합니다. 대학을 졸업하고 몇 년째 취직이 되지 않아 직장을 달라고 기도하다보니 거기서 그치지 않고 "하나님, 제발 살려주세요. 제발 좀 살려주세요. 살려주세요!"라고 소리 소리 지르는 바람에 근처 아파트에서 그 소리를 듣고 여성이 위험에 처한 줄 알았다는 내용이었습니다.

그런데 우리가 기도를 이렇게만 생각한다면 아무리 열심히 기도하더라도 하나님을 기쁘시게 할 수 없습니다. 한국 교회가 이 점에 눈을 떠야 합니다. 제가 예수님과 동행하는 삶을 강조하는 이유는 기도를 제대로 하자는 뜻도 있습니다. 한 시간 기도운동은 단순히 기도를 열심히, 많이 하자는 것만이 아닙니다. 기도의 진짜 중요한 방향을 분명히 하자는 것입니다.

여러분, 기도를 왜 합니까? 우리와 함께하시는 주님과 친밀하게 교제하는 것, 그것이 기도의 전부입니다. 기도는 하나님께 내가 필요한 것을 아뢰어 하나님이 그것을 이루어주시는 것이 아닙니다. 기도는 기본적으로 하나님과 교제의 기쁨을 누리는 것입니다. 하나님과 교제하는 기쁨이 없는 사람은 계속해서 기도 응답에만 매달릴 수밖에 없습니다. 하나님과의 교제가 뭔지를 모르기 때문에 기도는 기도 응답받기 위해서만 하게 되고, 응답해주시면 감사하다고 하지만, 욕심은 끝이 없어서 다음번에 응답받지 못하면 또 하나님이 안 계신다고 하는 것입니다.

애쓰고 수고하며 기도하게 된 이유

야고보 사도는 믿음의 기도에 대한 예로 엘리야를 이야기하고 있습니다.

> 엘리야는 우리와 성정이 같은 사람이로되… 약 5:17

이 말씀은 나나 엘리야 선지자나 특별히 다를 게 없는 사람이라는 말입니다. 우리가 엘리야가 될 수 있다는 뜻이기도 합니다. 그런데 엘리야의 기도에는 엄청난 능력이 있었습니다. 엘리야가 하나님께 비를 내리지 말아달라고 기도하니까 3년 6개월 동안 비가 오지 않았고, 다시 비가 내리게 해달라고 기도하니까 비가 오는 역사가 일어났습니다. 또한 이 기도의 역사는 대단히 쉽고 간단했습니다. 엘리야가 기도하는 대로 비가 오기도 하고 오지 않기도 하는 결정이 났다는 것입니다. 정말 대단한 역사입니다.

그런데 하나님이 우리에게 주신 기도가 원래 이런 것입니다. 아주 간단합니다. 하나님의 응답은 우리가 밤새 소리를 지르며 금식하면서 기도해야 받는 것이 아닙니다. 그러면 우리가 언제부터 그렇게 애쓰고 수고하면서 기도하게 되었습니까? 바로 아담과 하와가 선악과를 따 먹고 난 다음부터입니다.

선악과를 먹기 전에 아담과 하와는 하나님께 소리를 지르며 기도할 필요가 없었습니다. 에덴동산에서 하나님과 늘 같이 살았기 때문입니다. 집에서 가족과 대화하는 것처럼 하나님께 자연스럽게 구하고 응답을 받았습니다. 기도는 아주 쉬운 것이었습니다. 하나님과 함께 거니는 것, 주님과 즐겁게 지내는 것이 기도였습니다. 기도는 원래 힘든 일이 아니라 하나님과 대화하는 것입니다. 그것이 기도의 축복입니다. 그렇게 기도할 수 있는 사람이 기도의 능력을 가진 사람입니다.

그러나 아담과 하와가 에덴동산에서 쫓겨난 뒤 그들은 하나님과 같이 살지 못했고, 더 이상 하나님을 만나지 못하게 되었습니다. 그들은 살아가면서 온갖 어려운 일들을 겪었습니다. 에덴동산에서는 상상도 할 수 없던 일입니다. 하나님께 도와달라고 하고 싶은데 기도의 문이 막혀버렸습니다. 그나마 하나님께서 속죄 제사를 통해 기도의 문을 열어두셨는데, 이는 앞으로 예수 그리스도를 통하여 우리에게 주실 완전한 구원의 예표(豫表)였습니다. 그때부터 기도는 우리에게 수고가 되었습니다. 고통스러운 일이 되었습니다. 이것이 모든 종교에 퍼져 있는 기도의 모습입니다.

하나님이 기뻐하시지 않는 기도

어느 종교에서나 기도는 매우 수고로운 일입니다. 오래 도(道)를 닦는 기도, 시간을 정해놓고 드리는 기도, 끊임없이 드리는 기도가 우리에게 아주 익숙합니다. 이런 모습이 엘리야가 갈멜산에서 바알과 아세라의 선지자들과 기도로 싸우는 장면에서도 나옵니다. 엘리야가 먼저 아합에게 기도 싸움을 걸었습니다. 어느 신이 참 신인지 기도로 한번 증명해보자고 합니다. 산 위에 제단을 쌓고 그 위에 송아지를 올려놓고 각자 자기가 믿는 신에게 기도했을 때 하늘에서 불이 내려와 그 제물을 불태우는 신을 참 신이라고 하자는 것입니다.

먼저 바알과 아세라의 선지자 850명이 기도를 시작합니다.

> 그들이 받은 송아지를 가져다가 잡고 아침부터 낮까지 바알의 이름을 불러 이르되 바알이여 우리에게 응답하소서 하나 아무 소리도 없고 아무 응답하는 자도 없으므로 그들이 그 쌓은 제단 주위에서 뛰놀더라
>
> 왕상 18:26

그들은 아침부터 낮까지 기도했습니다. 쌓은 제단 주위에서 뛰며 불을 내려달라고 기도했지만 아무런 응답이 없었습니다. 한낮이 되자 엘리야가 그들을 조롱합니다. "더 크게 불러봐. 딴생각을 하고 있는지, 잠깐 외출했는지, 길을 가고 있는지, 또는 잠이 들어서 깨워야 하는지 모르니까 좀 더 크게 해봐." 그러니까 바알의 선지자들이 얼마나 열이 받았겠습니까. 그들은 더 큰 소리로 기도합니다.

> 이에 그들이 큰 소리로 부르고 그들의 규례를 따라 피가 흐르기까지 칼과 창으로 그들의 몸을 상하게 하더라 이같이 하여 정오가 지났고 그들이 미친 듯이 떠들어 저녁 소제 드릴 때까지 이르렀으나 아무 소리도 없고 응답하는 자나 돌아보는 자가 아무도 없더라 왕상 18:28,29

그토록 열심히 하루종일 기도했지만 아무 응답이 없었습니다. 이 바알과 아세라의 선지자들의 기도가 모든 종교에서 드리고 있는 기도와 같습니다. 이렇게 다들 열심히 기도합니다. 광적으로 몸을 상하게 하고 피를 흘려가면서 미친 듯이 드리는 기도에 신(神)이 응답한다고 생각하는 것입니다. 우리가 열심히 기도해야 하는 것은 맞지만, 잘못하면 하나님이 기뻐하시지 않는 기도를 드리게 됩니다.

엘리야의 단순한 기도

이에 반해 엘리야가 드린 기도를 보십시오. 엘리야는 바알과 아세라의 제사장들이 드린 기도가 하루종일 응답이 없는 것을 보고 온 이스라엘 백성에게 다 모이라고 했습니다. 그리고 열두 지파를 상징하는 돌 열두 개로 제단을 쌓았습니다. 제단을 돌아가며 도랑을 만들고, 제단 위에 나무를 쌓은 뒤 송아지의 각을 떠서 그 위에 놓고, 통넷에 물을 채워다가 번제물과 나무 위에 부으라고 하기를 세 번이나 하여 물이 제단 주위로 흐르고 도랑에도 물이 가득 고였습니다. 제물에 불이 내려야 하는 마당에 물을 쏟아붓도록 한 것입니다.

그런 다음 하나님께 나아가 간단히 기도했습니다.

> … 아브라함과 이삭과 이스라엘의 하나님 여호와여 주께서 이스라엘 중에서 하나님이신 것과 내가 주의 종인 것과 내가 주의 말씀대로 이 모든 일을 행하는 것을 오늘 알게 하옵소서 여호와여 내게 응답하옵소서 내게

응답하옵소서 이 백성에게 주 여호와는 하나님이신 것과 주는 그들의 마음을 되돌이키심을 알게 하옵소서 하매 왕상 18:36,37

엘리야가 한 행동은 하나님께서 미리 다 지시하신 일입니다. 열두 돌을 쌓고 열두 통의 물을 붓도록 한 것도 하나님의 말씀대로 한 것입니다. 그래서 엘리야는 주의 말씀대로 응답해주시기를 기도했습니다. 그러자 하늘에서 불이 떨어져 번제물과 나무와 돌과 흙을 태우고 도랑의 물까지 다 말려버렸습니다. 여러분, 하나님께서 바로 이런 기도를 우리에게 주셨습니다. 이것이 하나님과의 친밀함에서 나오는 기도의 모습입니다.

기도는 절대 어려운 일이 아닙니다. 발버둥을 쳐야 하고 아주 힘들게 해야만 하는 것이 아닙니다. 하나님께서는 사람과 친밀하게 행복하게 기쁨으로 교제하기 위해 에덴동산을 만드셨습니다. 그런데 죄로 인해 그것이 깨져버렸습니다. 그래서 우리가 하나님과 교제하는 것이 힘들어졌습니다. 기도 자체가 수고가 되었습니다. 그러나 예수님이 우리를 위하여 십자가에서 피 흘려주심으로 회복이 일어났습니다.

기도는 우리에게 기쁨입니다. 기도는 응답받으려고 하는 것이 아니라 하나님과 교제하기 위해 하는 것입니다. 나와 함께 계시고, 내 안에 계신 주님과 늘 교제하는 시간입니다. 우리가 살면서 아무리 좋은 곳에 가고 아무리 좋은 사람을 만나더라도, 우리 주님과 함께 하는 시간만큼 좋을 수는 없습니다. 하나님과의 교제는 하나님께서 우리에게 허락해주신 것입니다. 하나님은 우리가 하나님을 "아버지"라고 부를 수 있는 복을 주셨습니다. 어린아이에게 아버지는 얼마나 든든하고 의지가 되는 사랑의 대상입니까. 어린아이가 아버지 품에 있다는 것이 얼마나 큰 기쁨입니까. 그 복을 예수 그리스도 안에서 누리게 해주신 것입니다. 예수 그리스도의 십자가의 은혜로 이 기도가 회복되었습니다.

죄를 서로 고백하는 기도의 능력

> 그러므로 너희 죄를 서로 고백하며 병이 낫기를 위하여 서로 기도하라 의인의 간구는 역사하는 힘이 큼이니라 약 5:16

이 구절은 약간 헷갈립니다. "의인의 간구는 역사하는 힘이 크다"라고 하면서 앞서 "너희 죄를 서로 고백하며 병이 낫기를 위하여 서로 기도하라"고 하는 모순된 두 말씀이 같이 기록되어 있기 때문입니다. 의인(義人)은 죄가 없는 사람입니다. 의인의 간구라면서 서로 죄를 고백하라니, 이 말씀을 도대체 어떻게 해석해야 할까요? 인간은 죄를 짓고 살 수밖에 없는 존재라고 말합니다. 우리의 육신이 죄 덩어리이기 때문입니다. 그러나 우리가 의인이 될 수 있는 길이 딱 하나 있습니다. 바로 예수 그리스도를 믿는 것입니다. 우리 죄 때문에 대신 죽으시고, 내 죄를 대신 짊어지신 주님을 정말 믿는 것입니다. 그러면 우리의 죄가 깨끗함을 받고, 예수님의 의(義)가 나의 의가 됩니다.

> 만일 우리가 우리 죄를 자백하면 그는 미쁘시고 의로우사 우리 죄를 사하시며 우리를 모든 불의에서 깨끗하게 하실 것이요 요일 1:9

그래서 병든 자를 위하여 기도할 때 열심히 기도하라고 하지 않고 "너희 죄를 서로 고백하며 병이 낫기를 위하여 서로 기도하라"고 한 것입니다. 죄를 자백하고 기도하는 것이 훨씬 강력한 기도가 된다는 말입니다. 그 기도의 은혜를 계속 누리려면 예수님의 십자가의 은혜를 항상 붙잡아야 하는데, 그 방법이 '회개'입니다. 생명이신 예수님이 우리 안에 오시는 이것이 회개를 통해 이루어집니다.

> 베드로가 이르되 너희가 회개하여 각각 예수 그리스도의 이름으로 세례를 받고 죄 사함을 받으라 그리하면 성령의 선물을 받으리니 행 2:38

기도할 때 죄를 고백하는 것은 매우 중요합니다. 그런데 저는 처음에 회개가 아주 고통스러운 것인 줄 알았습니다. 이제부터 회개하자고 하면 그때부터 힘든 시간이 됩니다. 그런데 성경을 읽고 실제로 주님의 은혜를 경험해보니까 회개는 놀라운 기쁨의 시간이었습니다. 나의 죄를 깨끗하게 씻는 시간입니다.

어린아이들은 자기 전에 씻는 것을 힘들어하고 귀찮아하지만, 어른이라면 자기 전에 씻지 못하는 것을 더 힘들어할 것입니다. 씻으면

개운하고 냄새도 나지 않고 다른 사람과 함께 지내기에 부끄러움이 없습니다. 회개가 꼭 그와 같습니다. 회개가 힘들다면 씻기 싫어하는 어린아이와 같은 수준입니다.

주님 품에 안기는 회개의 기도

회개를 하고 나면 너무나 기쁩니다. 저는 회개할 때마다 예수님을 만납니다. 그저 만나는 것이 아니라 주님의 품에 안기는 은혜를 경험합니다. "하나님, 제가 잘못했습니다"라고 고백하는 순간에는 힘들지만, 그러고 나면 제 심령에 영적인 막힘이 풀어지는 것을 느낍니다. 주님은 한 번도 그렇게 하지 않으신 적이 없습니다. 제가 잘못했다고 하면 주님은 어김없이 용서한다고 말씀하십니다. 저의 죄를 씻어주십니다. 그때 기도가 회복되고 다시 시작하도록 해주십니다. 세상에 이보다 더 좋은 것이 어디 있겠습니까?

음란에 사로잡혀 있던 어느 목사님이 계셨는데, 마음에 가책을 느끼면서도 그 습관에서 쉽게 벗어나지 못했습니다. 그 문제로 괴로워하던 어느 날 성령께서 아주 어릴 때의 일을 생각나게 하셨다고 합니다. 어릴 때 성적인 호기심으로 친척에게 했던 부끄러운 일이 떠올랐는데, 주님께 그것을 용서해달라고 회개하지 않았다는 것을 깨달은 것입니다. 그로 인하여 자신이 계속해서 더러운 일에 묶여 살았다는 것을 알고, 주님 앞에 자신의 죄를 고백하고 간절히 회개하자 영적인 묶임에서 풀려나는 것을 느꼈다고 했습니다.

우리가 회개하면 영적으로 풀어지는 은혜를 얻게 됩니다. 우리 주님이 십자가에서 괜히 피를 흘리신 것이 아닙니다. 예수 그리스도의 십자가의 은혜가 기도를 완전히 다르게 만듭니다. 기도가 수고롭고 고통스럽고 어려운 일이 아니라는 것입니다. 우리가 성령의 도우심을 따라 기도의 복을 경험하며 드리는 한 시간 기도는 하루 24시간 중에 나머지 23시간을 능력 있고 기쁘고 감사로 살아갈 힘을 공급받는 시간입니다.

초대 교회 때는 병든 사람을 위해서 할 수 있는 일이 기도밖에 없었습니다. 그런데 서로 모여서 큰소리로 울며 오랫동안 열심히 기도한다고 능력이 나타나는 것이 아니라 기도하는 사람들이 서로 자기 죄를 자백할 때 기도의 능력이 나타났습니다. 병든 자를 위해 기도해야 하는데, 하나님 앞에 마음에 걸리는 것이 있습니까? 예를 들면 아침에 부부 싸움을 했다든지, 누구에게 거친 말을 했다든지, 속으로 나쁜 생각을 품었다든지, 거짓말을 했다든지, 하나님과 약속한 것을 지키지 않았다든지, 기도하기에 앞서 마음에 걸리는 것이 있으면 그것을 다 고백했다는 것입니다.

기도가 풀어지기 위해서 서로 자기 죄를 고백한 것입니다. 주님이 역사하실 수 있는 기도를 드려야 하기 때문입니다. 예수님의 십자가 보혈이 우리 안에 있으니 우리가 죄를 자백하면 우리 죄가 깨끗함을 받고 하나님의 역사가 나타나는 것입니다.

죽기를 각오하고 회개하라

여러분에게 진정한 회개의 역사가 일어나기를 바랍니다. 회개를 절대 건성으로 하지 마십시오. 기도가 잘 안 된다면 기도에 막힘이 있기 때문입니다. 기도가 막히는 가장 큰 이유는 죄 때문입니다. 여러분의 마음속에 죄가 느껴지고, 그것이 반복적인 죄라는 생각이 든다면 하나님 앞에 "하나님, 제가 이런 죄를 지었으니 용서해주세요" 이렇게만 하지 마십시오. 진정한 회개가 아니라면 역사가 일어나기 어렵습니다. 습관적으로 하는 회개는 엄밀히 말해서 진짜 회개가 아닙니다. 여러분이 반복적으로 짓는 죄가 있다면 하나님께 이렇게 구하십시오.

"하나님, 더 이상 그 죄를 짓고 싶지 않습니다. 만약에 제가 계속해서 그 죄를 짓는다면 아예 제 영혼을 데려가주세요. 이 세상에 오래 살수록 더 많이 죄지을 게 아닙니까. 하나님, 제 목숨을 거둬가세요. 죽기를 각오하고 더 이상 그 죄를 짓고 싶지 않습니다. 하나님, 차라리 저를 그냥 데려가주세요."

여러분이 하나님 앞에 어떤 죄를 끊고 살기를 갈망하기만 하면, 이미 그 능력을 주신 분께서 그것을 이루어주십니다. 그때 여러분의 기도가 확 열리는 경험을 하게 됩니다. 정말 놀라운 하나님의 역사입니다.

주님이 나와 함께 계심을 믿는 기도

여러분, 기도할 때 내가 기도한 대로 응답이 되는지 안 되는지 너무

조바심내지 마십시오. 간절히 기도하지만 응답이 없을 때가 있습니다. 요셉은 고난당할 때 하나님으로부터 아무런 응답도 받지 못했습니다. 그런데도 요셉은 계속 기도했습니다. 그러면 요셉이 기도의 축복을 얻지 못한 것입니까? 아닙니다. 요셉은 기도의 복을 늘 충만하게 누렸습니다.

요셉은 주님이 자신과 함께 계신 것을 알았습니다. 그러나 그는 감옥에도 가고 온갖 비참한 처지에 내몰렸습니다. 그래도 요셉은 오직 하나, 주님이 자신과 함께 계신 것으로 위로를 받고 힘을 얻어 모든 상황을 견뎌냈습니다. 어느 날 그는 애굽의 총리가 되었습니다. 요셉은 총리가 되게 해달라고 기도한 적이 없습니다. 그것은 요셉이 기도할 수도 없던 역사였습니다. 전적으로 하나님의 계획 속에 있는 것이었습니다.

"주님이 저와 함께 계신 것이 너무 좋습니다. 주님이 함께해주시는 것으로 충분합니다. 주님, 제가 주님을 부를 수 있고, 하나님을 아버지라고 부를 수 있으니 저는 모든 것을 가진 것과 같습니다."

우리는 기도의 기쁨을 여기에 두어야 합니다. 그러면 우리를 통해서 이루려고 하시는 하나님의 역사가 놀랍게 이루어집니다. 우리에게 중요한 것은 "기도를 어떻게 해야 하느냐?", "기도를 얼마나 해야 하느냐?"가 아닙니다. "하나님을 정말 믿느냐?", "하나님과의 관계에 막힘이 없느냐?" 하는 것입니다.

한 사내가 술에 잔뜩 취한 채 닫혀 있는 예배당 문을 흔들어댔습니다. 교회 사찰 집사가 나와 "아니 왜 이러십니까?"라고 물으니 사내는 혀 꼬부라진 소리로 말했습니다. "나 말이요, 하나님이라는 분을 만나러 왔소" 그러면서 "하나님" 하고 소리를 지르며 예배당 문을 거세게 흔들었다고 합니다. 그러자 사찰 집사가 강하게 막으면서 말했습니다.

"그런 분은 여기 없습니다. 그만 돌아가세요!"

사찰 집사는 하나님을 한 번도 만난 적이 없는 걸까요? 참으로 어이없는 말입니다.

주 예수님을 믿는 믿음

겉으로는 우리가 하나님을 잘 믿는 것 같아도 결정적인 순간에 하나님에 대한 믿음이 없습니다. 예를 들어서 기도할 때 우리가 믿는 것이 무엇입니까? 많은 그리스도인들이 기도를 하지만 주님을 정말 믿지는 않습니다. 많은 성도들은 믿음이 안 생기는데 어떻게 하느냐고 말합니다. 그러나 그것은 믿어야 할 것을 믿지 않고 엉뚱한 것을 믿으려고 하기 때문입니다. 예를 들면 우리는 병든 자가 병 고침 받을 것을 믿으려고 합니다. 오늘 내가 드린 기도가 이루어질 것을 믿으려고 합니다. 그러니 믿음이 안 생기는 것입니다.

하나님이 원하시는 믿음은 주 예수님을 믿는 것입니다. 지금 우리와 함께 계시는 주님을 믿는 것입니다. 주님이 나와 함께 계시는 것은 너무나 분명합니다. 주 예수님을 믿는 것은 너무나 쉽습니다. 정말 주님을 믿으면 평안이 있고 감사가 있고 기쁨이 있고 용서와 사랑이 됩니다.

주일예배 후에 한 교인이 저에게 다가와 반갑게 인사를 건넸습니다.

"목사님, 저 대장암이 나았어요!"

그 말을 듣는데 저도 깜짝 놀랐습니다. 저는 그 분이 대장암 환자인지도 몰랐고, 그날 처음 뵙는 분 같았고, 언제 기도해드렸는지 기억이 나지 않았기 때문입니다. 그런데 그 분은 제가 그 분을 위해서 기도했을 때 하나님께서 자신을 고쳐주셨다는 것입니다. 그때 제가 깨달았습니다. 제가 기도 요청을 받고 그 분을 위해 기도했을 때 그 분이 대장암에서 고침을 받을 것을 믿고 기도했을까요?

사실 저도 암 환자가 찾아오면 마음이 조마조마합니다. 병 낫기를 위해서 기도해드리지만, 이분이 정말 병 고침을 받을지, 암이 치유될지, 혹시 낫지 않으면 어떻게 될지 제 속에서 계속 의심이 일어나기 때문입니다. 하나님이 기적을 행하시는 분이기는 해도, 병이 낫지 않는 사람들도 많습니다. 그럴 때 저는 딱 한 가지만 믿습니다. 바로 우리 주님이 함께하신다는 것입니다. 그 분이 고침을 받을지 아닐지 확신할 수 없지만, 주님이 그를 저에게 이끌어 오셔서 저를 통해 기도를 받게 하셨다는 것 하나만 믿습니다.

"주님, 이분에게 역사해주소서. 주님의 손을 이분에게 대주소서."

이제는 기도할 때마다 담대합니다. 주님을 믿기 때문입니다. 여러분도 응답이나 기적을 믿는 것이 아니라 지금도 역사하시는 주 예수님을 믿으시기 바랍니다. 주님을 믿어야 주님이 역사해주십니다.

주님을 닮은 성도의 기도

오만에서 사역하시는 한 선교사님이 답답한 현실 때문에 안타까워하며 기도할 때 주님이 이런 마음을 주셨다고 합니다.

"너는 왜 결과에만 연연하느냐? 나의 성품에 주목하라!"

그때부터 선교사님은 기도하면서 주님이 어떤 분이신지 믿음으로 계속 바라보았습니다. 그러자 상황이 어렵고 모든 일이 잘 풀리지 않는 가운데서 놀랍게도 마음에 기쁨과 감사와 찬양이 있고 영적으로 회복되었습니다. 현실을 바라보면 기도해도 낙심이 됩니다. 그런데 나의 기도를 들으시는 주님을 묵상하다보면 어디서부터인지 알지 못하는 힘이 솟아오릅니다. 그래서 한 시간 기도를 하는 것입니다. 한 시간을 기도해보니 비로소 기도가 뚫리는 역사를 경험했다는 분들도 있습니다. 이렇듯 한 시간 기도가 우리를 엄청나게 변화시킵니다.

이따금 기도를 많이 하는 분들 중에 '기도를 많이 하는데 왜 저러실까?' 하는 분들을 봅니다. 그런데 그것은 그냥 기도만 열심히 해서 그렇습니다. 기도가 주님과의 교제가 되지 못하고, 그저 기도라는 행위 자체만 열심히 하는 것입니다. 그러면 기도만 많이 하는 사람들이 갖는 독특한 모습이 나타납니다. 영적으로 교만하고, 고집이 세고, 성품이 거칠고, 다른 사람과 잘 어울리지 못합니다. 독불장군처럼 자기 혼자 옳다고 여깁니다. 기도하는 것을 은근히 강조하고 자랑합니다.

반면에 정말 기도를 많이 하고 기도를 통해 주님과 교제하는 사람은 성품이 완전히 바뀝니다. 그래서 '기도를 많이 한 사람이 저래서 좋구나' 하는 생각이 들고, 다른 사람에게도 호감을 주는 사람이 됩니다. 기도를 통해 계속 주님을 바라보니까 주님을 닮게 되는 것입니다. 이렇게 주님을 닮은 성도의 기도야말로 역사하는 힘이 큰 기도입니다.

제임스 휴스턴(James M. Houston) 목사님의 《기도 : 하나님과의 우정》(IVP)이라는 책 서론에는 목사님이 제자들에게 당부한 마지막 말이 기록되어 있습니다.

"아내의 얼굴은 너희 믿음의 이력서이다."

여러분이 남편이라면 자신의 믿음이 어떤지, 집에 가서 아내의 얼굴을 보시기 바랍니다. 아내의 얼굴이 여러분 믿음의 이력서입니다. 그럴 수밖에 없습니다. 아내는 늘 남편을 바라보고 삽니다. 그렇기 때문에 남편이 어떤 사람인지 아내의 얼굴에 그대로 나타납니다. 아내의 얼굴이 어둡습니까? 그것은 남편 책임입니다. 남편이 잘못하니까 아내가 힘을 얻지 못하는 것입니다. 그러나 아내도 자신이 망가진 것을 남편 탓으로만 돌려서는 안 됩니다. 아내 역시 주님을 바라보아야 합니다.

하나님께서는 우리의 기도를 근본부터 바꾸기를 원하십니다. 엘리야나 우리나 성정이 똑같습니다. 엘리야의 기도에 능력이 있었던 것은 그가 하나님과 늘 대면하여 살았던 선지자였기 때문입니다. 그 은혜를 우리 모두가 받았습니다. 예수님의 십자가 보혈로 주님이 우리 안에 오셨습니다. 함께하시는 예수님을 바라보면 누구나 정결하게 살게 됩니다. 우리가 매일 한 시간 기도할 때 진정한 회개가 터지고, 주님과의 친밀함이 회복되며 역사하는 힘이 큰 기도를 경험하게 되기를 바랍니다. 우리의 기도 능력이 회복되어 우리의 기도가 하나님이 쓰시는 놀라운 도구가 되고, 하나님의 살아 계심을 증거하게 되기를 축복합니다.

prayer points

1. 하나님, 진정한 회개의 문이 열리게 해주소서. 반복적으로 죄짓는 삶을 이제는 청산하기 원합니다. 반복적으로 죄를 짓고 사느니 제 영혼을 거둬가 주십시오. 기도의 능력을 누리기 위해서, 기도의 기쁨을 누리기 위해서, 역사하는 힘이 큰 기도를 드리는 자가 되기 위해서 이제 죄와 결별하겠습니다. 내가 정말 회개해야 할 것이 무엇인지, 결별해야 할 죄가 무엇인지 깨닫게 해주소서.

2. 주님과 더욱 하나가 되어 기도하게 하소서. 주님이 하시려는 일을 알게 하소서. 우리의 기도를 통해서 주님의 일을 이루소서. 우리에게 기도 제목을 부어주소서. 하나님이 하실 일이 우리 마음에 소원이 되게 해주소서.

3. 하나님, 역사하는 힘이 큰 기도가 이루어지기를 원합니다. 우리의 삶 속에 이루어지기를 원합니다. 우리가 이 땅에 사는 동안 역사하는 힘이 큰 기도의 사람이 되게 해주소서. 기도에 힘을 부어주시고, 주의 권능을 더하여 주소서.

CHAPTER **7**

순종하며 기도하라

1 그 일 후에 하나님이 아브라함을 시험하시려고 그를 부르시되 아
브라함아 하시니 그가 이르되 내가 여기 있나이다 2 여호와께서 이
르시되 네 아들 네 사랑하는 독자 이삭을 데리고 모리아 땅으로 가
서 내가 네게 일러준 한 산 거기서 그를 번제로 드리라 3 아브라함이
아침에 일찍이 일어나 나귀에 안장을 지우고 두 종과 그의 아들 이
삭을 데리고 번제에 쓸 나무를 쪼개어 가지고 떠나 하나님이 자기에
게 일러주신 곳으로 가더니 4 제삼일에 아브라함이 눈을 들어 그곳
을 멀리 바라본지라… 11 여호와의 사자가 하늘에서부터 그를 불러
이르시되 아브라함아 아브라함아 하시는지라 아브라함이 이르되 내
가 여기 있나이다 하매 12 사자가 이르시되 그 아이에게 네 손을 대
지 말라 그에게 아무 일도 하지 말라 네가 네 아들 네 독자까지도 내
게 아끼지 아니하였으니 내가 이제야 네가 하나님을 경외하는 줄을
아노라… 19 이에 아브라함이 그의 종들에게로 돌아가서 함께 떠나
브엘세바에 이르러 거기 거주하였더라

창세기 22:1-19

우리는 한 시간 기도운동을 하고 있습니다. 좀 유별난 운동 같아도 주님이 하신 일이라고 깨닫습니다. 그러나 아직까지 한 시간 기도를 제대로 하는 분들이 많지 않은 것 같습니다. 한 시간 기도하기가 힘들다는 분들은 아마 응답에 초점을 맞추는 기도에 너무 익숙하기 때문일 것입니다. 하나님께 어떤 소원을 아뢰고 그것이 이루어지는 것을 기도라고 생각하니까 한 시간 기도가 쉽지 않은 것입니다.

기도는 근본적으로 응답받기 위한 것이 아니라 하나님과 교제하기 위한 것입니다. 뭔가 얻으려고 하는 것이 아니라 하나님과 친밀하게 교제하면서 대화하는 것이 기도의 목적이 될 때, 기도는 우리의 삶을 바꾸시는 하나님의 능력의 공급처가 됩니다.

민원 처리인가? 데이트인가?

우리가 관공서에 가는 것은 처리할 민원이 있기 때문입니다. 그렇기 때문에 그것은 일이지 즐거움은 아닙니다. 관공서에 가면서 크게 기뻐할 사람은 없고 일부러 오래 있을 필요도 없습니다. 볼일만 보고 바로 나옵니다. 민원이 없으면 관공서에 갈 이유조차 없습니다. 하나님 앞에 어떤 용무가 있어서 나아가는 사람은 이렇게 응답을 바라고 기도합니다. "하나님, 이런 문제가 생겼으니까 꼭 해결해주세요." 이 경우 민원 처리하는 것처럼 기도를 하니까 기도가 딱딱하고 지루하고 힘이 듭니다.

그러나 사랑하는 사람을 만나러 갈 때는 분위기가 완전히 달라집니다. 특별한 용건이 없어도 그 사람을 만나는 것 자체가 즐겁고 마음이 설렙니다. "우리 딱 한 시간만 만나요!", "아직 10분밖에 지나지 않았네요" 이러는 데이트는 없습니다. 그 사람과 만나는 데 한 시간을 채우려고 애를 써야 한다면 그 사람은 사랑하는 사람이 아닐 것입니다.

기도도 이와 같습니다. 한 시간이 되자마자 '땡' 하고 일어서며 "오늘 한 시간 기도했어!" 이렇게 하십니까? 한 시간 기도가 의무처럼 느껴진다면 제대로 된 기도가 아닙니다. '한 시간 기도운동'이라고 했지만, 진정한 의미는 주님과의 기도 시간을 충분하게 가져보자는 뜻입니다.

5분이면 끝나는 기도?

기도 응답을 받기 위해서 기도한다면 그 사람은 한 시간 기도를 하기가 정말 어렵습니다. 왜냐하면 어떤 심각한 기도 제목이 있더라도 5분이면 기도가 다 끝나기 때문입니다. 해본 사람은 압니다. 병 낫기를 원하는 기도라면 "제 병을 고쳐주세요"라고 하면 끝입니다. 실직 중이면 “취직 좀 시켜주세요”, 사업이 어려우면 “사업 잘되게 해주세요”, 집이 필요하면 “집을 마련해주세요”라고 기도하면 끝입니다. 좀 더 구체적으로 구하더라도 5분이면 충분합니다.

주께서 기도할 때 중언부언하지 말라고 하셨는데, 이미 한 기도를 몇 번이나 반복해가며 한 시간을 채워서 기도하겠습니까? 이런 기도 제목 저런 기도 제목을 다 끌어다가 기도해도 한 시간은 정말 긴 시간입니다. 한두 번은 그렇게 할지 몰라도 매일은 지쳐서 그렇게 못합니다.

한 시간 기도운동은 한 시간을 채우라는 것이 아닙니다. 제가 임지를 놓고 하나님 앞에 기도할 때였습니다. 다리가 불편해서 목발을 짚고 다니며 “하나님, 저를 받아주는 교회가 없습니다. 제가 갈 교회를 하나님이 정해주세요. 제가 찾아서 가는 게 아니라 하나님이 정해주신 교회로 가게 해주세요”라고 기도했습니다. 그런데 그 기도는 시작한 지 5분도 안 되어 끝나버렸습니다. 같은 기도를 세 번이나 했는데도 5분을 넘지 않았습니다. 저는 온종일 기도할 마음이었는데, 점심 먹을 때까지 어떻게 기도해야 할지 낙심이 되었습니다.

쉼을 얻는 기도

그러면 어떻게 한 시간을 기도할 수 있습니까? 기도 시간이 기쁘고 즐거워야 할 수 있습니다. 저는 마음이 무겁거나, 시험이 닥쳤거나, 설교 준비가 막히거나, 유혹이 다가오거나, 혈기가 일어날 때 기도의 자리로 갑니다. 그때 저의 심정은 그냥 쉬고 싶다는 것입니다. 그저 "주님, 제가 왔습니다" 하고 정말 주 안에서 쉽니다.

제게 기도 시간은 쉬는 시간입니다. 주님께 나아가 나의 문제를 다 맡기고 주님 앞에 그저 있는 것입니다. "내 안에 거하라"고 하셨으니까 주님 안에서 쉬는 시간이기도 합니다. 억지로 기도하려고 하지 않고 어린아이가 할아버지에게 다가와 볼을 비비듯이 저도 주님의 볼에 제 볼을 비빈다고 생각합니다. 그러면 주님이 저를 안아주시는 것을 느낍니다. 그래서 저는 힘들고 어려우면 기도하러 갑니다. 저에게는 기도가 쉬는 시간이기 때문입니다.

어떤 분들은 제 말이 잘 이해가 안 된다고 할 수도 있습니다. 기도가 너무 힘들어서 기도가 끝나야 쉬는 사람이라면, 한 시간 기도를 채웠으니 이제는 쉬기 위해 먹기도 하고, 뉴스도 보고, 다른 사람을 만나 차도 마시겠다고 하겠지만, 그것은 기도를 몰라서 그런 것입니다. 제대로 기도한다면 반드시 쉼을 얻고 회복을 얻습니다.

처음부터 기도를 많이 하려고 애쓰지도 않습니다. 그저 주님과 함께 있어서 즐거워합니다. 그리고 주님의 말씀을 읽으면서 주님이 내게 말씀하시는 것이 있는지 귀를 기울입니다. 그러면 신기하게도 기도할 제목이 생각나고 기도하고 싶은 마음이 일어납니다. 기도가 저절로 나오는데 일부러 안 할 이유는 없습니다. 처음부터 기도를 잘 하려고 하니까 힘이 들지, 속에서부터 기도가 일어나면 그때부터 기도하면 됩니다.

해결해야 할 문제들과 기도해야 할 사람들을 위해서 기도할 때 하나님께서 그 기도 속에서 저를 깨우쳐주십니다. 무엇을 더 기도해야 하는지 알려주시는 것입니다. 처음에는 아무 생각이 없었는데, 전할 말씀의 주제를 생각나게 하시거나 꼭 나눠야 할 메시지를 일깨워주시면 급하게 메모를 합니다. 그러다보면 한 시간이 금세 지나갑니다. 정말 주님과의 데이트입니다. 기도를 통해서 지혜를 얻고 새 힘도 얻습니다.

혼자만의 시간에 찬송을 불러도 좋습니다. 찬송가 한 권을 처음부터 끝까지 다 불러보았습니까? 노래를 못해도 좋습니다. 휴대폰 찬송가 앱의 반주를 틀어놓고 불러도 됩니다. 그러다보면 한 시간 기도 시간이 너무 짧습니다. 애인과의 데이트가 짧게 느껴지는 것 그 이상입니다. 주님 곁에 더 있고 싶지만 시간이 다 되어서 일어나야 하기 때문에 못내 아쉽습니다. 물론 여건이 된다면 더 기도해도 좋습니다. 하루에 두세 번도 좋습니다.

기도의 용사가 되어가는 기록

기도 시간은 내 삶에 힘이 공급되는 시간입니다. 기도하면서 마음의 짐을 내려놓고 주님으로부터 위로받고 사랑을 받습니다. 한 시간을 기도하고 나면 영적인 답답함이 풀어집니다. 처음에는 힘들게 여겨지지만 한 시간 기도가 결국 삶을 쉬워지게 한다는 것을 알게 됩니다.

기도는 주님 안에 거하는 시간입니다. 주님과 일대일로 마주하는 시간, 주님을 바라보는 시간, 주님 곁에 앉아 있는 시간입니다. 주님과의 단독 만남입니다. 우리가 항상 주님을 바라보려고 하지만, 사람들과 있을 때는 주님만 만나거나 주님만 주목할 수가 없습니다. 그런데 기도 시간에는 주님께만 집중하니까 그 시간에 부어주시는 은혜가 정말 큽니다. 그 은혜만 받고 지나가기에 너무 아깝습니다.

그럴 때 기도 시간에 주시는 은혜를 동행일기에 기록해보시기 바랍니다. 기도가 잘 안 되는 것까지 기록할 필요가 있습니다. "오늘은 정말 기도가 안 된다. 10분 하기도 힘들다." 그냥 정직하게 쓰면 됩니다. 10분밖에 할 수 없으면 10분만 하는 것입니다. "기도하면서 졸았습니다." 그것도 나쁘지 않다고 생각합니다. 주님이 얼마나 많이 머리를 쓰다듬어주셨겠습니까.

그렇게 믿고 주님 앞에 계속 나아가다보면 나중에 여러분이 쓴 일기를 보고 놀랄 것입니다. 전에는 10분도 기도하지 못하고 계속 졸기만 했는데, 어떻게 내가 한 시간을 충만하게 기도하게 되었는지 놀라게 되는 것입니다. 한 번 안 된다고 해서 영원히 안 되는 것이 아닙니다. 기도를 하고 또 하다보면 어느 순간 기도의 용사가 되는 것입니다.

주님이 말씀하시면 무조건 순종밖에 없는 사람

아브라함이 하나님께 독자 이삭을 번제로 바치는 창세기 22장에는 아브라함의 기도가 나오지 않습니다. 그러나 기도가 어떤 것인지 우리에게 새로운 도전을 줍니다. 하나님께서 아브라함에게 이삭을 제물로 바치라고 명령하셨을 때 아브라함은 한 번도 "안 돼요", "못해요", "하나님, 이삭만은 제발 살려주세요"라고 기도하지 않았습니다. 오히려 하나님의 명령에 적극적으로 순종했습니다.

아브라함은 아침에 일찍이 일어나 모리아 산으로 출발했습니다. 그렇다고 아브라함의 마음에 아들 이삭만은 안 된다고, 이삭을 살려달라고 하는 소원이 없었을까요? 모리아 산으로 떠날 때 단풍 구경 가는 심정이었을까요? 아닙니다. 아브라함의 마음에는 틀림없이 이삭을 살려달라는 기도가 있었습니다. 아브라함이 그토록 서둘렀던 것도 마음에 갈등하고 시간을 지체했다가는 자신의 마음이 변할 수 있다고 생각했기 때문인지도 모릅니다. 목적지인 모리아 산에 도착한 후 종들을 산 밑에 두고 이삭만 데리고 산에 오른 것도 종들이 아브라함의 순종을 방해할 수 있다고 여겼기 때문입니다.

아브라함은 아들 이삭을 번제로 바치라는 하나님의 명령대로 이삭을 죽이기 위해 최선을 다했습니다. 왜냐하면 하나님께서 아브라함에게 100세에 아들 이삭을 주실 때, 아브라함은 하나님께서 살아계시고, 선하시고, 능력이 있으시고, 죽은 자도 살리시는 분임을 분명히 알고 경험했으며, 하나님이 말씀하시면 무조건 순종밖에 없다는 결론에 이미 이른 사람이었기 때문입니다. 그런데 어떻게 감히 하나님의 말씀에 토를 달겠습니까. 이삭을 살리고 싶은 마음은 간절했지만, 아브라함은 그 기도를 하지 않고 하나님이 말씀하신 그대로 순종했습니다.

하나님은 그 과정을 다 지켜보셨습니다. 아브라함이 아침 일찍 이삭을 데리고 모리아 산으로 떠나 종들을 산 밑에 남겨두고 이삭만 데리고 올라가서 이삭을 결박하여 번제단 위에 제물로 올려놓는 과정을 모두 보십니다. 물론 아브라함의 마음에 있던 간절한 소원까지 하나님은 다 아셨습니다. 그러나 아브라함의 순종을 보시기 위해 아브라함이 칼을 들고 이삭의 목을 내리치려고 할 때까지 가만히 계십니다.

순종이 기도다

이삭을 번제로 바치려 한 아브라함의 모든 행동이 바로 아브라함의 기도였습니다. 이삭을 살려달라고 한 마디도 기도하지 않았지만, 이것이 아브라함이 드린 철저한 순종의 기도였습니다. 하나님의 말씀에 절대로 안 된다고 하지 않았습니다. 우리가 이 점을 배워야 합니다. 한 시간 기도에 도전받고 실제로 기도의 삶을 살 때, 우리가 반드시 가져야 할 태도가 아브라함과 같이 철저히 순종하는 삶을 살면서 하나님께 기도하는 것입니다.

아브라함이 이삭을 잡으려고 하는 순간 하나님은 아브라함을 막으시고 시험을 거두어주셨습니다.

> 사자가 이르시되 그 아이에게 네 손을 대지 말라 그에게 아무 일도 하지 말라 네가 네 아들 네 독자까지도 내게 아끼지 아니하였으니 내가 이제야 네가 하나님을 경외하는 줄을 아노라 창 22:12

하나님은 아브라함이 하나님의 말씀에 완전히 순종하는 것을 보셨습니다. 아브라함이 하나님을 얼마나 경외하는지 아셨습니다. 아브라함은 하나님이 어떤 분이신지 완전히 알았고 그래서 이해되지 않아도 하나님이 명령하신 일에 순종했습니다. 비록 마음에 소원이 있어도 하나님의 말씀이 그게 아니라고 하면 자기 소원을 다 내려놓고 하나님께 완전히 순종했습니다.

아브라함이 하나님으로부터 "이제야 … 아노라"라고 하시는 말씀을 듣는 순간 약속으로만 있던 축복의 문이 활짝 열렸습니다.

> 아브라함이 눈을 들어 살펴본즉 한 숫양이 뒤에 있는데 뿔이 수풀에 걸려 있는지라 아브라함이 가서 그 숫양을 가져다가 아들을 대신하여 번제로 드렸더라 아브라함이 그 땅 이름을 여호와 이레라 하였으므로 오늘날까지 사람들이 이르기를 여호와의 산에서 준비되리라 하더라
>
> 창 22:13,14

여러분, 아브라함에게는 자신의 문제를 하나님께 완전히 의탁하는 믿음이 있었습니다. 여러분이 한 시간 기도를 하려면 이렇게 하나님을 완전히 믿을 수 있어야 합니다. 그래야 기도가 쉼을 얻는 시간이 됩니다. 하나님께 우리의 문제를 완전히 다 맡겨버리는 것입니다. 상황이 힘들고 어려워도, 하나님의 명령이 여러분이 원하는 것이 아니라도, 하나님을 신뢰하며 하나님의 선하심과 능력, 그분의 권능과 약속의 성취를 완전히 믿고 순종하는 것입니다. 아브라함처럼 순종만 하

는 것입니다. 그 속에 하나님이 일하시는 기도의 역사가 있습니다.

우리의 기도보다 더 중요한 것은 실제로 하나님을 믿는 것입니다. 완전히 순종하는 것입니다. 하나님이 하시는 일에 토를 달지 않는 것입니다. 아브라함이 독자 이삭을 바치라는 말씀에도 순종했던 것은 하나님의 말씀이면 무엇이든지 순종한다는 믿음이 먼저 있었기 때문입니다. 이것이 기도의 능력입니다. 어떤 말씀인지 들어보고 순종하든지 안 하든지 결정하겠다거나, 안 되면 어떻게 할지 조급하고 염려하는 태도를 가진 사람은 순종하지 못합니다.

"하나님, 무슨 말씀인지 듣기 전에 하나님께 먼저 순종을 약속합니다. 그것이 아들을 바치는 일일지라도 아침 일찍 일어나 순종의 그 길을 가겠습니다."

순종이라는 지름길

이 완전한 순종이 어려운 것 같아도 사실 가장 쉬운 길입니다. 완전한 순종이야말로 문제해결의 가장 빠른 길입니다. 완전한 순종을 통해 하나님께서 아브라함에게 주시려고 한 모든 축복의 계획이 순식간에 이루어졌기 때문입니다. 매번 순종할지 말지 갈등하며 사는 것이 훨씬 힘든 일입니다.

한번 상상해보십시오. 만약 아브라함이 순종할지 말지 갈등했다면 집을 떠나는 것조차 쉽지 않았을 것입니다. 어떻게 해야 할지 고민만 하다가 얼굴이 수척해져서 사라가 도대체 무슨 일이냐고 물었을 것이고, 그새 벌써 며칠이 지났을 것입니다. 억지로 길을 나섰다고 해도 모리아 산에서 종들과 승강이가 벌어졌을 것이고, 칼을 잡았다 놨다 '내리칠까 말까', 한참 울다가 '아니, 못하겠어' 이렇게 순종을 결단하지 못해서 계속 망설였다면 그 결과가 어땠겠습니까. 하나님께서 아브라함에게 약속하신 '여호와 이레'의 축복은 계속 뒤로 미뤄지는 것입니다.

그러다가 결국 '아, 하나님, 이건 정말 제가 할 일이 아닙니다. 하나님, 저 못해요' 이렇게 결단하고 이삭을 바치지 않았다면 그다음에 어떻게 되었을까요? 아브라함은 이삭을 볼 때마다 계속 불안했을 것입니다. 이삭이 혹시 사고를 당하지 않을까, 병들지 않을까, 이삭에게 큰 어려움이 닥쳐도 이삭을 구해달라고 기도할 기도의 확신도 없습니다. 이렇듯 불순종이 훨씬 더 어려운 길입니다.

우리가 예수님을 믿고도 힘들게 신앙생활 하는 이유는 완전한 순종을 결단하지 않고, 일마다 때마다 할지 말지 고민하기 때문입니다. 이런 사람은 신앙생활이 정말 어렵습니다. 그리고 하나님의 역사도 속히 이루어지지 않습니다. 항상 후회가 되는 것은 순종하지 않은 것 때문입니다. 시간도 돈도 기회도 다 내 마음대로 한 것이 후회가 됩니다. 우리에게는 순종한 것만 남습니다. 그것만이 감사할 제목입니다.

한 시간 기도운동에 임하는 자세

여러분, 한 시간 기도운동에 임하는 믿음의 자세는 완전한 순종입니다. 한 시간 기도는 우리를 변화시킵니다. 한 시간 기도를 통해서 내 믿음을 점검해보고, 내가 완전히 순종할 수 있는지 주님 앞에서 점검해보시기 바랍니다. 한 시간 기도가 쉬워지려면 완전한 순종을 하면 됩니다.

기도보다 더 중요한 것은 하나님에 대한 완전한 믿음이며 완전한 순종의 결단입니다. 한 시간 기도할 때 완전한 순종으로 나아가시기 바랍니다. 그러면 기도가 의외로 쉽습니다. 한 시간 기도를 못했다고 죄책감을 느끼고 기도를 무거운 짐처럼 느끼지 않아도 됩니다. 여러분이 완전한 순종을 하기로 작정했다면 밥을 못 먹어도 기도는 하는 것입니다. 고민이 되지 않는 것입니다. 기도할 시간을 얼마든지 낼 수 있습니다.

저는 예수동행일기를 매일 쓰고 있는데, 저에게 예수동행일기를 쓰는 것은 너무 쉽습니다. 왜냐하면 저에게는 '오늘은 쓸까? 말까?' 그럴 선택권이 없기 때문입니다. 그런데 여러분에게는 '이 집회가 끝나고 집에 가면 너무 늦으니 오늘은 동행일기를 쓰지 말고 잘까?' 이런 선택의 여지가 있습니다. 선택이라고 생각하니까 안 쓰게 되고, 안 할 수도 있는 가능성이 열려 있으니까 결국 안 하는 쪽으로 가게 됩니다. 일기를 안 쓰고 자는 것이 당연히 육신적으로 훨씬 편하기 때문입니다.

그런데 저는 안 됩니다. 저는 오늘 일기를 안 쓰면 "유 목사가 일기를 안 썼다"고 전 세계에 소문이 납니다. 저에게 그것은 일기를 안 쓴 것보다 훨씬 더 힘든 일입니다. 그래서 저는 동행일기를 씁니다. 선택의 여지가 없습니다. 그러니까 오히려 편합니다. 동행일기를 쓰는 일은 저에게 고민거리가 아닙니다.

여러분, 매일 저녁 샤워하고 주무십니까? 그것이 고민입니까? 다들 그 고민은 안 합니다. 아무리 피곤해도 이 닦고 세수하고 발도 씻고 잠자리에 듭니다. 왜 그렇습니까? 그것은 선택의 문제가 아니기 때문입니다. 갈등하지 않고 매일 하는 것입니다. 주님과 동행하는 삶, 동행일기를 쓰는 것도 마찬가지입니다. 완전한 순종을 드리기로 결정하고 나면 너무 쉽습니다. 그리고 동행일기를 쓰면서 얻는 유익을 고스란히 누릴 수 있습니다.

아브라함과 같이 순종의 삶을 살겠다고 결단한 사람에게는 한 시간 기도가 힘들 게 없습니다. 그것이 내 영을 살리고, 기도의 능력을 주고, 하나님의 역사를 이루는 일이니 정말 황홀한 일이요, 가장 빨리 응답받는 길입니다. 하나님께 완전한 순종을 해야 하나님께서 우리 삶 속에 있는 문제를 속히 해결해주십니다. 엄밀히 말하면 기도보다 더 중요한 것이 순종입니다. 순종하려고 결단했기 때문에 기도가 나오는 것입니다.

완전한 순종이 완전한 믿음이다!

미국의 암 전문의이신 원종수 장로님의 어머니 김철례 권사님의 일화입니다. 권사님은 그 옛날 어려운 문제가 생기면 아무 말 없이 성경 찬송이 들어 있는 심방 가방을 들고 나가 평소에 꼭 전도하겠다고 마음먹었던 사람들을 찾아가 복음을 전하고 그 가정을 위해서 간절히 기도한 후에 집으로 돌아와 비로소 자신의 문제를 놓고 기도했다고 합니다. 그것이 권사님의 기도 원칙이었습니다.

"너희는 먼저 그의 나라와 그의 의를 구하라 그리하면 이 모든 것을 너희에게 더하시리라"(마 6:33)는 주님의 말씀이 분명했기 때문에, 하나님이 전도를 가장 기뻐하실 것 같다고 생각되니까 자신의 기도를 하기 전에 전도부터 한 것입니다. 완전한 순종을 드리기로 결단하니까 이런 기도가 나오는 것입니다.

여러분, 하나님 앞에 나와 기도할 때 안달하거나 조급해하거나 몸부림치지 않기를 바랍니다. "하나님, 그저 말씀만 해주세요. 제가 순종하겠습니다. 주님, 제가 몰라서 못하는 순종이 있을지언정 말씀하시고 깨우쳐주시면 무조건 순종하겠습니다." 이 마음으로 주님 앞에 나가면 여러분이 "하나님, 이거 해주세요, 저거 해주세요"라고 말하지 않아도 하나님께서 여러분의 소원을 다 아시고 반드시 역사하십니다.

권사님은 아들에게 늘 이렇게 권면했습니다.

> "안되는 것도 잘되는 것이고, 잘되는 것도 잘되는 것이다. 우리 안에 예수만 붙들고 있으면 우리를 대적할 자가 누구겠니? 우리를 낮출 자가 누구겠니? 모든 것을 감사해라. 평생 예수 사랑하는 마음만 변치 말아라.

주님은 우리를 늘 보고 계신다."

이것은 하나님에 대한 완전한 믿음입니다. 하나님이 기뻐하시는 뜻대로 순종하고 기도했으면 잘되고 안되는 게 없다는 말입니다. 정말 대단한 믿음입니다. 그러면 기도가 쉼이 되고, 기도하면 정말 새 힘을 얻게 됩니다.

하나님의 역사가 나타날 때 순종하는 자가 누리는 은혜는 엄청납니다. 가나 혼인 잔칫집에 물이 포도주가 되는 기적이 일어났습니다. 다들 새 포도주를 맛보고 즐거워했지만 물 떠온 하인들이 누린 기쁨은 미처 상상할 수 없었을 것입니다. 그들은 평생 잊지 못할 감격과 충격을 받았습니다. 그것은 순종한 자만이 경험하는 일입니다. 그러니까 하나님께 순종해보십시오.

여러분이 사는 삶 자체가 순종입니다. 자는 것도 순종, 일어나서 먹는 것도 순종입니다. 안 먹어도 순종, 누구를 찾아가도 순종, 가서 무슨 말을 하는 것도 순종입니다. 주님이 그렇게 하라고 하셨다면 순종입니다. 우리가 매일 순종의 삶을 살면 물 떠온 하인들이 경험했던 그 은혜를 경험하게 됩니다. 한 시간 기도를 하면서 반드시 순종하는 삶이 함께 가야 하는 것입니다.

완전한 순종을 드리고 나면 누리게 되는 것들

몇 년 전, 미국 덴버에서 목회자 세미나에 참석했습니다. 세미나를 마치고 난 다음 어느 목사님이 로키산맥에 있는 자신의 별장에서 며칠 쉬었다 가라고 권했습니다. 저는 내심 그 제안이 좋았습니다. 제가 생각하는 별장이란 집도 좋고 시설도 좋고 경치도 좋은 그런 곳입니다. 게다가 로키산맥이라니 얼마나 멋집니까. 저와 제 아내는 그렇게 하기로 하고 별장을 향해 가는데 산도 높고 경치가 얼마나 아름다운지, 유명한 이유를 알 것 같았습니다.

그런데 별장에 도착한 다음 저는 실망하고 말았습니다. 별장은 마치 '톰 아저씨의 오두막' 같았습니다. 아이가 캠핑을 온 거라면 상관없겠지만 저로서는 '정말 여기서 자야 되나?' 싶은 생각이 들 정도로 환경이 열악해서 난감했습니다. 이곳에서 며칠을 보내야 한다고 생각하니 갑자기 마음이 싸늘해졌습니다. 주인이 대자연 속에서 진심으로 즐거워하며 너무 좋지 않느냐고 묻는데 차마 아니라고 말은 못했습니다. 하지만 결국 그날 저와 제 아내는 제대로 잠을 이루지 못했습니다.

그다음 날 아침에 일어나 기도하러 산에 올라가서 마음속에 맴돌던 말을 하나님께 쏟아냈습니다.

"하나님, 제가 왜 여기 있어야 합니까? 너무 힘들어요. 그렇지 않아도 몸이 힘든데 일부러 고생하러 온 것도 아니고…. 하나님, 제가 여기에 왜 왔나요? 왜 여기 오게 하셨나요?"

하나님 앞에 계속 그런 질문만 했습니다. 그때 주님이 저에게 너무나 선명하게 하시는 말씀이 있었습니다.

"너, 너무 좋고 나쁜 거 따지지 마라. 이거 좋다, 저거 좋다, 이게 편하다, 너, 절대 그러지 마. 너에게 주어진 그대로 느끼고 받아들여라. 그냥 누려라."

답답하고 혼란스러웠지만 '내가 왜 여기에 왔을까?' 하는 마음의 생각을 다 버렸습니다. 주님의 말씀대로 더 이상 좋다 나쁘다 판단하지 않기로 했습니다. 그저 주님이 보게 하시고 듣게 하시는 대로 느끼기만 했습니다.

그러고 나니 비로소 산이 보이는데, 정말 좋았습니다. '왜 여기 있어야 됩니까?' 하는 마음일 때는 전혀 보이지 않던 것들이었습니다. 산이 보이고 숲이 보이고 신선한 공기와 함께 꽃들이 보이는데, 정말 황홀했습니다. 사랑스러운 새소리와 부드러운 바람이 느껴졌습니다. 저는 정서적으로 메말랐는지 꽃을 봐도 별 감흥을 느끼지 못하는 사람입니다. 그래서 제 아내가 왜 그렇게 꽃을 좋아하는지 한동안 몰랐습니다. 그런데 정말 좋았습니다. 주님 앞에 다 내려놓고 내게 주어진 그대로를 누리려고 하니 엉성하게 지은 것 같은 집도 좋게 느껴졌습니다.

주님을 찬양하며, 감사하며, 늘 드리던 중보기도를 드렸습니다. 또다시 주님이 주시는 말씀이 또렷이 들려오는 체험을 하게 되었습니다.

"앞으로 네가 가야 할 길에서 판단하거나 평가하려 하지 말고 나만 바라보고 따라오거라. 그러면 많은 좋은 것을 경험할 것이다."

얼마나 깊은 기도의 경험이었는지 모릅니다. 잊지 못할 추억이 되었습니다. 완전한 순종을 드리겠다고 하고 나면 비로소 하나님이 내게 주시는 은혜와 하나님의 역사가 보이기 시작합니다. 한 시간 기도생활을 하기 위해서 우리가 반드시 통과해야 할 시험은 순종의 시험입니다.

어떤 교인이 저에게 "목사님, 하나님께 사랑할 마음을 달라고 아무리 기도해도 하나님이 주시지 않네요"라고 말했습니다. 이분은 자기가 사랑하지 않는 것을, 하나님이 자신의 기도에 응답해주지 않았기 때문이라고 믿고 있었습니다. 아닙니다. 그것은 자신의 불순종 때문입니다. 그것은 응답의 문제가 아니라 순종의 문제입니다.

사랑하라는 말씀에 순종하면 이미 사랑이 주어진 것을 알게 됩니다. 하나님께서 사랑하라고 하셨으니까 내가 사랑의 발걸음을 옮겨보면 알게 되는 것입니다. 그런데 아무것도 안 하고 계속 화내고 가까이 가지도 않고 말도 걸지 않으면서 하나님이 사랑할 마음을 주지 않으신다고 하는 것은 말이 안 됩니다. 하나님께서 우리의 기도에 역사하시려면 우리의 순종이 필요합니다.

정말 주님의 뜻을 알고 싶은가?

요즘 제가 간절히 기도하는 것은 "주님의 뜻이 무엇입니까?" 하는 것입니다. 길을 걸으면서도 계속 혼자 중얼거리듯이 하나님께 묻습니다.

"주님의 뜻이 무엇입니까? 제가 둔하여 잘 알지 못합니다. 주님, 제가 무엇을 하기 원하십니까? 깨우쳐주시면 순종하겠습니다."

이것이 제 마음의 간절한 소원입니다. 이 점에서 저도 제가 변하고 있음을 느낍니다. 이전에는 이 마음이 간절하지 않았습니다. 솔직히 주님의 뜻이 부담스러웠습니다. 주님은 제가 하기 싫은 것만 하라고 하시고, 하고 싶은 것은 하지 말라고 하시는 것 같아 주님의 뜻을 아는 것이 겁이 났습니다. 주님의 뜻이 무엇인지 알면서도 "죄송해요" 하고 도망친 적도 있었습니다. 주님의 뜻을 알게 되면 억지로라도 순종하려고 하지만 그것이 너무 힘들었습니다. 순종하더라도 도살장에 끌려가는 소처럼 순종했던 적도 있었습니다. 그런데 지금은 "주님의 뜻을 가르쳐주세요. 주님의 뜻을 알고 싶어요"라고 기도합니다. 제 마음이 엄청나게 바뀐 것입니다.

아직까지 많은 분들이 주님의 뜻을 알기가 어렵다고 하는데, 하나님 앞에 완전한 순종을 약속하지 않은 상태에서 주님의 뜻을 알려고 하니까 어려운 것입니다. 하나님의 뜻대로 살고 싶은 마음이 간절하면 하나님의 뜻은 너무나 선명해집니다. 마음에 아무 전제 없이 주님이 기뻐하시는 일을 하고 싶다고, 주님께 가르쳐달라고 기도하면 주님이 기뻐하시는 전도의 기회, 기도할 기회를 얻게 되고, 사랑할 기회와 인내를 훈련받을 기회 또한 얻게 됩니다. 주님께 완전한 순종의 걸음으로 나아가다보면 주님이 나의 갈 길을 열어주십니다.

어느 책에서 읽은 예화입니다.

"저 자매가 제 배우자라는 응답을 받았습니다."

"왜 저 자매인데?"

"믿음이 좋습니다."

"믿음은 A 자매도 좋잖아?"

"주 안에서 비전이 같습니다."

"비전은 B 자매가 더 같잖아."

"음… 기도를 많이 합니다."

"기도는 C 자매가 더 많이 하는데?"

"……."

"솔직히 말해봐. 예뻐서 그렇지?"

그러니까 자기 나름대로 계산이 따로 있으면서, 겉으로만 하나님이 원하시는 쪽으로 맞춰가려고 하다보니까 하나님의 뜻이 무엇인지 헷갈리는 것입니다. 지금 저는 주님의 뜻이 무엇인지 제대로 깨닫지 못하는 것이 안타깝고 주님의 뜻을 알고 싶은 간절함이 제 안에 있다는 것이 참 감사합니다. 주님께 순종하는 것이 즐거운 일이라는 것을 이제야 조금 깨닫습니다. 하나님의 뜻을 정말 알고 싶은 마음이 생기면 순종하기가 쉽습니다. 순종하기로 결단했기 때문에 하나님의 뜻을 알고 싶은 것입니다.

실제로 제가 살아보니까 하나님의 뜻대로 하지 않은 것은 다 후회가 남았습니다. 그러니까 이제부터는 정말 하나님이 원하시는 것만 하고 싶습니다. 하나님이 세상에서 가장 소중한 분입니다. 어떤 대가를 치르더라도 기필코 그분의 뜻을 행하고 싶습니다. 고난이든 죽음이든 상관이 없습니다. 정말 주님의 뜻만 성취되기를 바랍니다. 이

전에 제 마음의 소원은 세상적이고 정욕적이고 육신적이고 이기적이었습니다. 그런데 제 마음이 달라진 것이 분명합니다. 이런 제 마음이 특별하다고 느끼는 것은 전에는 이런 마음이 없었기 때문입니다.

순종만이 살길이다

저희 교회는 건축 부채가 많습니다. 그래서 제 마음속에 그 빚 때문에 교회가 재정적으로 건강할 수 없다는 생각을 하게 되었습니다. 헌금을 전부 다 건축 빚 갚는 데 써야 한다면 교회의 역할을 제대로 할 수 없기 때문입니다. 그래서 저는 건축 빚은 하나님께서 이미 다 갚아주셨다고 믿기로 했습니다. 그렇게 기도했으니까 그렇게 믿고, 교우들의 헌금은 하나님이 기뻐하시는 대로 흘려보내며 지금까지 지내왔습니다.

아직까지도 교회 부채가 많이 남아 있습니다. 어찌 생각하면 계속 나누고 흘려보냈기 때문에 여전히 부채가 남았다고 생각할 수 있습니다. 그렇게 생각하는 교인도 있을 수 있다고 생각합니다. 그러나 또 다르게 생각할 수도 있습니다. 하나님이 기뻐하시는 뜻대로 재정을 흘려보내려고 애썼기 때문에 여전히 부채가 남아 있기도 하지만, 그러면서도 교회가 이만큼 성장한 것입니다. 부채가 있기는 해도 그것이 부채처럼 느껴지지 않습니다. 정말 그렇게 살고 있습니다. 건축 부채 갚는 일에 올인하는 것이 아니라 매번 목적 헌금으로, 재난 구호비로, 분립 교회 개척을 위해서 재정을 흘려보내며 부자처럼 살았습니다. 하나님께서 그렇게 여기까지 오게 하셨습니다.

순종만이 살길입니다. 실제로 그렇습니다. 하나님께 순종하고 또 순종하면 간증의 삶이 되고, 하나님이 역사하시는 삶이 되는 것을 알기 때문에 그렇게 가고 있습니다. 제 마음에 가장 중요한 것은 "하나님이 원하시는 것이 무엇인가?" 그것뿐입니다. 지금도 그렇습니다. 하나님이 가장 원하시는 것이 무엇인지 알게 되면 너무 기쁩니다. 조금 부담스럽고 다 믿어지지 않아도 기쁩니다.

예수동행운동, 위지엠(With Jesus Ministry) 사역이 사실은 다 막막한 사역입니다. 그러나 하나님이 기뻐하시는 일이면 하는 것입니다. 한 시간 기도운동도 마찬가지입니다. 여러분이 기도할 때 순종을 최우선으로 하기를 바랍니다.

prayer points

1. 독자 이삭을 바치라는 명령에도 순종했던 아브라함의 순종을 제게도 허락하소서. 완전한 순종을 주님께 약속하게 해주소서. 주님이 깨우쳐주시고 말씀하시면 "저는 순종밖에 없습니다. 즉시 순종하겠습니다"라고 고백하는 믿음을 주소서. 하나님의 말씀을 깨달았을 때, 두려움 없는 믿음과 사랑으로 순종할 힘을 주소서.

2. 하나님으로부터 "내가 이제야 네가 하나님을 경외하는 줄을 아노라"라는 말씀을 듣게 하소서. 그 소원이 우리 가운데 놀랍게 성취되게 하소서.

3. “하나님께서 친히 준비하셨다”라는 ‘여호와 이레’, 이 말씀이 내 심령 가운데, 우리 삶 속에 그대로 이루어지기를 원합니다. 주님, 이 말씀이 제 생애에 이루어지기를 원합니다. 아브라함에게 허락하신 은혜가 모든 성도에게 주신 은혜이니 우리가 다 누리게 해주소서.

CHAPTER **8**

사랑으로 기도하라

6 내가 기뻐하는 금식은 흉악의 결박을 풀어주며 멍에의 줄을 끌러
주며 압제당하는 자를 자유하게 하며 모든 멍에를 꺾는 것이 아니겠
느냐 7 또 주린 자에게 네 양식을 나누어주며 유리하는 빈민을 집에
들이며 헐벗은 자를 보면 입히며 또 네 골육을 피하여 스스로 숨지
아니하는 것이 아니겠느냐 8 그리하면 네 빛이 새벽같이 비칠 것이
며 네 치유가 급속할 것이며 네 공의가 네 앞에 행하고 여호와의 영
광이 네 뒤에 호위하리니 9 네가 부를 때에는 나 여호와가 응답하겠
고 네가 부르짖을 때에는 내가 여기 있다 하리라 만일 네가 너희 중
에서 멍에와 손가락질과 허망한 말을 제하여버리고 10 주린 자에게
네 심정이 동하며 괴로워하는 자의 심정을 만족하게 하면 네 빛이
흑암 중에서 떠올라 네 어둠이 낮과 같이 될 것이며 11 여호와가 너
를 항상 인도하여 메마른 곳에서도 네 영혼을 만족하게 하며 네 뼈
를 견고하게 하리니 너는 물 댄 동산 같겠고 물이 끊어지지 아니하
는 샘 같을 것이라

이사야서 58:6–11

"한 시간 기도하자"는 신앙 캠페인 때문에 비록 매일 하지 못하더라도, 마치 경기 들린 아이처럼 깜짝깜짝 놀라면서 다시 기도하고 또 기도하고 계실 것입니다. '한 시간 기도'가 힘들다고 하지만 믿음의 선배들의 기도생활은 정말 대단했습니다. 제가 어릴 때 기억에 남는 강력한 기도는 '금식'이었습니다.

저에게는 양부모님이 계십니다. 어머니 집안은 금식기도가 일상이어서 식사할 때보다 금식할 때가 더 많다고 느껴질 정도였습니다. 그런데 어느 날 가만히 보니까 저녁 식사를 안 하시는데도 음식을 많이 준비하시기에 식사하시는 거냐고 여쭈었습니다. 금식이라고 하셨습니다. 그러면 음식은 왜 하시냐고 물었더니 12시가 되면 먹으려고 하신다고 하셨습니다. 그렇게 음식을 미리 준비해놓은 다음 12시 땡 하면 다들 둘러앉아 먹었던 기억이 있습니다.

"삼 일 했느냐", "일주일 했느냐", "사십 일 했느냐", 얼마나 금식했느냐가 굉장한 자랑거리이자 훈장이기도 했습니다. 누가 어디 아프다고 하면 "삼 일 금식이네", 어떤 문제가 생겼다고 하면 "일주일 금식하면 되겠네" 하는 이야기를 어릴 때 자주 들었습니다. 마치 금식을 모든 문제의 처방전처럼, 만사형통의 방법처럼 여겼습니다. 이런 금식 문화가 온전히 성경적인 것은 아니었지만 한 가지 분명한 것은 금식기도를 참 많이 했다는 것입니다. 그리고 하나님의 역사도 많이 나타났습니다. 이처럼 금식기도에 하나님의 역사가 많이 나타난 것은 목숨을 걸고 하는 기도였기 때문입니다.

하나님이 기뻐하시는 금식

이사야 선지자는 이사야서 58장에서 금식에 대한 중요한 메시지를 던져줍니다. 금식기도란 밥을 먹지 않고 기도한다는 것입니다. 자녀들이 밥을 안 먹고 떼를 써도 부모의 마음이 흔들리는데, 하나님이 금식하며 기도하는 자녀의 기도에 어떻게 귀를 기울이지 않으시겠습니까. 그런데 이사야 선지자는 하나님이 기뻐하시는 금식이란 그저 밥을 먹지 않고 기도하는 것이 아니라 힘들고 어려운 사람을 사랑하는 것이라고 했습니다.

> 내가 기뻐하는 금식은 흉악의 결박을 풀어주며 멍에의 줄을 끌러주며 압제당하는 자를 자유하게 하며 모든 멍에를 꺾는 것이 아니겠느냐 또 주린 자에게 네 양식을 나누어주며 유리하는 빈민을 집에 들이며 헐벗은 자를 보면 입히며 또 네 골육을 피하여 스스로 숨지 아니하는 것이 아니겠느냐 사 58:6,7

하나님께서는 결박당한 자, 묶인 자, 유리 방황하는 자, 헐벗은 자들을 풀어주고 자유케 해주고 품어주고 입혀주는 것이 하나님이 기뻐하시는 금식이 된다고 말씀하십니다. 다시 말해서 하나님께서 이런 사람들에게 금식기도에 응답하시는 것처럼 응답해주신다는 것입니다. 그러니 금식을 잘 이해하고 해야 합니다.

어느 목사님이 금식을 하던 중에 어린 아들을 큰 소리로 꾸짖었는데, 그 모습을 본 목사님의 아버지 되시는 장로님이 아들인 목사에게 "그럴 거면 금식하지 마세요. 그런 금식은 없습니다"라고 책망하셔서 크게 회개했다는 고백을 들었습니다. 우리는 금식도 종교적으로 율법생활처럼 할 수 있습니다. 금식이 마치 공로처럼 여겨져서 금식을 며칠 하면 하나님께서 큰 역사를 이루어주시는 것처럼 생각할 수 있습니다.

그러니까 우리가 진짜 금식이 뭔지, 하나님이 정말 원하시는 금식이 무엇인지 알아야 합니다. 그것은 내 자아, 내 이기심, 내 욕심이 꺾이는 것입니다. 밥을 안 먹는 이유는 내 혈기와 정욕과 욕심과 이기심이 꺾인다는 뜻이지, 단순히 밥을 안 먹었다는 것을 자랑하기 위해서가 아닙니다.

그리하면 네 빛이 새벽같이 비칠 것이며 네 치유가 급속할 것이며 네 공의가 네 앞에 행하고 여호와의 영광이 네 뒤에 호위하리니 네가 부를 때에는 나 여호와가 응답하겠고 네가 부르짖을 때에는 내가 여기 있다 하리라 만일 네가 너희 중에서 멍에와 손가락질과 허망한 말을 제하여버리고 주린 자에게 네 심정이 동하며 괴로워하는 자의 심정을 만족하게 하면 네 빛이 흑암 중에서 떠올라 네 어둠이 낮과 같이 될 것이며 여호와가 너를 항상 인도하여 메마른 곳에서도 네 영혼을 만족하게 하며 네 뼈를 견고하게 하리니 너는 물 댄 동산 같겠고 물이 끊어지지 아니하는 샘 같을 것이라 사 58:8-11

이 말씀에서 하나님은 한번에 읽기에도 숨이 찰 정도로 엄청난 약속을 해주셨습니다. 또한 그 내용이 우리가 얼마나 사모하는 응답인지 모릅니다. 그런데 우리가 어떻게 기도하면 이렇게 응답하신다고 하십니까? 우리가 흉악히 결박당한 사람을 풀어주며, 멍에의 줄을 끌러주며, 압제당하는 자를 자유하게 하며, 모든 멍에를 꺾어버리고, 주린 자에게 양식을 나누어주며, 유리하는 빈민을 집에 들이며, 헐벗은 자를 입히며, 어려운 친지를 외면하지 않으면 그렇게 하신다는 것입니다. 이것이 하나님께서 우리에게 주신 강력한 메시지입니다.

저는 이 말씀을 묵상하면서 주님이 제 마음에 천둥소리처럼 말씀하시는 것을 느꼈습니다.

"사랑으로 기도하라!"

하나님의 마음은 우리가 기도를 한 시간 했는지 안 했는지에 있는 것이 아니라 사랑으로 기도하는 데 있습니다. 우리의 한 시간 기도에 능력이 부어지고, 삶에 변화가 일어나려면 반드시 사랑으로 기도해야 합니다. 이처럼 사랑하는 것이 진정한 금식기도요, 하나님이 기뻐하시는 금식입니다. 사랑 안에서 하는 기도가 가장 강력한 기도입니다.

거절당해도 계속 기도할 수 있는 이유

아이들을 데리고 백화점이나 마트에 가면 아이들이 부모에게 자꾸 뭘 사달라고 조릅니다. 그럴 때 보통 어떻게 합니까? 사달라는 대로 다 사줄 수는 없으니 원하는 걸 사주지 않고 때로는 야단을 치기도 합니다. 그런데도 사달라고 끝까지 조르다가 결국 매를 맞는 아이도 있습니다. 아무리 졸라도 부모가 안 들어주면 아이들은 잔뜩 골이 나서 화를 내기도 하고 울기도 합니다. 그런데 쇼핑을 마치고 마트를 나오면 또 언제 그랬냐는 듯이 아빠엄마 옆에 딱 달라붙어서 손을 잡습니다. 집으로 돌아오는 차 안에서는 부모님 품에 안겨 잠이 듭니다.

아이들이 왜 그렇게 합니까? 아이들이 조르는 것은 부모의 사랑을 믿고 있다는 증거입니다. 아버지라고 믿으니까 마음껏 구하는 것입니다. 설령 부모님이 자기가 원하는 것을 들어주지 않아도 자기를 사랑한다고 믿으니까 계속 조르는 것입니다. 결국 자기가 원하는 것을 사주지 않으면 불평하기는 해도 상처받지 않습니다. 그리고 금세 또 다른 것을 구합니다. 이것이 진정한 기도의 삶입니다. 사랑 안에서 기도가 이루어지는 것입니다.

부모가 나를 사랑하지 않는다고 생각하면 더 이상 조르지 않습니다. 아이들이 부모를 조르는 것은 아이가 여전히 부모인 나를 믿고, 내 사랑을 믿고, 내 사랑 안에 있다는 뜻입니다. 남의 아이를 데리고 마트에 가보십시오. 뭐 사달라고 안 합니다. 모르는 아줌마 아저씨한테 뭘 사달라고 하겠습니까. 사줄 것 같지도 않습니다. 그래도 꼭 사고 싶은 게 있어서 "이것 좀 사줄 수 있어요?"라고 했다가 거절이라도 당하면 그다음부터는 아예 구하지 않습니다. 사랑 안에서 기도하지 못하기 때문입니다.

내가 주님의 사랑 안에 있으면 수없이 거절을 당해도 계속 기도하게 됩니다. 아이가 부모에게 조르는 것과 똑같습니다. 제가 어느 교회 부목사로 있을 때, 한번은 군목으로 함께 지낸 친구가 교회에 도움을 청하러 왔습니다. 그런데 교회 입장에서도 도움을 요청하는 모든 분들을 도울 수 있는 형편이 아니기 때문에, 담임목사님을 만나러 가는 친구에게 제가 이런 조언을 해주었습니다.

"틀림없이 처음 만났을 때 목사님이 냉정하게 거절하실 거야. 그때 낙심하지 말고 다시 찾아오고 또 찾아와. 거절하셔도 다시 찾아와. 도와달라는 곳이 많아서 처음에는 거절하시는 거야. 하지만 정말 진심이 통하고 진실함이 느껴지면 도와주실 거야."

그런데 담임목사님을 만나고 온 친구가 얼굴이 새빨개져서 다시는 오지 않겠다고 하고 갔습니다. 그것으로 끝이었습니다. 그 목사님이 왜 더는 찾아오지 않았을까요? 거절당하면서 계속 구하기가 쉽지 않기 때문입니다. 그래서 사랑이 전제되지 않은 기도는 오래 하지 못합니다.

많은 성도들이 기도할 힘을 잃어버리는 이유도 사랑 안에서 기도하지 못해서입니다. 주님의 사랑을 머리로는 다 압니다. 그러나 실제로 하나님을 "좋으신 내 아버지"라고 믿고, 그 사랑 안에 거하는 믿음이 너무 부족합니다. 하나님 아버지가 나를 정말 사랑하는 것을 믿으면 기도는 자연스럽게 나옵니다. 우리의 기도는 하나님을 아버지라고 아는 것과 실제 아버지라고 믿는 것에 따라 달라집니다.

사랑을 따라 구하라

기도하는 사람은 하나님이 나를 사랑하심을 믿는 가운데 기도해야 합니다. 나 역시 하나님의 그 사랑으로 사랑하면서 기도해야 합니다.

> 사랑을 따라 구하라 고전 14:1 개역한글

> 사랑하는 자들아 만일 우리 마음이 우리를 책망할 것이 없으면 하나님 앞에서 담대함을 얻고 무엇이든지 구하는 바를 그에게서 받나니 이는 우리가 그의 계명을 지키고 그 앞에서 기뻐하시는 것을 행함이라 그의 계명은 이것이니 곧 그 아들 예수 그리스도의 이름을 믿고 그가 우리에게 주신 계명대로 서로 사랑할 것이니라 요일 3:21-23

하나님의 계명을 온전히 지키는 사람은 기도에 확신이 생깁니다. 하나님의 계명을 온전히 지키는 것이 얼마나 어렵습니까. 그런데 성경은 서로 사랑하라는 계명 하나만 온전히 지키면 된다고 말씀합니다.

> 피차 사랑의 빚 외에는 아무에게든지 아무 빚도 지지 말라 남을 사랑하는 자는 율법을 다 이루었느니라 롬 13:8

“어떻게 하면 하나님의 뜻대로 살까?”, “어떻게 하면 하나님의 말씀대로 살까?” 고민되는 분들이 있습니까? 그러면 하나만 생각하시기 바랍니다.

‘이게 사랑인가?’

부부나 부모, 자녀 간에, 가정과 직장과 교회에서 무슨 일을 하든지 사랑이라고 생각되는 쪽으로 결정하는 것입니다. 우리가 사랑하며 살고 있다면 모든 계명을 다 지키고 있는 것이라는 말입니다.

> 온 율법은 네 이웃 사랑하기를 네 자신같이 하라 하신 한 말씀에서 이루어졌나니 갈 5:14

이것은 엄청난 말씀입니다. 모든 율법이 네 이웃을 네 자신과 같이 사랑하라는 말씀 속에서 다 이루어졌다는 것입니다. 그러니 하나님의 말씀대로 사는 것이 얼마나 간단합니까. 하나님의 뜻대로 산다는 것은 그냥 사랑만 하며 살면 되는 것입니다. 우리의 기도에 사랑이 얼마나 중요한 역할을 하는지 마음 깊이 새겨야 합니다. 내 기도가 그동안 힘이 없고 방황했던 이유는 사랑의 기도가 아니었기 때문입니다. 하나님 앞에 달라고만 하고, 사랑으로 기도하지 못했기 때문입니다.

대접하며 기도하라

예수님은 우리가 기도하면 반드시 주겠다고 약속하셨습니다.

> 구하라 그리하면 너희에게 주실 것이요 찾으라 그리하면 찾아낼 것이요 문을 두드리라 그리하면 너희에게 열릴 것이니 마 7:7

그러므로 우리도 다른 사람의 요구를 들어주어야 한다고 말씀하셨습니다.

> 그러므로 무엇이든지 남에게 대접을 받고자 하는 대로 너희도 남을 대접하라 이것이 율법이요 선지자니라 마 7:12

우리는 하나님께서 내 기도를 기쁘게 받으시고 귀 기울여 들으시고 즉각 응답해주시기를 원합니다. 그런데 그렇다면 나도 다른 사람들에게 그렇게 해야 합니다. 다른 사람들이 내게 달라거나 요청하는 것을 들어주는 데 인색하고, 그것이 힘들고 부담스럽다면, 여러분의 기도가 다 허사라는 것입니다. 우리가 하나님께도, 사람에게도 그렇게 해야 한다는 것입니다.

이제부터 가족들이 내게 원하는 것을 들어주며 기도해야 합니다. 부모라면 자녀들이 원하는 것이 무엇인지 들어주면서 하나님 앞에 기도하라는 것입니다. 부부 사이에서도 마찬가지입니다. 직장에서 상사에게 혹은 아랫사람에게 무엇을 요구하지 말고 그들이 원하는 것이 무엇인지 거기에 맞춰주면서 기도하라는 것입니다. 장사를 한다면 고객들을 행복하게 해주려고 노력하며 기도해야 합니다. 이것이 다 우리가 하나님께 원하는 것이 아닙니까?

하나님 앞에 기도할 때 이것을 꼭 명심해야 합니다. 나만 하나님께 구할 것이 있는 게 아닙니다. 내 주변에 있는 다른 사람들도 내게 요구하는 것이 많습니다. 우리가 진짜 하나님을 믿고, 모든 역사는 하나님께서 이루시고, 하나님께서 길을 여시고, 하나님께서 하시면 사람이 노력해서 하는 것과 비교할 수 없는 역사를 이루신다고 믿으면, 내가 다른 사람에게 해주는 것은 아무것도 아닙니다.

긍휼히 여기며 기도하라

신명기 24장에는 이웃에게 무엇을 꾸어줄 때 그의 집에 전당물을 받으러 가서 어떻게 해야 하는지가 나옵니다. 그럴 때도 전당물을 잡기 위해 그의 집에 들어가서는 안 되며, 밖에 서 있다가 꾸는 자가 가지고 나오는 전당물을 받으라고 합니다.

> 네 이웃에게 무엇을 꾸어줄 때에 너는 그의 집에 들어가서 전당물을 취하지 말고 너는 밖에 서 있고 네게 꾸는 자가 전당물을 밖으로 가지고 나와서 네게 줄 것이며 신 24:10,11

그런데 이때 빚진 사람이 주더라도 받아서는 안 되는 물건이 있습니다. 가난한 사람의 옷은 받아서는 안 됩니다. 만일 가난한 사람의 옷을 전당물로 받았더라도 해질 때에 반드시 돌려주어야 합니다. 그 당시에는 거의 옷 한 벌로 살았는데 그 옷마저 전당 잡으면 그 사람이 어떻게 살겠습니까. 맷돌이나 맷돌의 위짝도 절대 받아서는 안 됩니다. 맷돌은 곡식을 빻아 음식을 해먹는 필수품이기 때문입니다.

이것은 돈을 빌려주고 전당물을 잡더라도 항상 빚진 사람의 심정을 헤아리라는 것입니다. 왜 그렇게 해야 합니까? 우리도 하나님께서 우리에게 그렇게 해주시기를 바라기 때문입니다. 하나님께서 나를 긍휼히 여겨주시기를 바라는 마음으로 우리도 항상 그렇게 마음을 써야 하는 것입니다.

그러다가 굶어 죽기 십상이라고 할 분도 있을 것입니다. 그런데 그러니까 우리가 하나님을 믿는 것입니다. 하나님을 진짜 믿으면 사람에게 손해 보는 것은 하나님께서 갚아주신다는 것을 믿어야 합니다. 이 믿음이 없으면 하지 못합니다.

그런데 이것은 정말 수지맞는 일입니다. 나의 권리를 주장하는 것보다 먼저 사랑이 있으면 하나님께서 갚아주십니다. 내가 다른 사람에게 조금 더 희생했을 뿐인데, 하나님께서는 정말 엄청난 것으로 갚아주시기 때문입니다. 어느 정도로 갚아주시는지 이사야서 58장 8-11절의 약속의 말씀을 다시 한번 꼭 붙잡으시기 바랍니다. 이 말씀은 정말 황홀할 정도의 놀라운 축복입니다.

우리는 이미 서로 사랑할 수 있다!

하나님은 우리에게 할 수 없는 것을 하라고 하지 않으십니다. 하나님이 우리에게 서로 사랑하라고 하셨다면 우리는 서로 사랑할 수 있습니다. 왜냐하면 우리가 거듭났을 때 하나님의 사랑이 우리의 심령에 부어졌기 때문입니다. 정말 사랑이 없다면, 그것이 확실하다면 그는 구원받지 못한 사람일 것입니다.

> … 우리에게 주신 성령으로 말미암아 하나님의 사랑이 우리 마음에 부은 바 됨이니 롬 5:5

> 우리는 형제를 사랑함으로 사망에서 옮겨 생명으로 들어간 줄을 알거니와… 요일 3:14

자신에게 사랑이 없다고 말한다면 그것은 "나는 주님 안에 거하고 있지 않습니다"라고 말하는 것이나 다름이 없습니다. 성령을 받았다면 우리 마음에 하나님의 사랑이 부어졌습니다. 우리가 이 사실을 외면해서는 안 됩니다. 건성으로 알아도 안 됩니다.

우리에게 사랑이 없는 것이 아닙니다. 우리에게는 어떤 사람도 용서하고 품을 수 있는 사랑이 있습니다. 우리가 주님을 따라 행하지 않는 것이지 사랑이 없는 것은 아닙니다. 그러니까 사랑할 수 있는 힘을 달라고 기도하는 것은 정확한 기도가 아닙니다. 사랑할 수 있는 힘은 하나님께서 우리에게 특별히 더 부어주셔야 할 능력이 아닙니다. 내 안에 오신 주께 순종하기 시작하면 자연스레 맺어지는 열매입니다.

혹시 하나님처럼 사랑할 자신이 없어서 걱정인 분이 계십니까? 아닙니다. 오히려 이기적인 여러분을 하나님처럼 사랑할 수 있게 하실 주 예수님에게 기대를 가져야 합니다. 이미 내 안에 오신 주님께 내가 한 걸음씩 순종하면 우리는 어느덧 사랑하게 됩니다. 그렇기 때문에 사랑을 성령의 열매라고 하는 것입니다.

예수님께서 이렇게 말씀하셨습니다.

> … 그가 내 안에, 내가 그 안에 거하면 사람이 열매를 많이 맺나니…
>
> 요 15:5

성령의 열매 중에 첫 번째가 사랑입니다. 우리 안에 주님이 임하신 첫 열매입니다.

> 오직 성령의 열매는 사랑과 희락과 화평과 오래 참음과 자비와 양선과 충성과 온유와 절제니 이같은 것을 금지할 법이 없느니라 갈 5:22,23

여러분 안에 계신 주님을 바라보십시오. 주님이 하라는 대로 조금씩 순종하기 시작하면 이미 여러분 안에 사랑이 있음을 알게 됩니다. 그리고 그것이 열매를 맺게 됩니다.

육신의 마음 vs 주님의 마음

가족이나 친척이나 직장 동료나 교회 안에 미워하는 사람이 있을 때 자신의 심령을 잘 살펴보아야 합니다. 그 사람을 미워하니까 마음이 어떻습니까? 괴롭습니다. 싫은데 자꾸 마음에 걸립니다. 하나님이 기뻐하지 않으신다는 생각이 들고, 그러면 안 된다는 무거운 마음도 있습니다. 그것이 성령의 근심입니다. 구원받은 성도는 반드시 마음이 불편합니다.

마음에 미움만 있는 것이 아닙니다. 사랑도 있습니다. 미워하는 그 사람을 사랑하는 마음도 있습니다. 우리 안에 틀림없이 주님의 마음이 있습니다. 누구를 미워하고 용서하지 못하면 근심하게 되고, 누구를 품지 못하면 회개케 하시는 주님이 우리 안에 계십니다.

우리 속에 두 마음이 있습니다. 하나는 상대가 하는 대로 육신을 따라 미워하는 육신의 마음입니다. 그 사람이 내게 잘못했으니까 나도 똑같이 그 사람을 미워하는 것입니다. 그런데 내 속에 또 다른 마음도 있습니다. 그 사람이 나를 원수처럼 대해도 그 사람을 용서하고, 그를 위해 기도하고, 더 사랑하는 주님이 내 안에 계십니다.

그중에서 우리가 무엇을 택할까요? 육신을 택합니까? 주님을 택합니까? 미움을 택할까요? 사랑을 택할까요? 우리에게 주어진 일은 그것을 선택하는 것이지 우리에게 사랑의 능력이 더 필요한 것은 아닙니다. 그 순간에 “나는 주님을 붙잡습니다. 용서하라는 주님을 붙잡습니다. 사랑하라는 주님을 따라 사랑하겠습니다”라고 결정하는 것입니다. 육신을 따르지 않고 성령을 따르는 일이 간단한 일은 아니지만, 그래도 그 순간에 "나는 주님을 따라갑니다"라고 고백할 때 사랑의 열매가 맺어집니다. 주님의 역사입니다.

처음에는 그저 작은 열매일 뿐입니다. 그런데 여러분이 계속 주님을 따라가다보면 주님이 여러분을 통해서 온전히 드러나십니다. 사랑의 열매가 풍성하게 나타나는 것입니다. 우리가 할 일은 항상 예수님 안에 거하고, 주님을 계속 바라보고, 주님께 순종하는 것입니다. 그러면 반드시 꽃이 피고 열매를 맺습니다. 우리 안에 이미 사랑의 주님이 와 계십니다. 그러는 가운데 기도하라는 것입니다.

사랑, 싹이 나서 꽃이 피고 열매가 맺어지고 있다!

저는 저희 교회가 하나님나라와 민족과 한국 교회를 위해 기도하는 일이 자연스러워진 것이 감사합니다. 저희 교회는 새벽기도나 집회 때마다 하나님나라를 위해, 우리 민족을 위해, 한국 교회를 위해서 기도합니다. 참 많이 자연스러워졌습니다. 그런데 이 기도가 어느 교회나 자연스러운 것은 아닙니다. 하나님나라를 위해서, 우리 민족과 한국 교회를 위해서 기도해본 적이 없는 교회도 있습니다. 그런데 하다보면 어느 순간에 아주 자연스럽게 기도가 됩니다.

주께 순종하며 '누구든지 사랑해야지!', '누구든지 용서해야지!', '누구든지 도와줘야지!', '누구든지 섬겨야지!' 이렇게 살기 시작하면 여러분 안에 사랑이 자연스러워지는 역사 또한 금세 일어납니다. 여러분의 기도가 엄청난 기도가 되기 시작합니다. 먹고 사는 정도가 아니라 여러분의 기도를 통해 나라가 움직이고 열방이 움직이는 역사를 이루는 사람들이 됩니다. 그 힘의 비밀이 사랑입니다.

> 너희는 더욱 큰 은사를 사모하라 내가 또한 가장 좋은 길을 너희에게 보이리라 고전 12:31

사도 바울의 이 말씀 후에 고린도전서 13장 사랑장이 이어집니다. 우리가 할 일은 계속 예수님 안에 거하는 것입니다. 그리고 예수님과 친밀히 동행하며 온전히 순종할 때 우리 속에 사랑이 꽃을 피우고 열매가 무르익게 될 것입니다.

여러분에게 지금 열매가 없더라도 너무 낙심하지 않기를 바랍니다. 다 열매 맺는 과정이 있습니다. 먼저 싹이 나야 합니다. 열매는 없지만 싹은 난 사람이 있습니다. 가족들에게 "내가 사랑이 많냐?"고 물으면 가족들이 다 비웃을 것 같습니까? 그렇다면 그것은 아직 열매가 없는 것입니다. 직장 동료에게 물어도 다 "없다"고 이야기합니까? 그럴 수 있습니다. 그런데 아직 열매가 없다고 낙심하지 마십시오. 왜 그렇습니까? 싹이 있으면 곧 자라서 꽃이 피고 열매 맺을 때가 오기 때문입니다.

싹이 있는지 확인해보십시오. 사랑해야겠다는 생각이 있습니까? '지금 사랑하지 못해도 사랑은 해야지', 그럼 싹이 보이는 것입니다. '사랑해야 하는데, 나는 너무 사랑이 없는 것 같아', 그러면 싹이 있는 것입니다. 사랑이 없는 것 때문에 괴롭고 그것이 부끄럽고 죄송하다면 여러분 안에 사랑의 열매를 맺을 싹이 난 것입니다. 그것을 잘 키우면 되는 것입니다.

우리의 기도를 가로막는 것들

주님께 계속 순종하고, 주님이 마음을 주시면 섬기고 도와주고 용서하고 더 사랑해보십시오. 그러면 깜짝 놀랄 일이 생깁니다. '내가 어떻게 이렇게 바뀌었지?' 하고 놀라게 됩니다. 그리고 엄청난 능력의 기도를 할 수 있게 됩니다. 사랑이 절절 끓는 사람의 기도, 그것이 하나님이 기뻐하시는 금식입니다. 사랑하지 않으면 정말 큰일입니다. 사탄에게 틈을 내주게 됩니다. 마음속에 미움과 원망과 상처가 있으면 하나님께서 우리의 기도에 역사하시지 않습니다.

무디(D. L. Moody) 목사님이 영국에서 집회할 때 한 여 성도가 목사님을 찾아왔습니다. 그 성도는 집회를 앞두고 아들의 구원을 위해 온 마음을 다해 기도했다고 합니다. 그러나 아들은 부모의 권면을 뿌리쳤습니다. 집회가 다 끝나가는데도 아들에게 예수 믿을 조짐이 보이지 않았습니다. 하나님 앞에 금식하며 작정하고 기도했는데 왜 응답해주시지 않는지 묻는 성도의 기도 요청을 듣고 무디 목사님이 이렇게 물었다고 합니다.

"성도님, 혹시 잘못된 관계를 맺은 일이 없습니까? 만일 누군가와 불화한 일이 있는데 그 문제를 풀지 않고 하나님 앞에 기도한다면 그것은 아무 의미가 없습니다."

그러자 갑자기 교회 안에서 불편한 관계에 있는 사람이 생각났습니다. 그래서 목사님의 권면대로 그를 찾아가 미워했던 것을 용서해 달라고 구하고 서로 화해했습니다. 그 후 기도가 얼마나 뜨거워졌는지 모릅니다. 그러자 마음속에 하나님이 응답하신다는 담대한 확신이 생기고 찬양이 일어났습니다. 집회 마지막 날 놀랍게도 그의 아들이 성령의 강권하심을 받아 스스로 교회에 나와 주님께 자신을 드리는 구원의 역사가 일어났습니다.

여러분 속에 스스로 기도를 가로막는 것이 있으면 안 됩니다. 하나님이 여러분의 기도를 안 들어주시는 것이 아닙니다. 사랑으로 드리는 기도가 아니기 때문에 하나님께서 역사하지 못하시는 것입니다. 지금 사랑 가운데 행하지 않고 있다면 빨리 돌이켜야 합니다. 사랑으로 행하지 않는 말이나 행동은 다 죄입니다. 잘못된 길로 가는 것입니다. 사랑 가운데 행하지 못하면 하나님의 계획을 따라 살지 못합니다.

기도의 자리를 지키는 사람들에게 주는 권면

저는 요즘 어떤 관계도 깨어지지 않기를 간절히 바라면서 기도합니다. 어떤 사람에게도 적대감이나 악의를 가지고 대하지 않으려고 애를 씁니다. 매일 일기를 쓰면서 나를 돌아봅니다. 그저 한 시간을 기도하는 게 중요한 것이 아니라는 것을 알았습니다. 그것은 기도를 꾸준히 해야 한다는 가르침입니다. 진짜 중요한 교훈은 어떤 마음으로 기도하느냐 하는 것입니다.

목회를 하면서 많은 사람과 사역하다보니 저도 마음이 어려워지는 일이 한둘이 아닙니다. 짜증나는 일, 속상한 일, 참기 힘든 사람, 화가 나는 일도 있습니다. 그럴 때마다 '주님이 나를 얼마나 오래 참아주시나' 하는 생각을 합니다. 도무지 못 참겠다가도 그 생각을 하면 금세 아무것도 아닌 게 됩니다. 그 사람이 내게 잘못한 것은 내가 하나님 앞에 잘못하고 산 것에 비하면 아무것도 아니기 때문입니다.

어떨 때는 다 그만두고 싶기도 합니다. '하나님, 저 다 그만하고 싶어요. 더 이상 못하겠어요.' 이런 생각이 불쑥불쑥 올라올 때 내 안에 있는 하나님의 사랑이 저를 포기하도록 내버려두지 않으십니다. 제 속에서 역사하시는 주님이 제가 어리석은 판단을 하지 않도록 막으십니다. 그러면 결국 "주님, 알겠습니다" 하고 제 고집과 뜻을 꺾고 또다시 주님의 마음으로 돌아옵니다. 하나님께서 계속 그렇게 하고 계십니다. 기도의 자리를 지킬 사람에게 반드시 그것이 필요하기 때문입니다.

마귀는 끊임없이 우리 속에 상처를 입히고, 미움을 심어주고, 갈등을 조장하고, 이기적으로 생각하게 하고, 인색하게 하고, 내 권리만 주장하게 하고, 내가 받은 손해만 생각나게 만듭니다. 그래서 기도의 문을 막아버립니다.

여러분, 항상 기뻐하고, 쉬지 않고 기도하고, 범사에 감사하면서 사랑만 하며 살고 싶습니까? 정말 그렇게 살고 싶으십니까? 그렇다면 주님의 말씀대로 살되 무엇보다 사랑하며 사십시오. 모든 것을 사랑으로 하십시오. 이처럼 사랑으로 살면 기도가 강력해집니다.

자신이 하나님께 대접받고 응답받고 싶은 그대로, 내 마음에 안 드는 사람, 내게 손해 끼친 사람, 악하게 대하는 사람, 늘 부담만 주는 사람에게 그렇게 하기를 바랍니다.

"하나님, 제가 손해를 봅니다. 바보 소리를 듣습니다. 정말 속도 없는 것 같다고 합니다. 하나님, 저는 제가 이렇게 한 것처럼 하나님이 제게 그렇게 해주시기를 원합니다."

한 시간 기도운동 시리즈 설교 중에 '정말 용서하고 사랑만 하며 살았더니 하나님께서 내 기도에 이런 역사를 이루셨다'는 사례를 보내달라고 공개적인 요청을 하였습니다. 교인들이 설교만 듣고 끝내는 것이 아니라 사랑으로 기도하는 삶을 지속적으로 살아가기를 바랐기 때문입니다. 그때 참으로 감동적인 간증을 많이 듣게 되었고, 더 큰 사랑의 역사, 기도의 역사가 이루어지는 것을 알게 되었습니다.

prayer points

1. 하나님 아버지, 저를 주님의 품에 안아주소서. 하나님의 완전한 사랑 안에 거하게 하소서. 그 사랑 때문에 끝까지 기도하기 원합니다. 우리 속에 모든 의심이 사라지고 마음 깊이 하나님의 사랑을 누리게 하소서. 그 안에서 평강과 쉼을 누리게 하소서. 기도의 문이 활짝 열리게 하소서.

2. 우리 속에 있는 깊은 상처가 치유되게 하소서. 미움과 원망이 떠나가게 하소서. 우리 속에 묶인 모든 응어리가 다 풀어지기 원합니다. 모든 상처가 보혈로 씻음 받고 십자가에 못 박히게 하소서. 마음의 상처 때문에 더 이상 기도가 막히지 않게 해주소서.

3. 하나님, 사랑이신 주님의 역사하심을 경험하기 원합니다. 사랑이 이미 우리 안에 임하였음을 믿고 주님만 따라 순종하게 하소서. 모든 기도의 제목이 사랑이 되게 하소서.

O N E   H O U R   P R A Y E R

한 시간 기도로 살자

PART 3

CHAPTER **9**

영적 침체에서 속히 벗어나라

1 하나님이여 사슴이 시냇물을 찾기에 갈급함같이 내 영혼이 주를
찾기에 갈급하니이다 2 내 영혼이 하나님 곧 살아 계시는 하나님을
갈망하나니 내가 어느 때에 나아가서 하나님의 얼굴을 뵈올까 3 사
람들이 종일 내게 하는 말이 네 하나님이 어디 있느뇨 하오니 내 눈
물이 주야로 내 음식이 되었도다 4 내가 전에 성일을 지키는 무리와
동행하여 기쁨과 감사의 소리를 내며 그들을 하나님의 집으로 인도
하였더니 이제 이 일을 기억하고 내 마음이 상하는도다 5 내 영혼아
네가 어찌하여 낙심하며 어찌하여 내 속에서 불안해하는가 너는 하
나님께 소망을 두라 그가 나타나 도우심으로 말미암아 내가 여전히
찬송하리로다 6 내 하나님이여 내 영혼이 내 속에서 낙심이 되므로
내가 요단 땅과 헤르몬과 미살 산에서 주를 기억하나이다 7 주의 폭
포 소리에 깊은 바다가 서로 부르며 주의 모든 파도와 물결이 나를
휩쓸었나이다 8 낮에는 여호와께서 그의 인자하심을 베푸시고 밤에
는 그의 찬송이 내게 있어 생명의 하나님께 기도하리로다

시편 42:1–8

한 시간 기도를 실천하면 기도의 힘을 얻게 됩니다. 우리가 기도할 때 조심해야 할 것이 영적 침체에 빠지는 일입니다. 그런데 영적 침체는 육신의 질병과는 달라서 자각하기가 어렵습니다. 육신의 질병 중에서도 자각 증상 없이 깊어지는 병이 무서운 질병입니다. 이상을 느끼고 병원에 갔을 때는 이미 손을 쓸 수 없기 때문입니다. 그래서 수시로 건강검진을 하는 것입니다.

우리가 정말 조심해야 할 것은 마음이 영적 침체에 빠지도록 내버려두는 것입니다. 몸에 작은 암세포만 생겨도 세상이 끝난 것처럼 가슴이 철렁 내려앉습니다. 혈압이나 당뇨 수치가 높다는 결과만 나와도 식생활을 바꿉니다. 그런데 영적 침체의 조짐에 대해서는 우리가 너무 무관심합니다. 많은 사람이 마음이 중요하다는 사실을 좀처럼 깨닫지 못합니다. 기도가 안 되고 마음이 가라앉고 우울하다면 계절을 타서 그런 것이 아닙니다.

영적 침체의 증상

영적인 침체에 빠지는 것은 정말 무서운 일입니다. 겉으로는 행복한 사람처럼 편안하고 좋아 보여도 영적으로 메마른 사람들이 있습니다. 죽고 싶다는 생각을 하는 사람도 많습니다. 반면에 겉보기에 고생스러운 것 같고 좋을 게 하나도 없는 것 같은데 영적으로 충만한 사람이 있습니다. 주변 사람들이 깜짝 놀랄 정도입니다. 영적으로 충만하면 어떤 형편에서든지 능히 이겨 나가지만, 영적 침체에 빠지면 아무리 좋은 환경에서도 고꾸라지고 맙니다.

따라서 우리가 기도만 열심히 하려고 애쓸 것이 아니라 자신의 영적 상태를 잘 점검해야 합니다. 이를테면 기도하다가 '아니 언제까지 기도해야 되는 거야? 계속 한 시간 기도해야 돼?', '이렇게 기도한다고 무슨 소용이 있나?' 이런 생각이 든다면 벌써 조짐이 심상치 않은 것입니다. 이미 영적 침체가 온 것입니다. 기도가 힘든 것이 아니라 힘들다고 생각하는 것입니다. 주님과의 교제 없이 기도를 어떤 행위로만 생각하니까 영적으로 메마른 상태가 되는 것입니다. 그럴 때는 자신의 상태를 분별해서 영적인 회복부터 해야지, 억지로 기도를 유지하려고만 하면 결국 기도할 생각조차 사라지게 됩니다.

염려와 근심, 의심은 아주 작아 보여도 그대로 내버려두면 기도의 힘을 급격히 빼앗습니다. 왜냐하면 어느 순간 내 속에서 감당할 수 없을 정도로 커져버리기 때문입니다. 그러다가 한순간에 왜 저런 말을 하는지, 왜 저런 결정을 내렸는지 모를 정상적이지 않은 판단을 하기에 이릅니다. 영적 침체에 빠져서 평생 후회할 결정과 행동과 말을 하게 되는 교인들을 보면 목회자로서 정말 안타깝습니다.

우울증으로 고생하는 어머니를 돌보던 자매가 있었습니다. 그런데 나중에 그 자매도 똑같이 우울증에 걸렸습니다. 우울증에 빠진 어머니를 간병하다가 그대로 영향을 받은 것입니다. 영적 침체가 무서운 것은 자기만 고통당하는 것이 아니라 주변 사람에게 너무 쉽게 영향을 끼친다는 점입니다. 여러분이 사명감을 가지고 주위 사람들의 영적 상태를 잘 지켜야 합니다. 남편과 아내로서, 부모, 자녀, 형제로서, 교우들과의 관계에서 여러분 자신이 영적으로 충만하면 침체된 이들이 살아날 것입니다. 반면에 여러분이 영적 침체에 빠지면 다른 사람들까지 같이 어려움을 겪습니다.

영적 침체의 증상은 어느 날 갑자기 확 나타나는 것이 아닙니다. 서서히 영적 침체 상태에 빠져든다는 것을 알아야 합니다.

영적 침체를 주는 생각

시편 42편은 영적 침체에 빠진 시편 기자의 고백입니다.

> 하나님이여 사슴이 시냇물을 찾기에 갈급함같이 내 영혼이 주를 찾기에 갈급하니이다 내 영혼이 하나님 곧 살아 계시는 하나님을 갈망하나니 내가 어느 때에 나아가서 하나님의 얼굴을 뵈올까 시 42:1,2

시편 기자는 하나님과의 관계가 끊어졌다는 느낌을 받습니다. '내가 언제 하나님을 만날 수 있을까?', '하나님이 안 계신 것 같고, 내게 아무 말씀도 안 하시는 것 같아', '내 기도에 전혀 응답하지 않으셔.'

이런 생각이 바로 자신의 영적 침체를 나타냅니다.

하나님께서 시편 기자에게 실제로 그러신 것이 아닙니다. 시편 기자가 정말 하나님을 만나지 못하고 있기 때문에 그런 것도 아닙니다. 시편 42편을 읽어 내려가다보면 시편 기자는 하나님을 만났고 하나님의 음성을 듣고 있습니다.

그런데도 그는 이렇게 말합니다.

"내가 언제 하나님께로 나아가 하나님을 만날 수 있을까?"

자신이 영적 침체에 빠지면 하나님이 함께 계시고 역사하시고 말씀하셔도 전혀 들리지 않고, 깨닫지도 못하는 것입니다.

그때 하나님의 책망의 소리가 들립니다.

> 내 영혼아 네가 어찌하여 낙심하며 어찌하여 내 속에서 불안해하는가
>
> 시 42:5

시편 기자는 누군가가 자신에게 말하는 것을 성령으로 깨달았습니다. 영적 침체에 빠져 있는 내 영혼을 향해 '네가 어째서 낙심하고 어째서 불안해하느냐?'라고 나무라는 하나님의 말씀을 들은 것입니다. 비록 자기 자신에게 말하는 것처럼 표현되었지만, 하나님께서 시편 기자가 영적 침체에 빠진 것 자체를 책망하신 것입니다. 우리가 다 이렇게 주님의 음성을 마음속에서 듣습니다.

아무 말이나 품어서는 안 된다

우리 속에서 두 말씀이 들린다는 것을 알아야 합니다. 하나는 하나님의 음성이고, 다른 하나는 마귀의 소리입니다. 어느 소리에 귀를 기울이느냐에 따라서 우리의 영적 상태가 엄청나게 달라집니다. 우리는 아무 말이나 마음에 품어서는 안 됩니다. 그러면 쉽게 영적 침체에 빠집니다. 시편 기자가 영적으로 낙심한 이유는 사람들의 말 때문이었습니다.

> 사람들은 날이면 날마다 나를 보고 "너의 하나님이 어디 있느냐?" 하고 비웃으니, 밤낮으로 흘리는 눈물이 나의 음식이 되었구나. 시 42:3 새번역

시편 기자는 "너, 하나님을 믿는다면서? 하나님이 계시면 네게 역사하겠지? 그런데 하나님이 안 계시잖아!", 이렇게 사람들이 영적으로 공격하고 빈정거리고 핍박하는 것을 견딜 수 없었고, 그러다보니 자기도 완전히 낙심에 빠져버린 것입니다. 사실 사람들이 그렇게 말한다고 해서 살아 계신 하나님이 안 계신 것이 아닙니다. 하나님은 너무나 분명히 살아 계시고 지금도 역사하십니다. 사람들이 믿든지 안 믿든지 상관이 없습니다. 하나님은 우리가 믿으면 계시고, 안 믿으면 안 계신 그런 분이 아닙니다.

그런데도 믿는 성도인 우리조차 세상 불신자들이 하는 말 때문에 마음이 상하고, 그런 말 한마디에 마음이 무너지기도 합니다. 하나님에 대해서 입에 담지 못할 험한 말을 하거나, 교회에 대해 험담을

늘어놓고, 믿는 사람에게 욕설을 퍼붓고, 한국 교회는 이제 다 끝났다고 이야기합니다. 이런 이야기를 계속 듣다보면 영적 침체가 찾아옵니다. 갑자기 신앙생활에 의욕을 잃고 내 안에 있던 믿음의 소망도 다 사라져서 모든 것을 부정적으로 바라보게 됩니다. 나도 모르게 영적 침체에 더 깊이 빠져드는 것입니다.

그다음부터 모든 것이 의심스럽고, 헌신의 기쁨도 사라집니다. 결국 기도도 안 되고, 하나님 말씀의 은혜도 빼앗긴 채 완전히 마귀의 노리개가 됩니다. 그러니까 우리는 마귀가 하는 말을 잘 분별해서 무시해야 합니다. 때로는 아무것도 아닌 것 같은 말들이 우리 마음을 뒤집어놓습니다. 웃어넘기면 되는 말을 자꾸 묵상하게 된다면 큰일이라고 여겨야 합니다. 알고 보면 그런 뜻으로 말한 게 아닌 경우가 많습니다.

이렇듯 우리가 무슨 거창하고 엄청난 일 때문에 영적 침체에 빠지는 것이 아니라 아무것도 아닌 것 같은 말 한마디 때문에 넘어집니다. 그런 말을 마음에 담아두면서 속이 썩어가고 메말라버리는 것입니다.

주님의 음성을 듣는 법

시편 기자에게 낙망할 만한 어려움이 있었지만, 사실 그는 여전히 하나님의 크신 은혜 안에 있었습니다. 그 증거는 그의 마음에 계속해서 주님의 권면이 들렸다는 것입니다. 이처럼 주님이 지금 나를 아시고, 지금 나와 함께 계시고, 지금 나에게 역사하십니다. 그것을 어떻게 압니까? 눈으로 봅니까? 아닙니다. 생각을 통하여 주님의 음성을 듣는 것입니다. 우리가 예배 시간에 찬양하고 기도하고 말씀을 같이 들어도 우리의 심령 속에 주님이 하시는 말씀은 각자 다 다릅니다. 여러분과 주님 사이에서만 이루어지는 대화가 있습니다. 그 사실을 깨닫는 순간 여러분은 주님의 음성을 듣고 전율할 것입니다.

시편 기자도 주님이 말씀하시는 것을 계속 듣고 있습니다. 5절에 "내 영혼아 네가 어찌하여 낙심하며 어찌하여 내 속에서 불안해하는가"라고 하셨는데 또 들려옵니다. "너는 하나님께 소망을 두라 그가 나타나 도우심으로 말미암아 내가 여전히 찬송하리로다." 분명히 낙심 상태에 빠져 있는데, 또 가만히 보면 그가 하나님의 음성을 듣고 있는 것입니다.

여러분도 똑같습니다. 경제적으로 어렵고 몸이 아프고 크나큰 실패 때문에 남은 게 아무것도 없는 것 같을지라도 주님이 여러분에게 은혜를 주시고, 간절함과 사모함을 주시고, 회개할 마음을 주셨다면 주님은 여러분과 함께 계신 것입니다. 요셉이 종으로 팔려가고 감옥에 끌려가도, 다니엘이 바벨론 포로로 잡혀가도 주님이 함께하심으로 도리어 하나님의 역사가 이루어졌다는 것을 기억하십시오. 그러므로 우리가 마음에 낙심이 되고 영적으로 침체에 빠졌을 때 주님의 음성에 귀를 기울여야 합니다. 여러분에게 주시는 주님의 음성을 정확히 붙잡아야 합니다. 그것이 우리 영혼이 사는 길입니다.

지금도 주님이 여러분 각자에게 말씀하고 계십니다. 성도들 중에는 "목사님의 말씀을 들으면 주님의 음성을 듣는 게 간단한 것 같아도 실제로는 너무 어려워요"라고 하면서 주님의 음성 듣는 일을 힘들어하는 분들이 많습니다. 그것은 특별한 문제가 있는 것이 아니라 아주 자연스러운 일입니다. 이유는 하나입니다. 그동안 주님의 음성을 들으며 살려고 하지 않았기 때문에 지금 어려움을 겪는 것입니다.

그런데 주님의 음성을 들으려고 주님에게 계속 집중하고 귀를 기울이며 살다보면 성도 누구나 자연스럽게 주님이 함께 계시고 말씀하시고 인도하시는 것을 경험하게 됩니다. 그러려면 모든 예배와 집회를 통해 모든 순서에서 여러분이 초점을 맞춰야 하는 분은 주님이십니다. 사실 설교자인 저를 주목하시면 안 됩니다. 저는 그저 주님이 저를 통해서 여러분에게 말씀하시는 통로일 뿐입니다. 주님이 내게 말씀을 주실 줄 믿고 기다려야 합니다. 오직 주님께 주목해야 합니다.

"그렇게 기다렸는데도 잘 모르겠습니다. 귀를 기울여도 내게 무엇을 말씀하시는지 분별이 잘 안 됩니다"라고 말할 수 있습니다. 그런데 누구나 다 그런 단계를 거친다는 것을 알아야 합니다. 주님의 음성을 듣기 어렵다면 동행일기에 써보십시오. "아무리 주님의 음성을 들으려고 해도 하나도 안 들린다." 이렇게 써놓으면 나중에 큰 증거가 됩니다. "모월 모일에 주님의 음성을 하나도 듣지 못했다는 확실한 증거가 일기에 기록되어 있다. 그런데 지금 나는 주님의 음성을 듣는다!" 이 얼마나 놀라운 일입니까. 주님의 음성이 들리지 않은 오늘의 답답함을 기록한 사람이 내일은 "할렐루야!" 하고 고백할 수 있습니다.

너는 내 말을 들으려고 하지 않는구나!

하나님께서는 지금도 우리에게 말씀하십니다. 우리가 주님의 음성을 들으려고 귀를 기울이지 않으니까 주님이 내게 말씀하셔도 알아듣지 못하는 것입니다. 우리는 자꾸 주님의 음성이 안 들린다고 말하는데, 정작 하나님께서는 "너는 내 말을 들으려고 하지 않는구나. 그렇다면 나는 너를 쓸 수가 없다"라고 말씀하십니다.

도널드 맥컬로우 목사가 쓴 《빛나는 인격》(해피니언)이라는 책에 전직 미국 대통령이었던 프랭클린 루스벨트의 일화가 나옵니다. 미국 정치 인사들이 모인 파티에 루스벨트 대통령이 참석했습니다. 그런데 누가 무슨 이야기를 하는지 서로 듣지 않으면서 형식적이고 상투적으로 인사를 나누는 것이 너무 식상하다고 느낀 나머지 그는 만나는 사람들에게 웃으며 이렇게 인사했다고 합니다.

"저 오늘 아침에 할머니를 죽였어요."

그러자 사람들이 어떻게 반응했을까요? "너무 놀랍군요. 정말 멋진 일이네요", "아, 정말 정이 많으시군요", "앞으로도 계속 그렇게 되기를 바랍니다." 아무도 루스벨트가 무슨 말을 하는지 듣지 않고 무조건 반응한 것입니다. 그런데 외교관 한 사람이 다가와 루스벨트에게 귓속말로 이렇게 말했습니다.

"할머니가 죽을 짓을 하셨겠죠?"

말도 안 되는 이야기이지만 그나마 그 외교관이 루스벨트의 말을 듣고 그의 비위를 맞추는 말을 한 것입니다. 우리가 이 정도로 남의 말을 듣지 않습니다. 누가 뭔가 말하려고 하고, 기도 부탁을 해도 우리는 다른 사람의 감정, 생각, 형편에 귀 기울이지 않습니다. 끊임없이 자기 이야기만 늘어놓습니다.

귀 기울이지 않으면 주님의 음성인지 모른다

그런데 하나님과 우리 사이는 더 심각합니다. 우리는 사람을 만나 육성을 듣는 것이 아니라 내 마음의 생각으로 주님이 말씀하시는 것을 듣기 때문에, 주님께 귀 기울이는 마음이 조금만 없어도 주님이 주시는 생각인 줄 미처 깨닫지 못하고 지나갑니다.

제가 신학교에 다닐 때 참 존경하던 미국인 선교사님이 계셨습니다. 한국 이름은 박대인 교수님이시고 지금은 한국 사역을 마치고 미국에 계십니다. 한번은 한인교회 집회 때 한국에서 사역하며 가장 힘들었던 일을 나누셨습니다. 한국 사람들에게 무슨 말을 하면 다들 금세 "알겠습니다"라고 대답한다는 것입니다. 처음에는 자신의 말을 잘 받아주는 줄 알았다고 합니다. 그래서 '내가 하는 말을 알았구나. 이제 그렇게 하겠구나' 싶었는데, 지나고 보니 그 말을 전혀 안 들은 사람처럼 행동하는 것을 보고 깜짝 놀랐다는 것입니다. 나중에서야 "알겠습니다"라는 말에 두 가지 의미가 있다는 것을 알았다고 합니다. "진짜 깨달았다. 무슨 일인지 알겠다. 내가 그렇게 하겠다"라는 뜻 외에도 "그냥 들은 것으로 하겠다"라는 뜻으로 같이 쓴다는 것을 말입니다. 우리는 다른 사람의 말에 너무 성의 없이 반응합니다.

우리에게 영적 침체가 오는 이유는 주님과의 관계를 믿지 못하고 주께 귀 기울이지 않기 때문입니다. 내 속에서 주님의 음성이 들리는데도 '어떻게 하면 하나님을 만날까?' 하고 탄식합니다. 그러나 우리가 주님의 음성을 제대로 알아들으면 내 형편과 처지가 전혀 변하지 않고 심지어 더 어려워져도 내 속에 담대함이 생깁니다. 주님이 나와 함께 계시고 지금도 여전히 내게 말씀하시기 때문입니다.

내가 너를 버리지 않았다!

한번은 토요일 저녁에 술에 취해 인사불성이 된 청년이 저를 찾아왔습니다. 세례받은 바로 다음 주 토요일에 직장 회식 자리에서 엉망으로 취해 완전히 낙심한 상태였습니다. 그러면서 자기가 세례받은 것은 가짜요, 예수 믿은 것도 거짓이라며 제 앞에서 주정을 부렸습니다. 3차까지 가면서 온갖 문란한 일을 하고 집으로 가는 길에 제 사무실에 불이 켜져 있는 것을 보고 문을 두드린 것입니다.

저는 그 청년을 다독이고 자리에 앉게 했습니다. 그리고 성경을 펴서 에베소서 4장 30절 말씀을 읽도록 했습니다. "하나님의 성령을 근심하게 하지 말라 그 안에서 너희가 구원의 날까지 인치심을 받았느니라." 그리고 청년에게 이렇게 말해주었습니다.

"세례받은 게 다 허사이고 구원받은 것도 거짓이라면서 왜 괴로워하니? 지금 술에 잔뜩 취했는데 오늘 같이 회식한 다른 직장 동료들도 너처럼 그렇게 괴로워할까? 뭐가 그렇게 괴로워서 나를 찾아와 울고 있는 거야? 네 안에 계신 성령께서 근심하시기 때문에 괴로운 것 아니니? 하나님께서 너를 정말 떠나셨고 세례받은 것도 다 가짜라면 네가 지금 이렇게 하고 있을 리가 없는 거야. 너의 괴로움 그 자체를 설명할 방법이 없잖아."

이 말을 듣던 청년이 바닥에 무릎을 꿇고 통곡했습니다. "내가 너를 버리지 않았다"라고 하시는 주님의 음성을 들은 것입니다. 그의 심령의 고통은 성령의 탄식 때문이었습니다. 성령의 탄식을 듣게 되는 것이 좋은 일은 아니지만, 그래도 나를 떠나지 않으셨다는 확실한 증거입니다. 다음 날 그 청년이 깔끔한 정장 차림으로 주일예배를 드리러 와서 반갑게 인사했습니다. 주님이 여러분에게 말씀하시고 여러분과 함께 계심을 알게 되면 마음 상태나 분위기가 완전히 달라집니다.

주님, 어떻게 하지요?

누구나 처음에는 주님의 음성을 듣는 데 미숙할 수밖에 없습니다. 그러나 포기하지 말고 이제부터라도 매사에 예수님께 물어보아야 합니다. "주님, 제가 지금 무엇을 할까요?" 예배드릴 때, 기도할 때, 집에 갈 때, 잠자기 전이나 아침에 일어났을 때도 주님께 물으시기 바랍니다. 사람을 만나고 있을 때도 물으시기 바랍니다. 밥을 먹을 때도 물으시기 바랍니다. 우리가 할 수 있는 일은 "주님, 어떻게 할까요?"라고 묻는 것입니다. 그래야 주님이 내게 말씀하시는 것을 들을 수 있습니다.

"주님, 어떻게 하지요?"

"이럴 때는 어떻게 하지요?"

우리는 계속해서 말할 수 있습니다. 눈에 보이지 않지만 분명히 함께하시는 주님께 물을 수 있습니다. 눈을 감거나 자세를 바꿀 필요도 없습니다. 입술을 움직일 필요도 없습니다. 중요한 것은 지속적으로 주님께 묻는 것입니다. 그러면 주님께서 우리에게 말씀하시는 것을 듣게 됩니다. 내 마음이 달라지기 원하신다는 것을 알게 되고, 내가 어떻게 하기 원하시는지도 알게 됩니다.

계속 귀를 기울이다보면 서서히 분별할 수 있게 됩니다. 그것을 기록해보십시오. 생각하는 것과 실제로 쓰는 것에는 엄청난 차이가 있습니다. 막연하게 떠오르는 생각을 그냥 두면 다 잊어버립니다. 그런데 자꾸 써보면 주님이 나와 함께 계시고, 내게 말씀하신다는 것을 더 분명하게 알게 됩니다. 주님의 음성이 내 영을 소생케 하시는 것을 경험해보시기 바랍니다.

하루 한 말씀이면 충분합니다

미즈노 겐조는 전신마비 장애를 가진 일본의 기독교 시인입니다. 그는 11세에 예기치 않은 뇌성마비를 앓아 전신마비는 물론 언어 능력마저 상실하여 말을 할 수도 없고 글을 쓸 수도 없게 되었습니다. 그 후 마을에서 전도 활동을 하던 목사님을 통해 그의 가정이 복음을 듣게 되었습니다.

그런데 미즈노 겐조의 어머니는 성경을 읽어줄 때 아들의 눈에서 말로 설명할 수 없는 변화가 일어나는 것을 보았습니다. 아들에게 어떤 변화가 일어났는지, 아들이 무슨 말을 하고 싶은 건지 깊이 고민한 끝에 그의 어머니는 벽에 일본어 오십음도를 붙여놓고 글자 하나하나를 짚어가며 아이의 눈빛을 바라보았습니다. 미즈노 겐조가 눈을 깜박이면 그 글자들을 모았고 그것이 단어가 되고 문장이 되면서 시를 썼습니다. 그의 시가 방송에서 소개되고 시집이 출판되면서 수많은 사람들에게 큰 감동을 주었고, 하나님이 정말 살아 계시고 지금도 역사하신다는 사실을 증거했습니다.

미즈노 겐조가 쓴 시 중에 '말씀'이라는 제목의 짤막한 시가 있습니다.

하나님, 오늘도 말씀해주세요
단 한마디뿐이어도 좋습니다
내 마음은 작아서
많이 주셔도 넘쳐버려 아까우니까요

하루 한 말씀이면 충분하다고 하는데, 정말 "아멘"이 나왔습니다. 이왕이면 말씀을 많이 주시면 좋은데, 왜 한 말씀이면 충분할까요? 하나님께서 내게 말씀하시는 것만 분명하다면 하루 한 말씀이면 족합니다. 진정으로 주님의 말씀이라면 하루 한 마디뿐이어도 좋습니다. 주님이 내게 말씀하시고, 지금 내 안에 계신 것이 확실하다면 다른 것은 걱정할 것이 없습니다.

절망과 죽음에서 기쁨과 생명으로

사도행전 13장에는 사도 바울 일행이 비시디아 안디옥에서 복음을 전하다가 쫓겨나는 장면이 나옵니다. 그런데 참 신기한 말씀이 나옵니다.

> 제자들은 기쁨과 성령이 충만하니라 행 13:52

사도 바울은 낙심할 뻔했지만 주님을 바라봄으로 해답을 얻었습니다. 비시디아 안디옥에서 쫓겨났지만, 그것을 다른 곳으로 가서 전할 때가 되었다는 사인(sign)으로 받았습니다. 성령께서 이것을 깨닫게 하시자 절망의 상황에서도 기쁨이 충만했던 것입니다.

어느 사모님이 40세에 위암 판정을 받고 크게 낙심했습니다. '교회 개척한다고 그렇게 고생시키더니 결국 내가 병에 걸렸다'는 생각이 들자 사모님은 남편 목사님이 너무 미웠습니다. 자신의 병이 다 무정하고 무능력한 남편 때문이라고 생각하니 마음에 원망이 가득했습니다.

그런데 사모님이 암이라는 소식을 듣고 심방예배를 드리기 위해 방문한 한 목사님이 사모님의 마음에 원망이 있다는 것을 알았습니다. 원망하는 마음은 암 치료에 치명적인 장애물이자 하나님의 성령이 역사하실 수 없는 가장 큰 걸림돌이기도 합니다. 목사님은 안타까운 마음에 사모님에게 노트 한 권을 드리며 "여기에 생각나는 대로 감사거리를 찾아 적어보세요"라고 했습니다. 사모님은 그러겠다고 대답했지만, 속으로는 '말도 안 돼. 내가 지금 남편 때문에 암에 걸려서 죽어가는데 감사할 게 어디 있어?' 하고 노트를 거들떠보지도 않았습니다.

그러나 여러 날이 지난 뒤 마음을 고쳐먹고 감사 제목을 적어보기로 했습니다. '내 육신은 죽어가지만 내 영이 구원받았으니 얼마나 감사한가?' 그래서 가장 먼저 자신을 구원해주신 하나님의 은혜에 감사드렸습니다. 또 자녀들이 너무 착합니다. 목회자 가정에서 형편이 어려워도 아이들이 참 잘 자라주었고, 부모 말을 잘 듣고 순종하는 것을 생각할 때 이런 자녀를 주신 하나님께 감사했습니다. 그리고 다른 친구들은 남편 때문에 속상하다는 말들을 많이 하는데 남편이 좀 고지식하기는 해도 거짓말할 줄 모르고 진실한 것이 참 감사하다는 생각이 들었습니다.

처음에는 감사 거리가 없을 줄 알았는데 감사한 것들을 찾아서 적다보니 노트 한 권이 부족했고 그러면서 회개가 터졌습니다. '하나님, 불평하고 원망했던 죄를 용서해주옵소서.' 회개하고 감사하면서 사모님의 마음속에 성령이 부어졌습니다. 모든 것에 감사하니까 사모님의 분위기가 완전히 달라졌습니다. 생각이 달라지고 얼굴 표정이 달라지고 하루하루 보내는 일상의 모습도 달라졌습니다. 수술을 하고 나서 항암 치료가 필요 없을 만큼 암이 치유되는 역사도 일어났습니다. 하나님은 우리를 얼마든지 살리실 수 있습니다. 얼마든지 주님의 생명으로 우리를 일으키십니다. 우리가 어떤 영적인 침체에 빠져 있어도 우리를 건져내십니다.

큰 소리로 찬송하고 기도하라

사실 시편 기자는 주님을 갈망했습니다. 시편 기자가 원한 것은 오직 주님뿐이었습니다. 어떤 문제를 해결해달라거나 상황을 바꿔달라고 한 것이 아니라 주님의 얼굴을 한 번 보기 원한다고 했습니다.

> 하나님, 사슴이 시냇물 바닥에서 물을 찾아 헐떡이듯이, 내 영혼이 주님을 찾아 헐떡입니다. 내 영혼이 하나님, 곧 살아 계신 하나님을 갈망하니, 내가 언제 하나님께로 나아가 그 얼굴을 뵈올 수 있을까? 시 42:1,2 새번역

주님의 얼굴 보기를 그렇게 원했습니다.

> 내 하나님이여 내 영혼이 내 속에서 낙심이 되므로 내가 요단 땅과 헤르몬과 미살 산에서 주를 기억하나이다 시 42:6

주님을 간절히 갈망하는 중에 시편 기자의 영적 상태가 완전히 회복되었습니다. 주님을 원하는 사람은 반드시 그렇게 됩니다. 문제가

해결되기 전에 내 심령이 먼저 회복됩니다.

주의 폭포 소리에 깊은 바다가 서로 부르며… 시 42:7

하나님의 은혜와 부흥의 역사가 강하게 임하기 시작합니다. 그러려면 어떤 처지에서도 찬송하고 기도해야 합니다.

… 주의 모든 파도와 물결이 나를 휩쓸었나이다 낮에는 여호와께서 그의 인자하심을 베푸시고 밤에는 그의 찬송이 내게 있어 생명의 하나님께 기도하리로다 시 42:7,8

여러분, 혹시 영적으로 답답함을 느끼고 모든 것이 짜증나고 사는 것이 의미 없어 보이고 살아가는 것이 두렵습니까? 그것은 영적 침체가 온 사람에게 나타나는 전형적인 증상입니다. 그렇다면 큰 소리로 찬송하고 기도하시기 바랍니다. 은혜가 충만하면 찬송 소리도 커지고 기도 소리도 커집니다. 그런데 영적으로 눌려 있는 상태에서는 은혜가 커도 그것을 느끼지 못합니다. 하나님의 은혜가 풍성함을 믿고 큰 소리로 찬송하고 기도하기를 힘써보십시오. 큰 소리로 찬송하고 기도할 때 내 영이 확 바뀌는 것을 느낍니다.

그래서 우리가 교회에 모여서 함께 찬송하고 기도하는 것입니다. 왜 집회에 참석합니까? 물론 은혜받기 위해서라고 할 수도 있지만, 정확하게 표현하면 큰 소리로 찬송하고 큰 소리로 기도하고 싶어서 가는 것입니다. 혼자 집에 있을 때는 기도가 탁 터지는 역사가 일어나기 어렵습니다. 마음껏 찬송하고 기도하면서 내 심령이 주님 안에서 활짝 열리는 은혜를 얻기 위해서 집회에 가는 것입니다. 그때 주님이 강하게 여러분을 만지시고 역사하실 것입니다.

기도만 하면 다냐?

"기도만 하면 다냐?"라고 빈정거리는 사람도 있습니다. 물론 건성으로 기도하는 사람, 영적 침체에 빠져서 형식적으로 기도하고 믿음 없이 기도하는 것만 보면 "기도에 무슨 역사가 있어?"라고 하겠지만 영적으로 충만한 사람들의 기도는 세상을 바꾸는 능력이 있습니다.

1975년 아직 중국 선교의 문이 굳게 닫혀 있을 때, '러브 차이나'(Love China)라는 대회가 필리핀 마닐라에서 열렸습니다. 이 대회에서 100만 권의 성경을 중국에 보내기로 결의합니다. 그리고 전 세계 기독교인들에게 중국에 성경이 보급되도록 기도해달라고 요청하였습니다.

이후 1976년 1월 중국 공산당 초대 총리 주은래가 사망했고, 7월에는 중국에 대지진이 일어났고, 9월에 모택동 주석이 사망했습니다. 그 후 등소평이 정권을 잡아 중국이 급격하게 개방되었고, 선교의 문이 열리게 되었습니다. 1975년에 기도하던 그때만 해도 꿈꿀 수 없던 일이었지만 2년 사이에 중국은 완전히 바뀌었습니다. 어떤 일이 이루어지기 전에 기도하는 것은 답답한 일입니다. 그러나 한편으로 정말 놀라운 일이기도 합니다. 주님이 역사하시는 가장 뚜렷한 증거가 되기 때문입니다.

그럼에도 불구하고 다시 "기도하면 다냐?"라고 묻는다면, 하나님을 믿는 사람에게는 사실 기도 외에 방법이 없습니다. 아무것도 보이지 않고 모든 것이 절망적이고 낙심될 때의 기도는 정말 놀랍습니다. 그때 기도한 사람만이 하나님의 역사가 나타날 때 영적으로 열립니다. 기도하면서 하나님의 역사를 본 사람과 기도하지 않다가 하나님의 역사를 본 사람은 같은 사건을 봐도 영적인 충격과 그 영향이 전혀 다릅니다. 너무 답답하고 아무 응답의 조짐이 보이지 않는 문제라도 성령께서 기도하게 하시면 하나님의 역사가 있다고 생각해야 합니다. 성령께서 계속 기도하게 하실 때는 하나님의 뜻이 있음을 믿고 담대히 기도하시기 바랍니다.

회복의 주님

무슨 일이 있어도 영적 침체에 빠질 일을 하지 말아야 합니다. 은밀한 죄의 유혹은 순간이라도 강력합니다. 그러나 그 후유증은 너무나 고통스럽고 깁니다. 그래서 마음을 열고 살아야 합니다. 예수동행일기 나눔방에 가입하는 것은 마음을 열고 살겠다는 결단입니다. 마음을 여는 일이 아무리 힘들어도, 영적 침체에 빠져서 주님과의 관계가 계속해서 단절되는 것보다는 너무 쉬운 일입니다. 주님은 영적 침체에 빠진 우리를 회복시키십니다. 우리가 그것을 믿어야 합니다.

주님이 반드시 그렇게 하십니다.

예수님이 베드로에게 충격적인 말씀을 하셨습니다.

> 시몬아, 시몬아, 보라 사탄이 너희를 밀 까부르듯 하려고 요구하였으나 그러나 내가 너를 위하여 네 믿음이 떨어지지 않기를 기도하였노니 너는 돌이킨 후에 네 형제를 굳게 하라 눅 22:31,32

그런데 베드로가 예수님의 이 말씀에 아무 대답도 하지 않았습니다. "사탄이 너를 내놓으라고 요구하겠지만, 네가 믿음을 잃어버리지 않도록 내가 너를 위하여 기도하였으니, 다시 일어나 네 형제들을 굳세게 하라." 주님이 기도해주신다는 엄청난 말씀을 들었는데도 베드로가 아무 말도 하지 않습니다.

영국의 강해설교자 캠벨 몰간(G. Campbell Morgan)은 이 부분을 주석하며 이렇게 썼습니다. "베드로가 그날 예수님의 말씀에 너무 충격을 받았기 때문에 말을 할 수 없었다." 두 가지 충격입니다. 하나는 사탄이 자신을 완전히 사로잡으려고 밀 까부르듯이 청구(請求)한다는 말에 충격을 받았고, 다른 하나는 주님이 자신을 위해서 기도하고 있다는 말씀에 충격을 받았다는 것입니다. 두 가지 다 상상하지 못할 일입니다. 영적인 일은 우리가 내다볼 수 없는 일입니다.

예수님은 베드로를 보실 때마다 그가 장차 교회를 세울 반석이 될 사람이라는 것과, 그렇기 때문에 마귀가 그를 가만히 두지 않을 것이고, 한 번은 크게 실족시킬 것을 아셨습니다. 그래서 "주여, 베드로가 실족하지 않고 회복되게 해주소서"라고 계속 기도하셨습니다. 그러나 베드로는 결국 크게 넘어집니다. 예수님을 세 번이나 부인하고 저주하는 일까지 일어납니다. 베드로는 완전히 낙심했고 제자로서 자신의 삶은 끝이 났다고 생각했습니다.

그러나 그의 삶의 마지막을 보십시오. 예수님은 그를 다시 일으켜 세우셨습니다. 그는 초대 교회의 위대한 사도로 쓰임받았고, 주님을 위해 순교하는 자리까지 갔습니다. 사탄이 잠시 이긴 것처럼 보였지만 예수님의 기도가 끝내 사탄을 이겼습니다. 주님이 우리에게도 그렇게 하십니다. 우리가 지금 절망과 좌절과 실패 속에 있더라도 주님은 여러분을 향한 놀라운 계획을 가지고 계시며, 여러분 안에 오셔서 회복시키시고, 일으키시고, 다시 시작하게 하십니다.

습관적인 죄 가운데 있습니까? '언제 이길 수 있을까? 진짜 이길 수 있을까?' 하는 생각에 매이지 말고 주님을 신뢰하며 나가보십시오.

"주님, 이겼습니다. 제가 정말 이겼습니다!"

여러분이 이런 고백을 하게 될 것입니다. 우리를 영적으로 회복시키시는 주님의 은혜 안에서 새 힘을 얻고, 기도의 새 힘을 얻고, 성령의 충만함을 얻기를 축복합니다.

prayer points

1. 하나님, 나를 영적인 침체에서 완전히 회복시켜주소서. 영적으로 깨어나게 하소서. 씻음 받을 것은 온전히 씻음 받게 하시고, 눈뜰 것은 온전히 눈 뜨게 하소서. 기도의 문이 완전히 열리게 하시고 주의 음성을 듣게 해 주소서.

2. 주님, 살리는 말씀을 들려주소서. 한 말씀이라도 좋습니다. 주님이 내 안에 계시면서 하시는 말씀을 분명히 알아듣게 하소서. 어떻게 해야 하는지, 어떻게 살아야 하는지 말씀해주소서. 주의 말씀을 사모합니다. 주님이 말씀하시면 순종하겠습니다. 주님이 함께 계심을 알게 하소서. 말씀으로 깨닫게 하소서.

3. 어떤 처지에서도 찬송하고 기도할 힘을 주소서. 은혜의 파도와 성령의 물결이 나를 완전히 휩쓸기를 원합니다. 인생의 한밤중일지라도 뜨겁게 찬송하고 기도할 수 있도록 힘을 더해주셔서 완전히 소생하게 하소서.

CHAPTER **10**

기도는 살고 죽는 문제이다

10 여호수아가 모세의 말대로 행하여 아말렉과 싸우고 모세와 아론
과 훌은 산꼭대기에 올라가서 11 모세가 손을 들면 이스라엘이 이기
고 손을 내리면 아말렉이 이기더니 12 모세의 팔이 피곤하매 그들이
돌을 가져다가 모세의 아래에 놓아 그가 그 위에 앉게 하고 아론과
훌이 한 사람은 이쪽에서, 한 사람은 저쪽에서 모세의 손을 붙들어
올렸더니 그 손이 해가 지도록 내려오지 아니한지라 13 여호수아가
칼날로 아말렉과 그 백성을 쳐서 무찌르니라 14 여호와께서 모세에
게 이르시되 이것을 책에 기록하여 기념하게 하고 여호수아의 귀에
외워 들리라 내가 아말렉을 없이하여 천하에서 기억도 못 하게 하리
라 15 모세가 제단을 쌓고 그 이름을 여호와 닛시라 하고 16 이르되
여호와께서 맹세하시기를 여호와가 아말렉과 더불어 대대로 싸우리
라 하셨다 하였더라

출애굽기 17:10–16

불가리아에서 열린 중동선교협의회 수련회에서 장로님 한 분을 만났습니다. 장로님은 오래전 중동 건설 현장에 파견되었다가 그곳에 정착한 지 30년 가까이 된 교민이셨는데, 수련회를 도우러 오셨다가 저를 꼭 만나보고 싶다고 하셔서 아침식사를 함께하게 되었습니다.

장로님은 기도하고 싶은 마음이 너무나 간절해서 다니엘처럼 매일 세 번 시간을 정해놓고 기도하다가, 세 번 기도하는 것으로도 마음에 차지 않아 한 시간마다 알람을 설정해놓고 알람이 울리는 즉시 기도의 자리로 가서 기도하며 사셨다고 합니다. 우리는 매일 한 시간 기도운동을 하고 있는데, 이분은 한 시간마다 기도를 해오신 것입니다. 그런데 주위 사람들은 물론 권사인 아내조차 자신을 "별나다", "지나치다" 하고 이상한 사람 취급을 해서 곤란했는데, 이번 수련회에서 24시간 주님을 바라보라는 말씀을 듣고 '아, 내가 이상한 게 아니구나. 내게 역사하신 분이 성령이시구나!' 하고 큰 위로와 은혜를 받으셨다고 합니다.

이따금 해외 집회나 수련회를 인도하러 갈 때마다 주님은 "어디를 가든지 하나님의 사람을 찾으라"고 말씀하시는데, 세계 곳곳에 정말로 주님을 사모하고 기도로 사시는 분들이 계십니다. 이분 역시 그런 분이셨고 귀한 장로님을 만난 것이 저에게도 큰 위로가 되었습니다.

기도로 살아야 한다

하나님께서 우리를 세상에 버려두지 않으시고 이 세상을 이길 힘을 주셨는데, 그것이 기도입니다. 그냥 기도도 하며 사는 사람과 '기도로' 사는 사람은 완전히 다릅니다. 기도로 사는 사람은 세상을 두려워하지 않고 세상을 탓하지도 않습니다. 그런데 안타깝게도 많은 분들이 그냥 기도도 하며 살아가고 있습니다. 그러나 하나님은 우리가 기도로 살도록 계획하셨습니다. 한 시간 기도운동을 하는 이유 역시 우리가 더 이상 어설프게 기도하지 않고 기도로 사는 자가 되자는 데 있습니다. 기도는 우리가 살고 죽는 문제와 관련이 있습니다. 이 사실을 명확히 알아야 비로소 적당히 기도하지 않게 됩니다.

일본에 대한 우리의 감정은 좋지 않습니다. 과거에 그들이 우리나라를 강제 점령하여 말할 수 없는 피해를 주었기 때문입니다. 일본은 과거의 잘못에 대해 반드시 철저히 사과해야 합니다. 그러나 우리는 우리의 잘못도 깊이 반성해야 합니다. 남의 나라를 강제로 빼앗은 일본에게 당연히 죄가 있지만, 나라를 빼앗길 정도로 나약했던 우리나라의 지도자들과 국민들의 문제도 결코 외면해서는 안 됩니다. 집에 강도가 들어서 재산을 빼앗아갔다면 당연히 강도의 잘못이지만, 집단속이 허술했던 것 역시 작게 여기면 안 되는 것입니다.

우리가 정신을 똑바로 차려야 합니다. 그런 일이 역사에 또다시 반복될 수 있기 때문입니다. 우리는 우리 자신을 견고하게 지킬 준비를 해야 합니다. 성도로서도 마찬가지입니다. 하나님의 자녀인데도 하나님이 약속하신 은혜와 복을 누리지 못하는 성도들이 너무 많습니다. 그것은 성도의 특권과 축복을 빼앗으려는 마귀의 역사 때문입니다. 하나님의 자녀들조차 유혹하고 시험하고 무섭게 핍박해서 믿음으로 살지 못하도록 무너뜨리려는 것입니다. 그래서 성도들의 삶에 어려움과 시험이 많습니다.

그러나 그 책임이 마귀에게만 있는 것은 아닙니다. 우리가 하나님이 주신 은혜를 제대로 지켜내지 못하니까 마귀에게 조롱을 당하는 것입니다. 마귀는 결코 우리를 강제로 넘어뜨릴 힘이 없습니다. 우리가 예수 그리스도의 은혜 안에 십자가의 보혈로 덮여 있기 때문입니다. 이것이 예수 믿는 자의 가장 큰 권세입니다. 우리가 깨어 기도하면 마귀는 우리를 무너뜨릴 수 없습니다.

마귀의 공격 앞에서 우리 자신을 지켜낼 수 있는 가장 놀라운 무기가 기도입니다. 그런데 우리가 예수를 믿는데도 어처구니없이 마귀에게 당하고, 그것 때문에 마음이 무너지고, 삶이 무너지고, 기쁨을 누리지 못하고, 행복이 뭔지도 모르고 산다면 그것은 우리의 기도에 문제가 있는 것입니다. 기도가 살고 죽는 문제라는 것을 아직도 깨닫지 못하고, 기도를 적당히 하니까 힘들고 피곤하면 기도를 안 하는 것입니다. 우리가 기도로 살지 못하는 것이 죄가 되는 것입니다.

여호와 닛시의 기도

출애굽기 17장은 이스라엘 백성이 애굽을 떠나 가나안으로 가는 길에 아말렉 족속과 싸우는 이야기입니다. 아말렉은 아주 간교하게도 이스라엘이 피곤할 때 대열 뒤에 뒤떨어진 병들고 약한 자들을 쳤습니다. 하나님은 하나님을 두려워하지 않는 아말렉을 진멸하시기 위해 이스라엘을 둘로 나누셨습니다. 그래서 모세와 아론과 훌은 산에 올라가 기도하게 하고, 여호수아는 군대를 이끌고 전쟁터로 가서 아말렉과 싸우게 하셨습니다.

그런데 놀랍게도 모세가 하나님께 손을 들고 기도할 때 여호수아 군대가 이겼습니다. 이스라엘 백성은 전쟁하는 군인들이 아니라 노예생활을 하던 사람들이었습니다. 무기도 변변한 게 없는 오합지졸 여호수아 군대가 아말렉 정예 군인들을 상대로 이기는 것은 엄청난 일입니다. 그런데 모세가 팔이 아파서 기도하던 손을 내리자 전세가 역전되었습니다. 그것을 본 아론과 훌이 모세를 바위 위에 앉히고 양옆에서 모세의 두 팔을 높이 들어올렸습니다.

> … 그 손이 해가 지도록 내려오지 아니한지라 출 17:12

그러자 여호수아 군대가 끝까지 아말렉 군대를 이겼습니다. 이것은 하나님께서 하나님의 자녀들에게 세상을 이길 비밀을 가르쳐주신 것입니다.

여호와께서 모세에게 이르시되 이것을 책에 기록하여 기념하게 하고 여호수아의 귀에 외워 들리라 내가 아말렉을 없이하여 천하에서 기억도 못하게 하리라 출 17:14

하나님은 그날 일을 잊지 않도록 '여호와 닛시', "여호와는 나의 깃발"이라는 이름도 주셨습니다. 그렇다면 하나님께서 도대체 무엇을 가르쳐주려고 하신 것입니까? 아말렉과의 전쟁에서 모세의 기도와 여호수아 군대의 전쟁을 연결시키며 이스라엘 백성에게 주시는 중요한 교훈은 무엇일까요? 그것은 우리가 기도하면 살고, 기도하지 않으면 죽는다는 것입니다. 하나님의 자녀들은 무슨 일이 있어도 기도를 중단하지 말아야 한다는 것입니다.

당시 전쟁에서 이기고 지는 것은 오늘날 축구 경기를 이기고 지는 것과 비교가 되지 않습니다. 전쟁에서 지면 가진 것을 모두 빼앗길 뿐 아니라 어린아이에 이르기까지 모든 남자들이 죽임을 당하고, 여자들은 겁탈을 당하고 종으로 끌려갑니다. 민족의 운명이 걸린 문제입니다. 한 나라와 민족이 지구상에서 완전히 사라져버리기도 하는 것이 전쟁입니다. 이기면 살고 지면 죽는 것입니다. 그러니 기도가 얼마나 심각한 일이겠습니까.

기도는 여호와의 깃발이라고 하셨습니다. 전쟁이 벌어졌고 여호와의 깃발이 올라갔습니다. 하나님이 함께 계신다는 증거입니다. 그러면 여호와의 군대를 이길 자가 있겠습니까? 그런데 여호와의 깃발이 내려오면 문제가 심각해집니다. 하나님이 함께 계신다는 표식이 사라진 것입니다. 그렇게 되면 우리가 마귀를 당할 수 없습니다.

여러분의 삶 속에 기도가 계속된다면 그것은 여호와의 깃발이 올라가 있다는 뜻이고, 피곤하고 바빠서 다른 여러 이유로 기도가 없으면 여호와의 깃발이 내려온 상태입니다. '내가 지금 기도를 제대로 못한다', '하루 한 시간 기도도 제대로 못하고 있다'고 하면 곧 죽는 것이나 마찬가지인 상황에 처한 것입니다. 이 정도로 심각하다는 것을 알아야 비로소 여호와 닛시의 기도를 하게 됩니다. 기도가 잘된다 안 된다, 기도할 여건이 된다 안 된다 이런 말이 없어집니다. 기도하면 사는 것이고 기도하지 못하면 죽는 것입니다.

기도의 역사를 경험하라

하나님은 24시간 주님을 바라보는 눈을 열어주시며 제 안에 기도에 대한 마음을 계속 부어주셨습니다. 벌써 몇 년째 그렇습니다. 계속해서 기도하라고 하시고, 성도들 사이에 기도를 일으키라고 하십니다. 매일 저녁 매일합심기도 제목을 나누고 기도하게 하시고, 최근 한 시간 기도운동까지 모두 주님이 강권하신 일입니다. 주님이 보시기에 우리의 기도가 성에 안 차고, 마음에 들지 않으신 것 같았습니다. 마치 "그렇게 기도하면 안 돼", "그 정도로 기도하는 거 아니야" 이렇게 말씀하시는 것 같습니다. 혹시 하나님 앞에 충분히 기도하며 살지 못한다는 생각이 드십니까? 그렇다면 그 생각은 주님이 주시는 생각입니다.

산꼭대기에 올라가 이스라엘을 위해 기도하던 모세의 팔이 피곤했다고 했습니다. 그만큼 기도가 힘들다는 것입니다. 한 시간 기도를 계속하는 일이 쉽지 않다는 것입니다. 영적 전쟁이기 때문에 더 어렵습니다. 마귀는 기도를 못하게 방해합니다. 졸리고, 시간이 없고, 기도에 대한 좌절감에 빠지게 만듭니다. 기도가 힘들고 어렵겠지만, 그때 상황을 한번 돌아봐야 합니다. 여호수아 군대가 아말렉에게 밀려서 다 죽게 되었습니다. 지금 기도하지 못하면 죽습니다. 완전히 끝입니다. 내 인생이 마귀의 놀이터가 된다고 생각하면 무슨 일이 있어도 기도하는 수고를 기꺼이 감당하게 되는 것입니다.

기도는 반드시 엄청난 역사를 가져옵니다. 앗수르 왕이 예루살렘을 위협하며 히스기야에게 하나님을 모욕하고 비방하는 편지를 보냅니다. 히스기야는 그 편지를 들고 하나님의 전에 들어가 기도했습니다.

> 히스기야가 사자의 손에서 편지를 받아보고 여호와의 성전에 올라가서 히스기야가 그 편지를 여호와 앞에 펴놓고 왕하 19:14

군사력으로는 도무지 이길 수 없는 싸움이었기에 히스기야는 밤새 기도했습니다. 기도 시간 내내 비통했고, 마음은 두려웠습니다. 전쟁에서 지면 전멸입니다. 잠을 이룰 수 없는 상황입니다. 그러나 하나님께 기도한 후에 놀라운 일이 벌어졌습니다.

> 이 밤에 여호와의 사자가 나와서 앗수르 진영에서 군사 십팔만 오천 명을 친지라 아침에 일찍이 일어나 보니 다 송장이 되었더라 왕하 19:35

히스기야가 기도하던 그 밤에 하나님이 천사를 보내서 앗수르 군대 십팔만 오천 명을 다 죽이셨습니다. 여러분, 기도하기가 참 힘듭니다. 히스기야도 밤새 기도하기 힘들었을 것입니다. 그러나 히스기야는 그날 밤 하나님 앞에 편지를 펼쳐놓고 간절히 기도했습니다. 그러자 그 결과가 엄청납니다. 그러니까 아무리 힘들고 어려운 일이 있어도 기도해야 합니다. 적당히 하면 안 됩니다. 기도는 살고 죽는 문제라는 각오로 하나님 앞에 철저히 기도해야 합니다.

기도할 때 우리는 기도의 기쁨을 경험하게 됩니다. 이스라엘 백성은 아말렉과 싸워 이기고 난 다음 기도의 차원이 달라졌습니다. 실제로 경험했기 때문입니다. 모세가 산꼭대기에서 팔을 들고 기도할 때 여호수아 군대가 이겼다는 것을 알고 난 다음 그들에게 어려운 일이 생기면 무엇부터 했겠습니까? 바로 기도의 깃발부터 세웁니다. 하나님께서 분명히 가르쳐주셨기 때문입니다.

기도 응답의 비밀

일평생 5만 번 기도 응답을 받았다는 조지 뮬러(George Muller) 목사님은 어떻게 그렇게나 많이 기도하고 또 많은 응답을 받았을까요? 조지 뮬러 목사님의 기도생활에는 두 가지 특징이 있었습니다. 첫째,

하나님에 대한 절대적인 확신입니다. 그는 하나님이 정말 살아 계시고 하나님의 말씀은 반드시 이루어진다는 것을 확신했습니다. 둘째, 어린아이 같은 단순함입니다. 그는 하나님의 말씀을 모두 믿었습니다. 정말 순수하게 믿은 것입니다. 조지 뮬러 목사님은 모든 기도는 다 응답받는다고 믿었습니다.

> 구하라 그리하면 너희에게 주실 것이요 찾으라 그리하면 찾아낼 것이요 문을 두드리라 그리하면 너희에게 열릴 것이니 마 7:7

그는 약속을 믿고 기도만 했습니다. 조지 뮬러 목사님은 어떤 고정 수입도 거절했습니다. 그리고 누구에게도 어려움을 말하거나 도움을 요청하지 않았습니다. 오직 하나님께만 말씀드렸습니다. 기도에 목숨을 건 것입니다. 하나님이 기도에 응답해주시지 않으면 다 굶는 것입니다. 이 사람, 저 사람에게 부탁하며 기도하는 것과는 완전히 다른 차원의 기도인 것입니다. 그랬더니 정말 놀라운 응답이 오기 시작했습니다.

물론 처음부터 기도 응답의 기쁨이 있었던 것은 아니었습니다. 그의 일기를 읽어보면 처음에는 기도에 대한 믿음을 다루는 시간이 있었습니다. 하나님께서 진짜 기도만으로 응답해주시는지 회의에 빠질 때도 있었습니다. 그런데 믿음으로 기도하는 조지 뮬러에게 하나님께서 정확히 응답해주시기 시작했고, 그 응답이 쌓여가면서 그는 엄청난 믿음의 사람이 됩니다. 살아 계신 하나님께 구하기만 하면 그분이 우리를 능히 먹이고 살리심을 믿었습니다. 그 기도로 수많은 고아들을 돌보았습니다. 전 세계에 복음을 전하기 위해서 선교의 문을 열고, 성경책을 보내고, 수많은 교회도 세웠습니다.

여러분, 하나님께서 우리에게 주신 기도의 축복은 조지 뮬러에게 주신 것과 똑같은 것입니다. 그런데 어떤 자세로 하느냐에 차이가 있습니다. 조지 뮬러처럼 기도하는 방법밖에 없다고 할 수는 없지만, 우리 마음속에 '기도하면 살고 기도 안 하면 죽는다'는 것만큼은 명확해야 합니다.

존 웨슬리(John Wesley) 목사님의 일기를 보면 참 놀라운 내용이 많이 나옵니다. 어느 해 4월 24일자 일기입니다.

"우리는 볼턴에서 뉴우웰 헤이까지 8마일을 말을 달려갔는데 거의 4시간이나 걸렸다. 내가 설교를 막 시작했을 때 햇빛이 내 옆머리에 어찌나 뜨겁게 비치든지 이렇게 설교가 계속되면 설교를 오래할 수 없을 것 같았다. 그래서 나는 하나님을 향하여 기도했다. 그랬더니 그 해가 조금 후에 구름으로 가려지더니 예배가 끝날 때까지 계속 구름 속에 있었다. 다른 사람들은 우연이라고 말할지 모르겠지만 나는 이것을 기도에 대한 응답이라고 생각한다."

그다음 날입니다.

"나는 10시경에 터드몰텐 근처에서 설교하였다. 사람들은 산등성이에 줄

줄이 서 있었다. 그들은 외모로 보아서는 굉장히 거친 사람들이었지만 그들의 마음은 촛농이 녹아내리는 것과 같이 부드러웠다. 헵턴 스토올에 가서 나는 오후 3시에 산등성이에서 설교하였다. 그런데 내가 설교를 시작하자마자 비가 내리기 시작하였다. 그래서 나는 하나님의 뜻이라면 설교를 마칠 때까지 비가 멈추어주기를 기도하였다. 그랬더니 실제로 비가 멎었다. 그리고 내가 설교를 마친 다음에 다시 비가 오기 시작하였다."

우리도 일기를 쓰는데, 우리 일기에도 우리의 기도와 기도 응답의 간증이 기록되어야 합니다. 다른 사람의 일기를 인용할 필요 없이 우리 일기에도 수많은 기도 간증이 기록되도록 하는 것이 하나님의 뜻입니다.

서로 기도의 손을 붙들라

"내가 이제부터는 정말 기도로 살겠다!"라는 분명한 결심이 있기를 바랍니다. 그런데 기도의 체험도 없고 그렇게 기도할 자신도 없고 기도 응답에 대한 확신도 없다면 어떻게 해야 합니까? 힘들고 어려워도 기도를 쉬지 않도록 서로 도와야 합니다. 그러기 위해서 서로 연합해야 합니다. "살고 죽는 것이 기도라는데, 내 기도가 너무 초라합니다. 기도의 힘이 너무 없습니다"라고 하는 분들에게 하나님께서 함께 기도할 자들을 붙여주십니다.

모세의 팔이 피곤하매 그들이 돌을 가져다가 모세의 아래에 놓아 그가 그 위에 앉게 하고 아론과 훌이 한 사람은 이쪽에서, 한 사람은 저쪽에서 모세의 손을 붙들어 올렸더니… 출 17:12

아론과 훌이 왜 이렇게 했을까요? 모세의 손이 내려오면 다 죽게 생겼으니까 어떻게 해서든지 내려오지 않도록 하기 위해 끝까지 모세의 손을 붙든 것입니다. 이것이 우리가 해야 할 일입니다. 여러분 자신은 물론이고, 내 옆에 있는 지체, 이웃, 가족은 무슨 일이 있어도 기도를 쉬면 안 됩니다. 호흡이 중단되면 죽는 것처럼 기도를 쉬면 죽는 것입니다. 우리가 모여서 할 일은 서로 기도하도록 도와주는 것입니다.

함께 모여서 기도하기를 힘쓰십시오. 우리는 기도하기 위해서 서로 손을 잡아야 합니다. 기도가 막히지 않도록 무슨 일이 있어도 싸워서는 안 됩니다. 용서하고 사랑하고 사랑만 하며 살 때, 거기서 기도의 힘이 나옵니다. 기도가 살고 죽는 문제이고, 우리가 기도하기 위해 서로 도와야 한다는 사실을 깨달아야 서로 싸우거나 비난하거나 고집부리지 않게 됩니다.

기도의 힘을 지켜내십시오. 기도할 수 있는 영적 상태를 스스로 무너뜨려서 시험에 빠지는 일이 없도록 하십시오. 연합하여 기도하는 사람이 많아질 때 교회가 역사하는 힘이 커집니다.

주님을 바라보는 믿음으로 기도의 자리를 지켜라

헤롯이 야고보를 죽이고 이후 베드로도 죽이려고 그를 옥에 가두었을 때 얼마나 경비를 철저히 했는지 모릅니다. 군사 넷을 한 조로 네 조를 만들어서 성문을 지키도록 했고, 그것도 모자라 베드로가 갇혀 있는 감옥 안에 군인 둘을 넣어 베드로의 손과 발에 함께 차꼬를 채워서 꼼짝 못하게 했습니다. 베드로를 처형할 때까지 누구도 베드로를 빼가지 못하도록 감옥에 붙들어놓은 것입니다.

그러나 사실 헤롯은 불안할 이유가 없었습니다. 헤롯에게는 군대가 있었지만 제자들에게 무기가 있는 것도 아니고 싸울 힘이 있는 것도 아니었으니까요. 그런데도 지나치다 싶을 정도로 대비한 것을 보면 헤롯은 뭔가 엄청난 일이 일어날 수 있다는 느낌이 있었던 것 같습니다.

그런데 베드로를 위해 기도하던 교인들에게는 그런 믿음이 전혀 없었습니다. 기도하면서도 그랬습니다. 하나님의 천사가 감옥에 갇힌 베드로를 깨워서 눈을 떠보니 양옆에 군사 둘이 잠들어 있고 차꼬가 다 풀려 있었습니다. 그 천사를 따라 성문 밖까지 나왔는데 아무도 그를 알아보거나 붙잡지 않았습니다.

그제야 정신을 차린 베드로가 자신을 위해 모여서 기도하는 교인들이 있는 다락방으로 달려갔습니다. 그가 문을 두드리자 어린 여종 하나가 나왔다가 베드로의 목소리를 알아듣고 얼마나 놀랐는지 문을 열어주지도 않고 기도하는 사람들에게로 달려가 베드로가 문 밖에 서 있다고 알립니다. 그때 베드로가 풀려나게 해달라고 그토록 기도하던 사람들이 뭐라고 말합니까?

"네가 미쳤구나! 귀신을 본 모양이다."

결국 그들은 믿음 없이 기도한 것입니다. 그런데 저에게는 오히려 이것이 하나님이 주시는 중요한 메시지로 들렸습니다. 도대체 믿음 없이 어떻게 기도를 합니까? 믿음이 없으면 베드로가 풀려날 거라는 믿음도 안 생깁니다. 먼저 야고보가 죽었고 지금 베드로도 삼엄한 경비 속에 감옥에 갇혀 있는데 베드로가 어떻게 풀려나겠습니까? 도무지 믿어지지 않습니다.

그렇습니다. 초대 교회 성도들에게는 응답에 대한 믿음이 없었습니다. 그러나 그들은 계속 기도했습니다. 주님을 바라보는 믿음은 있었기 때문입니다. 주님이 그들과 함께 계신다는 믿음이 있었기 때문입니다. 저에게 이것이 놀라웠습니다. 베드로가 풀려날 거라고 믿어지지 않아도 주님을 바라보며 계속 기도했을 때 역사가 일어난 것입니다.

여러분, 기도는 해야겠는데 믿음은 안 생기고, 확신도 없고, 기도의 체험도 없고, 주변에 함께 기도해줄 사람도 없습니까? 그래도 우리는 기도의 자리를 지킬 수 있습니다. 주님을 바라보는 믿음으로 기도의 자리를 지켜야 합니다. 주님을 바라보면 기도할 믿음을 얻게 됩니다. 끝까지 기도할 힘을 얻습니다.

예수님을 바라보는 믿음

바디매오는 나면서부터 볼 수 없었던 맹인입니다. 그는 자신이 나으리라는 소망이 없었습니다. 그런데 예수님이 여리고를 나가실 때 소리를 질러서 주님을 불렀습니다. 예수님이 자기 앞을 지나가신다는 것 하나만큼은 너무나 분명했기 때문에 오직 주님만 바라며 소리 지른 것입니다.

> 예수께서 이르시되 가라 네 믿음이 너를 구원하였느니라 하시니 그가 곧 보게 되어 예수를 길에서 따르니라 막 10:52

예수께서 "네 믿음이 너를 구원했다"고 하셨는데 그러면, 바디매오의 믿음은 어떤 믿음입니까? 예수님 그분을 향한 믿음입니다. 자신이 눈을 뜰 거라고 믿지는 못해도 지금 자기 앞을 지나가고 있는 주님을 향해 "주여"라고 소리를 질렀던 믿음, 그 믿음은 주를 바라보는 믿음이었습니다.

누가복음 8장에 열두 해 혈루병을 앓던 여인은 자신의 병이 나으리라는 소망이 없었습니다. 그런데 예수님이 지나가십니다. 부정한 여인이라 감히 예수님 앞에 나설 수 없지만, 지나가시는 예수님의 옷자락에 몰래 손을 대었습니다. 이 여인의 믿음이란 예수님 그분을 바라보는 믿음이었습니다.

> 예수께서 이르시되 딸아 네 믿음이 너를 구원하였으니 평안히 가라 하시

더라 눅 8:48

예수님은 우리 안에 계십니다. 우리 앞을 지나가시거나 옷자락을 만지는 정도가 아니라 내 안에 계시는 분입니다. 지금 여러분의 처지와 형편이 어떻게 변화될지 확신이 없어도 주님이 함께 계신 것만큼은 분명합니다. 여러분이 주님 안에 거하는 이 믿음만 있으면 주님이 그 믿음을 가지고 여러분의 삶 속에 영광을 나타내십니다.

마태복음 15장에 수로보니게 여인이 귀신 들린 자신의 딸을 고쳐 달라고 예수님께 나왔습니다. 예수님은 여인에게 아주 모질게 대하셨습니다. 자녀에게 줄 떡을 개에게 줄 수 없다고 하셨습니다. 모멸감이 들 만한 말을 들었는데도 이 여인은 더 간절히 예수님 앞에 엎드렸습니다.

여자가 이르되 주여 옳소이다마는 개들도 제 주인의 상에서 떨어지는 부스러기를 먹나이다 하니 마 15:27

그때 주님이 "네 믿음이 크도다"라고 여인을 칭찬하셨습니다. 수로보니게 여인의 믿음은 주님을 바라보는 믿음이었습니다. 오늘 우리도 똑같습니다. 주님이 여러분과 함께 계시는 것을 정말 믿으십니까? 나의 문제가 해결될 것에 대한 믿음으로 기도드릴 수는 없어도 주님이 나와 함께 계신 것은 너무나 분명합니다. 그 주님을 의지하여 주님께 나아가시기를 바랍니다. 그 믿음을 붙잡고 기도하기 바랍니다.

살아 있는 매일의 기도 역사

서울의 어느 큰 교회 장로님의 부인이신 권사님이 제가 쓴《나는 죽고 예수로 사는 사람》(규장)이라는 책을 읽고 큰 은혜를 받아 사람이 확 바뀌었다고 합니다. 남편에게 "나는 죽었습니다" 하면서 너무 잘했다고 합니다. 그런데 하루 만에 예전으로 돌아갔다고 합니다. 그렇게 딱 하루 변화되었습니다. 우리가 책을 읽고 깨달았다고 사람이 변하는 것이 아니고, 은혜로운 말씀을 들었다고 해서 삶이 바뀌는 것도 아닙니다. 설교자인 저 자신도 설교를 했다고 변화되지 않습니다. 정말 살아 있는 기도가 없다면, 안다고 해도 그대로 살지 못합니다. 깨닫기는 했는데 삶으로 살아지지는 않습니다. 기도를 적당히 하면 더 혼란에 빠집니다. 머리로 아는데 경험하지 못하고, 아는 것은 점점 많아지는데 실제로 나는 너무 초라하게 살기 때문입니다.

한 시간 기도를 해봐도 마음에 별로 남는 것이 없다는 분들이 있습니다. 그러나 우리는 무슨 일이 있어도 기도해야 합니다. 아론과 훌이 모세의 손을 붙들어 올리는 것처럼 어떻게 해서든지 우리도 기도를 중단하면 안 됩니다. 기도는 살고 죽는 문제입니다. 핑계할 것이 없습니다. 기도를 못하면 죽는 것입니다. 완전히 끝입니다. 그러나 기도하면 어떤 형편에서든지 삽니다. 하나님이 반드시 일으키십니다. 그러니까 어떻게 해서라도 옆에 있는 사람들과 같이 기도해야 합니다. 그가 무너질 것 같으면 내가 도와주고, 내가 흔들리면 그 사람이 붙잡아주는 것입니다.

주변 이웃에 있는 교우들과 다 같이 기도 짝이 되십시오. 가족은 더 말할 것도 없습니다. 특히 부부라면 이보다 놀라운 기도 짝이 없습니다. 그러니까 이제부터 주님 앞에 갈 때까지 부부 싸움은 하지 마십시오. 부부 싸움을 하면 기도가 가증하게 보이고, 자신도 가증스러워 보입니다. 열심히 기도하던 부부도 부부 싸움을 하고 나면 기도를 딱 중단해버립니다. 그러나 그것은 기도가 살고 죽는 문제인 줄 모르니까 그러는 것입니다.

주님을 바라보십시오. 예수님이 여러분 안에 계신 것 하나를 분명하게 붙잡으십시오. 기도는 모두 영적 전쟁입니다. 만약에 기도가 힘들면 '엄청난 일이 벌어질 모양이구나!'라고 믿어야 합니다. 기도가 잘 안 되면 이유가 있는 것입니다. 마귀가 기도를 못하게 막고 있는 것입니다. 기도가 힘들 때 오히려 "와, 엄청난 역사가 일어나려고 하는구나"라고 기대하시기 바랍니다. 그런 역사가 여러분에게 있기를 축복합니다. 기도의 문이 활짝 열려서 기도 낙심자가 완전히 살아나게 되기를 바랍니다.

prayer points

1. 하나님, 무슨 일이 있어도 내 삶에서 여호와의 깃발이 내려오지 않게 하소서. 가정과 교회에도 여호와의 깃발이 내려오지 않게 하소서. 주여, 끝까지 기도할 힘을 주소서.

2. 하나님, 모세와 아론과 훌처럼 함께 기도할 자들을 세워주소서. 우리가 다 기도하는 자로 연합하게 해주소서. 무너지고 쓰러질 때 서로 붙잡아 주는 자가 되게 하시고, 우리를 기도로 붙들어주는 이가 있게 해주소서. 가족과 교인과 직장 동료를 함께 기도할 자들로 세워주소서.

3. 주님, 기도의 영을 부어주소서. 기도로 살기 위해 다 포기하고 다 양보할 수 있게 하소서. 오직 기도의 영을 거두지 말아주소서. 오직 정결하며, 오직 사랑으로만 살며, 오직 감사하며, 오직 찬송하며 살게 하소서.

CHAPTER **11**

기도하기 전에 속단하지 말라

14 왕이 이에 말과 병거와 많은 군사를 보내매 그들이 밤에 가서 그
성읍을 에워쌌더라 15 하나님의 사람의 사환이 일찍이 일어나서 나
가 보니 군사와 말과 병거가 성읍을 에워쌌는지라 그의 사환이 엘리
사에게 말하되 아아, 내 주여 우리가 어찌하리이까 하니 16 대답하되
두려워하지 말라 우리와 함께 한 자가 그들과 함께한 자보다 많으니
라 하고 17 기도하여 이르되 여호와여 원하건대 그의 눈을 열어서 보
게 하옵소서 하니 여호와께서 그 청년의 눈을 여시매 그가 보니 불
말과 불병거가 산에 가득하여 엘리사를 둘렀더라 18 아람 사람이 엘
리사에게 내려오매 엘리사가 여호와께 기도하여 이르되 원하건대
저 무리의 눈을 어둡게 하옵소서 하매 엘리사의 말대로 그들의 눈을
어둡게 하신지라 19 엘리사가 그들에게 이르되 이는 그 길이 아니요
이는 그 성읍도 아니니 나를 따라 오라 내가 너희를 인도하여 너희
가 찾는 사람에게로 나아가리라 하고 그들을 인도하여 사마리아에
이르니라

열왕기하 6:14-19

이따금 교우들로부터 “목사님, 너무 피곤해 보이세요”라는 말을 들을 때는 참 민망합니다. 은혜가 충만해 보인다는 말은 아니기 때문입니다. 그때마다 ‘주님은 나를 어떻게 보실까? 주님이 나를 보시고 뭐라고 하실까?’ 하는 생각을 해봅니다.

우리가 항상 의식해야 할 것은, 눈에 보이지 않지만 우리를 지켜보는 이들이 많다는 사실입니다. 어느 목사님이 운전을 하다가 빨간 신호등 앞에 서 있는데, 뒤따라 오던 차 한 대가 찢어질 듯한 브레이크 마찰음을 내며 가까스로 부딪치지 않고 멈춰 섰다고 합니다. 교통사고가 날 뻔한 것입니다. 운전자가 잠깐 한눈을 팔았던 모양입니다. 순간 그 사람도 제정신이 아닐 거라는 생각이 들어 백미러로 보니 당황해하던 운전자가 정신을 차리고 주위를 둘러보며 담배를 피우기 시작하는데 운전석 앞에 작은 십자가가 흔들거리는 것이 보이더랍니다.

자칫 추돌 사고가 일어날 뻔하게 운전을 험하게 하고, 십자가가 흔들리는 차 안에서 담배를 피우고, 그 모습을 누군가 다 지켜보고 있다는 것을 저분이 전혀 모른다는 생각이 들자 참 안타까웠다는 것입니다. 이렇게 우리는 사실 수많은 사람들이 보는 앞에서 살고 있습니다. 혼자 있을 때에도 우리가 이 사실을 꼭 명심해야 합니다.

…우리에게 구름같이 둘러싼 허다한 증인들이 있으니… 히 12:1

많은 증인들이 우리를 지켜보고 있습니다. 무엇보다 항상 주님이 함께하십니다. 내 안에 오신 주님이 나를 지켜보고 계십니다. 내 마음속까지 다 아십니다. 이것은 매우 중요합니다. 우리가 이것을 분명히 의식하며 살기 위해 24시간 예수님을 바라보자고 하는 것입니다. 주님이 나를 보고 계신 것을 내가 분명하게 알게 되고, 그것을 의식하고 살 때 우리 인생에 놀라운 변화가 일어납니다.

한 시간 기도가 영의 눈을 열어준다

열왕기하 6장은 우리에게 익숙한 성경 말씀입니다. 엘리사 선지자가 거하는 도단 성에 아람 군대가 쳐들어와서 성읍을 포위했습니다. 엘리사를 죽여야 이스라엘을 이길 수 있다고 생각한 아람 왕이 엘리사 한 사람을 죽이기 위해 군대까지 보낸 것입니다. 아침이 밝으면 성을 칠 태세였습니다. 엘리사의 종이 일찍 일어나 아람 군대가 성읍을 빽빽이 포위한 것을 보고 너무 놀랐습니다. 종이 걱정하며 이 사실을 엘리사에게 알리자 엘리사는 전혀 두려워하지 않았습니다. 그리고 어떤 요동함도 없이 담대하게 종에게 말합니다.

두려워하지 말라 우리와 함께한 자가 그들과 함께한 자보다 많으니라 왕하 6:16

그런데 그 말을 듣고도 엘리사의 종이 두려워합니다. 믿어지지 않았기 때문입니다. 두려워 떠는 종을 위해 엘리사가 하나님께 종의 눈을 열어달라고 기도합니다.

기도하여 이르되 여호와여 원하건대 그의 눈을 열어서 보게 하옵소서 하니 여호와께서 그 청년의 눈을 여시매 그가 보니 불말과 불병거가 산에 가득하여 엘리사를 둘렀더라 왕하 6:17

하나님께서 종의 눈을 열어주시니 그의 눈에 불말과 불병거가 산에 가득한 것이 보였습니다. 그 순간 엘리사의 종에게서 두려움이 떠났습니다. 우리와 함께한 자들이 저들보다 많음을 알았기 때문에 실제로 두려움이 사라진 것입니다. 이처럼 눈이 뜨여서 영적인 세계를 보는 것이 우리가 함께 기도하고 응답받을 중요한 메시지입니다.

사람의 눈에 보이는 것만이 전부는 아닙니다. 구름같이 둘러싼 허다한 증인도 있고 내 안에 주님도 계십니다. 그렇다고 항상 영적인 세계가 보이는 체험만을 구해서는 안 됩니다. 엘리사가 불말과 불병거를 보았기 때문에 두려워하지 않았을까요? 엘리사는 믿음으로 알았습니다. 육신의 눈으로 보이지 않아도 믿음으로 볼 수 있습니다. 하나님께서 불말과 불병거로 지키신다는 사실을 믿은 것입니다.

우리에게도 이것이 필요합니다. 하나님께서 우리의 영안(靈眼)을 열어서 영적인 세계를 보게 하실 수도 있지만, 항상 그렇게 답을 얻어야 믿을 수 있다면 우리는 믿음으로 세상을 이겨낼 수 없습니다. 믿음으로 보는 눈이 열려야 합니다. 주님이 내 안에 거하시는 것을 알기에, 많은 증인들이 나를 지켜보는 것도 믿어지고, 천군 천사가 나를 지키고 있다는 사실도 믿어지는 것입니다. 이 일은 우리의 삶 전체를 바꿉니다.

우리가 고통스러운 문제와 실패와 시련 때문에 갑자기 염려하고 두려운 마음이 들 때가 있습니다. 자연스러운 일입니다. 그럴 때 눈에 보이고 귀에 들리는 것이 전부가 아니라 영적인 세계가 있음을 분명히 알아야 합니다. 그리고 기도해야 합니다. 우리가 한 시간 기도를 하자는 이유가 여기에 있습니다.

하루 24시간 중에 한 시간, 한 시간 기도가 우리에게 영적인 눈을 열어줍니다. 내 문제, 가정과 교회와 나라와 민족의 문제를 놓고 주님 앞에 기도하면 주님께서 엘리사의 종에게 하신 것과 같은 역사를 우리에게도 이루어주십니다. 그래서 우리의 판단이 완전히 달라지는 역사가 일어납니다. 왜냐하면 우리가 보는 것과 주님이 보시는 것이 완전히 다르기 때문입니다.

주님이 보시는 눈으로 보는 훈련

기도하면서 하나님의 답이 올 때까지는 속단하지 말아야 합니다. 내 판단과 주님의 판단은 너무 다릅니다. 눈앞의 일만 보고 판단하지 말고 주님의 눈으로 보는 훈련을 해야 합니다. 그러면 사람이나 환경이 달라지지 않아도 인생이 완전히 달리 보이게 됩니다. 그럴 때 인생이 달라지는 것입니다.

풍랑이 이는 바다에서 제자들이 밤새 노를 젓느라 얼마나 두려웠을까요? 그런데 주님은 그 안에서 주무시고 계셨습니다. 제자들의 판단과 예수님의 판단은 완전히 달랐습니다. 나사로가 죽었을 때 여동생 마르다와 마리아를 비롯한 마을 사람들이 모두 슬픔에 잠겼습니다. 그러나 주님은 죽은 나사로를 살리실 완전한 계획이 있으셨기 때문에 그들과 판단이 달랐습니다. 벳새다 들판에서 오천 명을 먹이실 때도 제자들과 예수님은 판단이 달랐습니다. 예수님이 십자가에 달려 죽으실 때도 예수님의 죽음을 보는 제자들과 주님의 판단이 달랐습니다.

우리의 판단과 하나님이 보시는 우리의 상황은 이렇게나 다릅니다. 우리에게 중요한 것은 "도대체 주님은 이 문제를 어떻게 생각하시는가?" 하는 것입니다. 우리가 그것을 깨달은 다음 무언가를 판단해야 합니다. 지금이 정말 울 때인지 웃을 때인지, 고꾸라져야 하는지 일어나야 하는지 주님의 분명한 인도함을 받게 됩니다.

1. 주님이 보신 것은 무엇이었을까?

제가 선한목자교회에 처음 부임해올 때 건축 부채가 많았고 예배당 건축도 중단된 상태여서 정말 어려웠습니다. 그런데 지금 돌아보니 그 당시 제가 본 것과 주님이 보신 것이 너무 달랐음을 깨닫습니다. 사람은 어쩔 수 없이 눈으로 보는 것에 영향을 받습니다. 예배당은 엄청나게 크게 지으면서 교인들은 대부분 떠나갔고 빚도 많으니 예배당 건축을 어떻게 다 마무리해야 할지, 저는 거의 절망 가운데 있었습니다. 그러나 주님이 보신 것은 달랐습니다. 당시 주님은 저나 교인들에게 하시고 싶은 말씀이 있었습니다.

"두려워하지 마. 걱정하지 마. 제발 돈 걱정하지 마. 나만 보고 따라와."

그때 주님의 마음이 지금은 느껴집니다. 그때도 주님은 기도할 때마다 제게 그렇게 말씀하셨음을 깨닫습니다. 그러나 주님이 그렇게 말씀하셨을 때 '아, 그렇구나. 걱정 안 해도 되겠다. 이제 염려 안 할 거야' 이렇게 반응하면 될 텐데, '혹시 건축도 마무리되지 못하고 부도가 나는 것은 아닐까?', '예배당만 크게 짓고 감당하지 못하게 되지는 않을까?' 하는 생각에 많이 시달렸습니다.

2. 어떤 것이 진짜 주님의 판단일까?

하나님은 계속해서 저에게 하나님이 보시는 눈으로 보는 훈련, 하나님의 판단에 반응해가는 훈련을 시키셨습니다. 예배당 공사도 끝나지 않았고 여전히 빚이 많아 절박한 그때 일본에 있는 형제교회 예배당 구입을 위하여 5억 원을 보냈습니다. 교회에 돈이 있어서 보낸 것이 아니라 은행 대출을 더 받아서 보냈습니다. 지금 같아도 쉽지 않을 일을 그때 주님만 바라보고 한 것입니다. '주님이 그렇게 하는 것을 기뻐하시는구나' 생각되니 순종할 수 있었습니다.

그 후 예배당이 완공되고 하나님 앞에 감사예배를 드리게 되었습니다. 그때 갈등이 하나 있었습니다. 부채가 하나도 없다면 예배당 봉헌예배를 드리지만, 부채가 남아 있는 경우에는 입당예배를 드리게 되는데, 제 안에 새 예배당일 때 하나님께 봉헌예배를 드리고 싶다는 마음이 들었습니다. 그리고 하나님께 건축비 부채를 해결해달라고 기도했으니 응답받은 줄 믿고 봉헌예배를 드렸습니다. 빚을 다 갚았다고 선언한 것입니다. 주님을 바라보니 그렇게 믿어졌습니다. 주님이 다 해결해주시리라는 담대함이 생겼습니다. 이 일을 잘했는지 잘못했는지에 대한 판단은 사람마다 다를지 모릅니다. 어떤 것이 진짜 주님의 판단일까요?

3. 내가 보는 것과 주님이 보시는 것은 너무 다르다

한번은 세계적인 금융위기로 경제적인 어려움이 닥쳤던 해, 건축비 상환이 다급해져서 교인들에게 교회를 위하여 힘을 다해 건축헌금을 해달라고 부탁했습니다. 그런데 간절히 부탁한 그 해에 헌금이 오히려 더 적었습니다. 너무 당황했고 낙심이 되었습니다. 그때 하나님께서 제가 보는 것과 주님이 보시는 것이 너무 다르다고 말씀하셨고 저를 심하게 책망하셨습니다.

"너는 왜 동냥하듯이 교인들에게 헌금을 구걸하느냐?"

"헌금이 기쁜 사람들만 헌금하게 하라!"

그 말씀을 들을 때 얼마나 두려웠는지 모릅니다. 그때부터 건축

헌금은 1년에 한 번, 헌금이 기쁜 분들만 하기로 했습니다. 그 역시 믿음으로 그렇게 한 것입니다. 그러자니 더욱 주님만 바라보게 되었습니다. 그것이 복이 되었습니다. 그렇게 해온 지가 벌써 10년 가까이 되고, 그 믿음의 실험은 여전히 진행형이며, 그렇게 교회가 믿음으로 사는 법을 배웠습니다.

이렇듯 우리 판단과 주님의 판단이 너무 다르니 우리가 주님의 눈으로 보면서 주님의 판단을 정확히 분별하고 살아가기 위해 한 시간 기도를 하자는 것입니다. 어떤 문제가 생겼거나 곤경에 처했을 때 우리는 먼저 기도하고 난 뒤에 판단해야 합니다. 중요한 결정을 내려야 할 때 언제나 하나님의 말씀을 먼저 들어야 합니다. 손을 잡고 뜨겁게 기도한 후 결정해야 합니다. 기도하기 전과 기도한 다음이 다릅니다. 혼자 기도한 것과 함께 기도한 것도 완전히 다릅니다.

보이는 음란물 vs 보이지 않는 예수님

얼마 전에 젊은이들의 예수동행운동인 워십위드지저스(Worship with Jesus) 집회에서 청년들이 간증을 했는데, 그때 남자 청년들이 음란의 문제와 싸우고 있다는 고백을 했습니다. 예수님과 동행하는 삶과 음란물에 빠지는 것은 결코 같이 갈 수 없는 일입니다. 여러분 중에도 음란물과 싸우는 분이 있을 것입니다. 아마 치열하게 싸우다가 무너지고 실패하고 좌절한 분도 있을 것입니다. 혈기가 왕성한 청년이라면 더 말할 것도 없습니다.

음란한 영상, 음란한 사진이나 글은 눈에 보입니다. 그런데 예수님은 눈에 보이지 않습니다. 많은 사람들이 이 음란물에 무너지고 있습니다. 싸움이 되지 않을 만큼 일방적으로 밀리고 있습니다. 교회에 다니는 청년들, 성도들, 심지어 목회자들까지 음란물에 넘어집니다. 너무 심각한 문제입니다. 교회 안에서도 성범죄가 계속 일어나고 있다는 소식이 들려옵니다. 이것은 눈에 보이는 음란물과 보이지 않는 예수님 사이의 영적 싸움입니다.

그러나 이 싸움은 주님을 바라보는 눈이 뜨이면 완전히 달라집니다. 우리는 원래 음란물에 무너지는 존재가 아닙니다. 저는 지금까지 제 앞에서 음란물을 보는 사람을 단 한 사람도 보지 못했습니다. 저는 여러분 중에 누가 음란물에 빠져 있는지 모릅니다. 그런 분을 한 번도 직접 본 적이 없기 때문입니다. 도서관이나 지하철에서, 가족과 함께 있을 때 음란물을 볼 수 있습니까? 우리는 이렇게 다른 사람만 옆에 있어도 얼마든지 음란물을 보지 않을 자제력이 있습니다.

우리가 음란물의 홍수 속에 살고 있고, 음란물의 자극이 너무 강하다는 것이 문제가 아닙니다. 우리의 진짜 문제는 예수님을 바라보는 믿음의 눈이 뜨이지 않은 것입니다. 사람만 옆에 있어도 음란물을 보지 못하는데, 주님을 바라보는 눈이 뜨이고 나면 돈 주고 보라고 해도 볼 수가 없습니다. 그래서 우리가 예수님과 동행하는 일을 하자는 것입니다.

처음에는 주님을 바라보기가 어렵습니다. 눈에 보이는 것은 너무나 분명한 현실이지만 예수님은 솔직히 현실적인 존재로 여겨지지 않습니다. 그런데 처음만 그렇습니다. “하나님이 안 믿어진다”, “보이지 않는다”고 하지 말고 주님을 바라보려고 노력하고, 동행하시는 주님을 믿음으로 의식하는 삶을 꾸준히 살다보면 반드시 주님이 나와 함께 계신다고 믿어지는 역사가 일어납니다.

주님이 나와 함께 계심이 믿어지기 시작하면 누구와 만나서 말하고 행동하는 모든 것이 달라지기 시작합니다. 지금 주님이 우리와 같이 계신 것이 분명합니다. 찬송 중에, 기도 중에, 간증 중에, 말씀을 들을 때, 주님의 임재와 역사가 느껴지지 않습니까? 분명히 느끼는지, 희미하게 느끼는지는 차이가 있지만 지금 이 시간, 이 자리에 주님이 임재해 계심을 느끼지 못하는 사람은 한 사람도 없습니다. 주님이 여러분과 함께 계시는 것이 절대로 낯선 일이 아닙니다. 지금까지 그렇게 살아오지 않았더라도 지금부터라도 매일 주님 바라보기를 힘쓰면 주님의 임재를 느끼는 감각이 엄청나게 커집니다.

제가 예수동행운동을 하고 매일 동행일기를 쓰자고 하는 이유가 여기에 있습니다. 주님의 함께하심이 믿어지면 삶은 완전히 달라집니다. 청년들이 음란과의 싸움에 과감하게 도전합니다. “예수님이 정말 나와 함께 계신가?”, “주님이 그 눈을 뜨게 해주시는가?” 그러면 음란에서 이길 수 있는 것입니다. 만약 그렇지 못하다면 음란의 유혹에서 이길 수 있는 사람이 과연 누가 있을까요?

주님께 얻은 내 인생의 해답

우리 마음속 원망과 불평거리를 찾아보면 많을 것입니다. 그런데 그 점 역시 속단해서는 안 됩니다. 그것이 불평거리인지 원망할 일인지 주님께 답을 얻고 난 다음 대답해야 합니다.

고(故) 강영우 박사는 중학생 때 축구공에 맞아 시력을 잃었습니다. 그 후 참 놀라운 삶을 사셨습니다. 그는 실명(失明)하기 전까지만 해도 공부를 평범하게 하는 학생이었다고 합니다. 그런데 실명하고 나서 공부를 더 잘하게 되었습니다. 앞이 안 보이는데 공부를 잘하게 되는 것이 정상입니까? 그러나 그는 실명을 하고 나서 공부를 더 잘하게 되어 연세대학교 문과대 전체 차석으로 졸업 후 미국으로 유학을 가서 3년 8개월 만에 교육학 석사, 심리학 석사, 교육철학 박사 학위를 받고 마침내 한국 최초의 맹인 박사가 되었으며 나중에 미국 백악관 자문위원까지 되었습니다. 한국인으로서 미국에서 가장 높은 지위에 오른 분이기도 합니다. 모두 맹인이 되고 난 다음 일어난 일입니다.

강영우 박사가 이렇게 될 수 있었던 것은 하나님의 말씀을 믿었기 때문입니다. 그는 어느 날 설교 말씀을 듣다가 "그에게서 하나님이 하시는 일을 나타내고자 하심이라"(요 9:3)라는 약속의 말씀을 붙잡았습니다. 자신이 실명한 것은 "하나님이 하시는 일을 나타내고자 하심이라"라는 이 말씀을 믿자 '나는 왜 이렇게 불쌍한 사람이 되었지?', '내가 무엇을 할 수 있을까?' 이런 부정적인 생각을 떨쳐버리게 되고, 모든 판단이 달라진 것입니다. 정말 엄청난 일입니다. 내 판단이 아니라 주님의 판단으로 판단하게 되면 우리의 삶이 바뀌는 것입니다.

주님의 눈으로 보면 전혀 다를 수 있다!

진짜 두려운 것은 환난이나 역경이 아닙니다. 오히려 편안할 때, 순탄할 때가 더 무섭습니다. 어느 집사님은 "기도회에 가자", "성경공부 가자" 하면 몸이 천근만근인데, 여행가고 쇼핑하고 먹고 노는 일에는 몸이 솜털보다 가벼워진다고 합니다. 오전 내내 누워 있다가도 누가 쇼핑하고 점심 먹자고 전화만 해주면 용수철처럼 벌떡 일어난다는 것입니다. 이것이 두려운 것입니다. 이것이 진짜 무섭습니다. 왜냐하면 하나님의 눈으로 보지 못한다는 증거이기 때문입니다. 자신이 지금 잘하고 있는지, 다른 문제는 없는지 분별하지 못하는 것입니다.

어린이 유괴범들이 처음에 어떻게 합니까? 아이에게 친절하게 다가와 부모보다 더 의지하게 만듭니다. 아이 입장에서 보면 좋은 어른을 만난 것 같습니다. 하지만 그러다가 유괴를 당하는 것입니다. 우리에게 다가오는 마귀의 역사도 마찬가지입니다. 영화를 보더라도 주인공이 유혹을 받을 때 위기감이 고조되고 관객들이 긴장합니다. 마찬가지로 성도들이 유혹을 받을 때 천국에서 허다한 증인들이 긴장할 것입니다.

그러니까 좋은 형편에 있다고 해서 그것이 진짜 좋은 것인지는 분별해보아야 합니다. 지금이 진짜 편안한 때인지, 안심해도 되는 때인지 주님의 눈으로 보면 완전히 다를 수 있습니다. 사람들이 돈이 많으면 행복해하고, 돈이 없으면 불행해합니다. 일이 마음먹은 대로 되면 성공했다고 여기고, 그렇지 않으면 실패했다고 여깁니다. 이것은 대단히 심각한 위기입니다. 돈이 있어서 느긋하고 돈이 없다고 불행하다면 그는 하나님의 인도를 받을 수 없습니다. 길이 아닌데 길처럼 보이거나 길은 전혀 길처럼 보이지 않을 것입니다.

아브라함의 조카 롯이 그랬습니다. 롯은 소알 땅으로 갈 때 넓은 땅과 초지, 소돔과 고모라 성만 보았습니다. 그는 기도하지 않았고 너무 속단했습니다. 그 결과 그는 모든 재산과 아내마저 잃어버리고 말았습니다. 우리는 무엇이 진짜 좋은 것인지, 어떤 것이 진짜 복된 것인지 기도하고 응답을 받아야 합니다. 어려워도 쉽게 낙심하지 말고, 편안하다고 쉽게 안심하지 말고 하나님의 인도를 받아야 합니다.

그래서 한 시간 기도를 하자는 것입니다. 매일 한 시간 기도하는 삶을 살면 우리가 모르는 사이에 주님이 우리를 붙들어주십니다. 꾸준히 기도하면 주님이 주시는 분별력을 얻게 되어 주님의 판단이 무엇인지 점점 더 분명해집니다. 어떤 일이든지 하나님의 이끄심을 따라가게 됩니다.

나는 무엇을 바라보고 사는가?

우리는 무엇인가에 빠져 삽니다. 주식에 투자한 사람은 주식 시세를 바라보고, 부동산에 투자한 사람은 부동산 시세에 눈이 가고, 사업을 시작하면 사업 생각만 하게 됩니다. 공부하고 스펙을 쌓는 일, 휴대폰이나 TV 프로그램, 동영상, 스포츠, 음식, 여행 등 우리를 자극하고 유혹하는 것들이 너무 많습니다.

그런데 병이 위중하거나 사경을 헤매는 분들을 심방해보면 스포츠나 음식이나 여행에 전혀 관심이 없습니다. 그 말은 그들의 인생에서 그것들이 중요한 것이 못 된다는 증거입니다. 죽을 날이 눈앞에 다가오면 그때 가서 정말 중요한 것이 무엇인지 구분이 되는 것입니다. 우리가 정신없이 세상 재미에 빠져서 살다보면 정작 정말 중요한 일에 마음과 생각, 돈과 시간을 쓰지 못합니다. 오히려 기도하지 못하고, 말씀 보지 못하고, 주님과 동행하지 못합니다. 그것은 우리가 땅을 치고 후회할 일입니다. 아무것도 아닌 것에 나의 생명 같은 시간, 마음, 물질을 낭비했다는 것을 깨달을 때 왜 그렇지 않겠습니까?

어느 전도사님이 너무 울상이기에 왜 그러냐고 물었더니 메이저 리그에서 뛰는 류현진 선수가 점수를 많이 잃고 패전투수가 되었다고 합니다. 그래서 사는 낙이 없다는 것입니다. 이것은 심각한 문제입니다. 그러니 한 시간 기도가 힘든 것입니다. 야구 봐야지 언제 기도하겠습니까? 그런데 이런 문제에 빠져 있는 분들이 무척 많습니다. 여러분, 하나님 앞에서 무엇이 정말 중요한지, 자신이 바른 판단을 하고 있는지 잘 분별하며 살아가기 바랍니다.

염려하지 말라! = 기도하라!

무엇이 정말 중요한지 판단을 잘해야 합니다. 그렇지 않으면 소중한 인생이 시간 낭비로 허무하게 끝납니다. 그래서 불신앙적인 염려도 죄가 되는 것입니다.

예수님은 마태복음 6장에서 무엇을 먹을까 마실까 입을까 "염려하지 말라"(마 6:31)고 말씀하시고, 그다음 7장에서는 "기도하라"고 말씀하셨습니다. 6장과 7장을 같이 읽어보면 염려하지 않는 것과 기도하는 것, 이 두 명령이 맞물려 있다는 것을 알 수 있습니다. 사실은 염려하지 않는 것과 기도하는 것이 같은 명령이라는 것입니다.

> 항상 기뻐하라 쉬지 말고 기도하라 범사에 감사하라 이것이 그리스도 예수 안에서 너희를 향하신 하나님의 뜻이니라 살전 5:16-18

어떻게 하면 염려하지 않고 삽니까? 기도하자는 것입니다. 그러면 염려 대신 기도가 됩니다. 염려하지 않는 것과 기도하는 것이 본질상 같은 것입니다.

> 너희 염려를 다 주께 맡기라… 벧전 5:7

염려를 주께 맡기는 것이 기도입니다. 기도의 역사는 엄청납니다. 기도하는 분이라면 이미 경험했겠지만 기도할 때 염려가 놀랍게 줄어듭니다. 한 시간 기도를 하면 남은 하루를 살아가는 동안 마음속에 있는 염려가 더 이상 나를 사로잡지 못합니다. 염려할 거리가 생겼다가도 다음 날 하나님 앞에 한 시간 기도할 때 주님이 다시 믿음을 일으켜주십니다. 우리가 방향을 잃어버리지 않을 수 있는 방법이 여기에 있습니다.

기도의 사람은 다른 사람들의 판단을 바꾼다

한 시간 기도운동은 판단을 바로 하고 살기 위해 하자는 것입니다. '아, 바쁜데 한 시간을 어떻게 기도하라는 거냐?' 이런 생각을 의식적으로라도 버리십시오. 한 시간 기도하기 위해 포기해야 하는 것이 있다면 차라리 잘된 일입니다. 진작 버려야 했을 것인지도 모릅니다. 애초에 하지 않는 것이 나을 일입니다.

'한 시간 기도해도 그 모양이냐?' 이렇게 말하지 말아야 합니다. 기도하니까 그 정도라도 된 것입니다. 한 시간 기도를 하기 위해서 이것을 끊어내고 저것도 잘라내면서 기도하다보면 무엇보다 먼저 자신에게 유익할 뿐만 아니라 다른 사람이 자신을 보는 시각도 달라집니다. 기도하는 사람은 다른 사람에게 신뢰를 줍니다. 판단을 바꾸게 만듭니다.

매일 꾸준히 한 시간을 기도하며 살아간다면 처음 며칠은 잘 몰라도 그렇게 한 달을 살고 두 달을 살 때 '저 사람은 기도하는 사람이야' 하고 다른 사람들이 알게 됩니다. 한 시간 기도를 하려면 좀 유난스러울 수밖에 없습니다. "아, 나 기도해야 되는데…" 자꾸 이런 말을 하고, "나 기도하고 올게"라고 말하게 됩니다. "아니, 혼자만 기도하나?" 이런 말이 나올 만큼 사람들에게 소문이 납니다. 그리고 나중에 사람들의 평가 또한 달라지는 것을 알 수 있습니다.

미국 독립전쟁 때 워싱턴의 군대가 이길지 질지 논쟁이 벌어졌습니다. 모든 여건은 워싱턴에게 불리했습니다. 그런데 한 사람이 워싱턴이 이길 거라고 장담하며 말했습니다.

"몹시 추운 어느 날 숲속을 걸어가는데 무슨 소리가 들려서 보니 워싱턴이 눈 덮인 땅에 얼굴을 대고 기도하고 있었소. 그것을 보는 순간 나는 워싱턴이 이길 거라는 생각이 들었소."

군목으로 근무할 당시 저도 여러 지휘관들을 만났습니다. 그런데 믿는 지휘관이라고 해서 다 기도의 사람은 아니었습니다. 물론 어떤 지휘관은 그가 정말 '기도의 사람'이라는 것이 느껴졌습니다. 그때 제 마음속에 '하나님이 이 사람과 함께하시겠구나' 하는 것이 진심으로 믿어졌습니다. 우리의 기도는 우리 자신도 변화시키지만 우리 주변에 있는 사람들의 판단을 바꾸어놓습니다.

야곱이 벧엘에서 하나님을 만나자 염려와 두려움이 다 사라졌습니다. 주님이 여러분에게도 그렇게 하실 것입니다. 주를 바라보는 눈이 떠지고 마음이 변화되는 경험을 하게 될 것입니다. 엘리사의 종의 눈이 열린 것처럼 여러분에게도 주님이 그 은혜를 더해주실 것입니다.

prayer points

1. 주님, 엘리사의 종에게 눈을 열어주신 것처럼 제 영의 눈을 활짝 열어주소서. 주님, 영적인 세계가 분명히 깨달아지게 해주소서. 하나님의 판단으로 제 판단을 주관하소서.

2. 불신앙적인 두려움과 염려가 완전히 떠나가게 하소서. 더 이상 두렵지 않고 염려하지 않는 은혜가 임하게 해주소서. 내 마음속에 있는 두려움과 염려가 주님을 바라봄으로 완전히 해결되게 하소서. 그것들이 다 떠나갔음을 깨닫게 해주소서.

3. 주님, 제 눈을 열어 함께하시는 주님을 바라보게 하소서. 더 분명히 보여 알게 해주소서.

CHAPTER **12**

생명의 능력이 흐르게 하라

9 나아만이 이에 말들과 병거들을 거느리고 이르러 엘리사의 집 문
에 서니 10 엘리사가 사자를 그에게 보내 이르되 너는 가서 요단강에
몸을 일곱 번 씻으라 네 살이 회복되어 깨끗하리라 하는지라 11 나
아만이 노하여 물러가며 이르되 내 생각에는 그가 내게로 나와 서서
그의 하나님 여호와의 이름을 부르고 그의 손을 그 부위 위에 흔들
어 나병을 고칠까 하였도다 12 다메섹 강 아바나와 바르발은 이스라
엘 모든 강물보다 낫지 아니하냐 내가 거기서 몸을 씻으면 깨끗하게
되지 아니하랴 하고 몸을 돌려 분노하여 떠나니 13 그의 종들이 나아
와서 말하여 이르되 내 아버지여 선지자가 당신에게 큰일을 행하라
말하였더면 행하지 아니하였으리이까 하물며 당신에게 이르기를 씻
어 깨끗하게 하라 함이리이까 하니 14 나아만이 이에 내려가서 하나
님의 사람의 말대로 요단강에 일곱 번 몸을 잠그니 그의 살이 어린
아이의 살같이 회복되어 깨끗하게 되었더라

열왕기하 5:9–14

하나님이 처음 사람을 창조하셨을 때는 질병으로 고생하는 일이 없었습니다. 그러나 인간이 타락한 이후 질병은 우리 삶의 가장 큰 고통이 되었습니다. 모든 좋은 것을 소용없게 만드는 것이 병입니다. 몸이 아프면 즐거움이 다 사라집니다. 먹는 것도 재미가 없고, TV 프로그램도 재미가 없고, 여행 가는 것도 힘들어집니다. 몸이 병들면 돈이 있고 성공을 해도 아무 소용이 없습니다. 정말 무섭습니다.

나아만은 아람의 군대장관입니다. 성경은 나아만의 이력을 상세히 소개합니다.

> 아람 왕의 군대장관 나아만은 그의 주인 앞에서 크고 존귀한 자니 이는 여호와께서 전에 그에게 아람을 구원하게 하셨음이라 그는 큰 용사이나 나병환자더라 왕하 5:1

나아만은 군대장관이고, 크고 존귀한 자이며, 아람을 구원하였으며, 큰 용사라고 소개합니다. 참 대단한 사람입니다. 그런데 마지막에 그가 '나병환자'임을 덧붙였습니다. 이 말은 앞서 나아만에 대해 언급한 모든 것이 다 헛것이 되었다는 뜻입니다. 질병이 이렇게 무서운 것입니다.

치료하는 하나님

그러나 우리에게 참 놀라운 복음이 있습니다. 하나님께서 우리가 병든 것을 긍휼히 여기신다는 것입니다.

… 나는 너희를 치료하는 여호와임이라 출 15:26

성경은 하나님을 '우리를 치료하시는 여호와'라고 소개합니다. 하나님께서 우리를 치료하신다고 하니까 우리가 하나님을 세상의 의사처럼 여기기 쉬운데, 그렇지 않습니다. 우리는 의사에게 아픈 증상을 이야기합니다. 그러면 의사가 진찰을 하고 검사를 해서 그 병의 원인을 찾아내어 합당한 치료를 합니다. 약을 처방하거나 수술을 하기도 합니다. 하지만 그것으로 끝입니다. 의사는 우리 영혼의 상태, 믿음이나 기도, 회개나 순종에 대해서 확인하지 않습니다. 그저 몸이 아픈 곳을 치료할 뿐입니다.

그런데 우리가 하나님 앞에 나올 때는 조금 다릅니다. "하나님, 제가 어디가 아픕니다" 이렇게 나오면 하나님은 "그래, 내가 고쳐주마" 그러지 않으십니다. 그것만 생각하고 나온다면 우리는 우리를 향한 하나님의 계획을 전혀 누리지 못하게 됩니다. 하나님은 우리가 몸이 아파서 하나님 앞에 나와도 우리의 몸만이 아니라 더 중요한 영혼까지 치료하십니다. 우리의 죄와 믿음을 다루십니다. 그리고 여러분의 순종을 다루십니다.

참 이상한 일입니다. 몸이 아파서 나왔는데 회개했는지, 정말 믿는지, 정말 순종하는지 그것을 왜 따집니까? 하나님은 우리의 몸이 아픈 것을 긍휼히 여기실 뿐만 아니라 우리에게 몸과 비교할 수 없이 귀한 영혼이 있다는 것을 아십니다. 이 세상에서 건강하게 사는 것도 참 귀한 일이지만, 하나님은 우리에게 영생이 있음을 아십니다.

따라서 하나님은 단순히 우리의 몸이 아픈 것만 다루시지 않습니다. 하나님이 정말 원하시는 것은 우리의 영적 상태가 온전해지는 것입니다. 육신의 질병의 뿌리는 사실 영혼의 문제에서부터 왔기 때문입니다. 예수님도 병자들을 치료하실 때 항상 죄를 먼저 다루셨습니다.

> 예수께서 그들의 믿음을 보시고 중풍병자에게 이르시되 작은 자야 네 죄 사함을 받았느니라 하시니 막 2:5

이것이 우리 가운데 주님이 일으키시는 일입니다. 우리가 몸이 아파서 주께 나아와 기도할 때 주님이 우리를 어떻게 다루시는지 알아야 주의 역사하심에 우리 자신을 맡길 수 있습니다.

예수님 당시는 모든 병이 죄 때문이라고 생각하던 시대였습니다. 영적으로 보면 그리 틀린 말은 아닙니다. 그러나 구체적으로 어떤 죄를 지어서 이런 병이 걸렸다고 말하는 것은 성경적인 가르침이 아닙니다. 이처럼 우리의 질병이 어떤 죄 때문에 비롯되었다고 말할 수는 없지만, 주님은 오늘날에도 병보다 더 큰 문제인 우리의 죄 문제를 다루시면서 우리의 육신까지 건강하게 회복하시고자 한다는 것은 같습니다.

죄와 질병 치유의 상관관계

질병의 짐은 정말 무겁습니다. 그런데 육신의 질병보다 더 무거운 짐이 죄 짐입니다. 몸이 병들어도 기뻐하는 사람을 보았습니다. 병들었지만 감사하는 사람도 보았습니다. 그런데 죄 짐을 지고 웃는 사람은 없습니다. 세상 좋은 것을 다 가지고 살아도 죄 짐에 눌려 스스로 목숨을 끊는 사람도 있습니다. 질병의 짐보다 죄 짐이 훨씬 더 심각합니다. 이 죄 짐이 풀어지는 데서부터 놀라운 육신의 치유가 일어납니다.

> 그러므로 너희 죄를 서로 고백하며 병이 낫기를 위하여 서로 기도하라 의인의 간구는 역사하는 힘이 큼이니라 약 5:16

초대 교회 성도들이 병자들을 위해서 기도할 때 서로 자기 죄를 고백하는 시간을 가졌습니다. 주님 앞에서만 고백하는 것이 아니라 병든 자도 기도하는 자도 서로에게 "내게 이런 죄가 있습니다", "내가 하나님께 이런 불순종을 했습니다"라고 죄를 고백하고, 주님이 그 죄를 씻어주심을 믿고, 환자들을 위해서 기도했다는 것입니다. 이렇듯 우리의 죄 문제와 육신의 질병의 치유는 밀접한 관련이 있습니다.

치유를 위해 기도하고자 했는데 자신의 죄를 회개하느라 정작 자신의 아픈 몸을 고쳐달라는 기도를 하지 못할 때가 있습니다. 내 죄가 너무 원통해서, 자신이 하나님 앞에 정말 큰 죄인임을 깨닫고 그것 때문에 울다 지쳐서 내 몸 고쳐달라는 기도를 못했는데, 그렇더라도 병이 고침을 받는 경우가 있습니다.

> 내가 입을 열지 아니할 때에 종일 신음하므로 내 뼈가 쇠하였도다 주의 손이 주야로 나를 누르시오니 내 진액이 빠져서 여름 가뭄에 마름 같이 되었나이다 (셀라) 내가 이르기를 내 허물을 여호와께 자복하리라 하고 주께 내 죄를 아뢰고 내 죄악을 숨기지 아니하였더니 곧 주께서 내 죄악을 사하셨나이다 (셀라) 시 32:3-5

회개가 터져 나온 것은 사실 치유의 역사가 일어난 것입니다. 이것이 우리 가운데 주님이 역사하시는 아주 중요한 포인트입니다. 기도하면서 우리의 죄가 깨달아지고 애통하고 그 죄를 고백하게 되었다면 이미 놀라운 주의 은총을 받은 것입니다.

기적을 믿는 믿음

우리는 또한 하나님이 기적을 행하신다는 것을 믿어야 합니다. 이것이 대단히 중요합니다. 우리 주님이 우리를 치료하려고 하실 때는 우리에게 정말 믿음이 있는지를 보십니다. 내 병이 치유되기를 바라는 기대와 치유되리라는 믿음은 다른 문제입니다. 기대가 있다고 해서 다 믿는 것은 아닙니다. 주님을 부른다고 해서, 치유 집회에 왔다고 해서 믿음이 있다고 할 수 있는 것은 아닙니다. 이것이 주님이 다루시려는 믿음의 문제입니다. 하나님은 여러분의 죄를 씻으실 뿐만 아니라 여러분에게 하나님을 믿는 믿음을 세우기 원하십니다.

아람의 군대장관 나아만이 나병에 걸렸는데 그 집에 이스라엘에서 포로로 잡혀간 여종 하나가 있었습니다. 어린 히브리 소녀가 그 집 몸종이었다는 것은 아람이 그동안 이스라엘을 얼마나 괴롭혔는지 알 수 있습니다. 그런데 그 소녀가 확신에 차서 이스라엘에는 어떤 병이든 능히 고치는 선지자가 있다고 하면서, 주인이 그 선지자에게 가면 "그가 그 나병을 고치리이다"라고 말했습니다.

이것은 정말 위험천만한 이야기입니다. 나아만이 이스라엘에 가서 엘리사를 만나 기도를 받았는데도 병이 낫지 않으면 어떡합니까? 어지간한 확신이 없으면 이런 말을 할 수 없습니다. 그러니까 이 여종은 진짜 믿은 것입니다. "고국 이스라엘에 있는 엘리사 선지자에게 가면 반드시 낫는다", 이것은 정말 엄청난 믿음입니다.

여종의 말을 듣고 믿음이 생긴 나아만은 이스라엘에 갑니다. 적국(敵國)에 가서 그곳 선지자를 만나 병을 고쳐달라고 할 수 있는 나아만의 믿음 또한 대단하였습니다. 그러나 그는 자기 마음대로 갈 수 없었습니다. 아람의 군대장관이기 때문에 아람 왕의 허락을 받아야 합니다. 나아만이 왕에게 보고하자 아람 왕이 그 말을 듣고 허락해줍니다. 정말 놀라운 믿음의 역사입니다. 여종의 믿음, 나아만의 믿음, 아람 왕의 믿음이 다 놀랍습니다. 아람 왕이 나아만을 보내면서 이스라엘 왕에게 친히 편지를 써줍니다. 자신의 군대장관을 보내니 나병을 고쳐달라는 내용입니다.

그런데 문제는 이스라엘 왕입니다. 그는 이 편지를 받고 기절하는 줄 알았습니다. '진짜 큰일이구나. 내가 사람을 죽이고 살리는 하나님도 아닌데, 무슨 꼬투리를 잡아서 전쟁을 벌이려고 사람을 보내어 병을 고쳐달라고 하는가?' 이스라엘 왕은 이렇게 걱정이 이만저만한 것이 아니었습니다. 얼마나 황당한 일입니까?

엘리사는 성경에서 가장 많은 기적을 행한 선지자입니다. 그런 엘리사가 자기 나라에 있고, 기적이 내 옆에서 일어나도 모르는 사람이 있습니다. 하나님의 기적이 지금도 있는지 없는지 논란거리입니다. 있다고 주장하는 사람과 없다고 주장하는 사람 사이에 도무지 합의점이 없습니다. 하나님의 기적이 있다고 확신하는 사람의 눈에는 하나님의 기적이 너무 많이 보입니다. 그러나 없다고 생각하는 사람에게는 전혀 보이지 않습니다.

이처럼 믿음이 얼마나 중요한 역할을 하는지 모릅니다. 이스라엘 왕은 하나님을 믿지 않았고, 하나님의 기적에 대한 기대나 갈망, 기적을 바라는 기도 또한 없었습니다. 그런 이스라엘 왕의 눈에는 나병에 걸린 나아만이 이스라엘에 와서 고침을 받을 수가 없는 것입니다. 하나님의 기적을 믿지 않으니까 전쟁하기 위해서 꼬투리를 잡는 거라고 생각할 수밖에 없었습니다.

믿음과 기적의 분위기

여호수아서 10장에는 여호수아가 태양을 멈추는 놀라운 장면이 나옵니다. 여호수아가 "태양아, 머물러라"라고 외치자 태양이 머물렀습니다.

> 여호와께서 아모리 사람을 이스라엘 자손에게 넘겨 주시던 날에 여호수아가 여호와께 아뢰어 이스라엘의 목전에서 이르되 태양아 너는 기브온 위에 머무르라 달아 너도 아얄론 골짜기에서 그리할지어다 하매 수 10:12

여호수아가 태양에게 머물라고 해서 태양이 머문 것도 참 놀라운 일이지만, 태양을 보고 머물라고 하면 머물 거라고 믿은 여호수아의 믿음 또한 정말 놀랍습니다. 어떻게 그렇게 말할 수 있느냐 하는 것입니다. 여호수아는 전쟁을 끝마칠 때까지 태양에게 멈추라고 명령했고, 실제로 그런 일이 일어났습니다.

여호수아가 그런 믿음을 가질 수 있었던 까닭은 여호수아가 애굽에서 나올 때부터 홍해가 갈라진 일, 만나가 내린 일, 반석에서 물이 나온 일, 요단 강물이 멈춘 일, 여리고 성이 무너진 일 등 수많은 기적을 보았기 때문입니다. 그렇습니다. 여호수아는 믿음과 기적의 분위기 속에서 살았습니다.

지금 우리에게도 이것이 매우 중요합니다. 이것이 교회마다 사람마다 믿음이 다른 이유입니다. 어떤 교회 교인들은 믿음이 상식이고 기적은 당연한 것입니다. 늘 하나님의 기적을 보고 듣습니다. "하나님이 고치실 것입니다", "하나님이 해결해주실 겁니다" 늘 그렇게 살았고 그렇게 말합니다. 기적이 있다고 믿었고, 기적을 위해서 기도했고, 기적에 대한 간증이 있었습니다.

그러나 어떤 교회 교인들은 하나님의 기적에 대해서 아무런 말도 듣지 못합니다. 하나님을 정말 믿고 하나님의 기적이 일어나기를 기도하지 않았기 때문입니다. 그런 교회에 가보면 간증거리가 전혀 없습니다. 마치 하나님은 그 교회에서 아무 일도 안 하시는 것 같습니다. 기적에 대한 기대도, 믿음도, 기도도 없으니까 아무 일도 일어나지 않습니다.

오늘 우리에게 중요한 것은 하나님이 지금도 기적을 행하신다는 것을 믿는 것입니다. 주님은 우리를 병에서 건지시려고 우리 가운데 계십니다. 인도에서 사역하시는 이재수 선교사님이 신학생들과 함께 전도여행을 다닐 때 인도 북부 외진 골짜기 마을로 들어갔는데, 처음에는 복음을 전하기가 매우 어려워 보였다고 합니다. 그래서 간이 화장실을 지어주고 아이들을 모아 가르치다가 몸이 아픈 아이들이 많은 것을 보고 그 아이들을 그냥 보낼 수가 없어서 아픈 곳에 손을 얹고 하나님께 간절히 기도했습니다.

그런데 다음 날 여러 아이들이 병이 낫는 기적이 일어났습니다. 그것을 보자 그들의 마음이 활짝 열렸고 병이 나은 아이들과 부모들이 주께 돌아왔습니다. 전도여행을 마치고 떠날 때가 되었을 때는 온 마을 사람들이 몰려나와 꼭 다시 찾아와달라고 했다는 선교 보고를 읽었습니다. 기적을 믿고 기도할 때 기적을 체험하는 것입니다.

우리의 영적 상태는 육적 상태와 매우 밀접하게 연결되어 있습니다. 그래서 몸이 아프면 믿음도 무너지기 쉽습니다. 병이 길어지거나 위중한 병에 걸리면 누구나 믿음이 흔들리고 기도도, 말씀 묵상도, 예수동행일기도 다 힘들어집니다. 그래서 성도의 기도가 필요한 것입니다.

혼자 있으면 마음이 확 가라앉아버리는데, 많은 성도들이 함께 모여서 기도하면 기도의 힘과 영적인 영향이 달라집니다. 환자들은 서로 기도해야 하고, 건강한 사람들은 환자들을 위해 기도의 책임을 져야 합니다. 주님을 믿고, 진정으로 죄를 회개하고, 사랑하는 마음으로 모여서 서로 기도하는 것입니다.

엘리사의 기도를 돈으로 사려고 한 나아만

나아만이 이스라엘에 있는 엘리사를 찾아갔습니다. 그런데 나아만이 마음에 큰 시험을 당합니다. 엘리사가 나와보지도 않고 종을 보내어 요단강으로 가서 몸을 일곱 번 씻으라고 말한 것입니다. 나아만이 이 말을 듣고 순간 불같이 화가 나서 돌아가겠다고 했습니다. 왜냐하면 적어도 엘리사가 직접 나와서 아픈 부위에 손을 얹고 하나님께 기도하여 병이 낫도록 해주어야 한다고 생각했기 때문입니다. 그래서 아람에 더 좋은 강이 많으니 씻어도 거기 가서 씻겠다고 씩씩거렸습니다. 어렵게 엘리사 앞에까지 왔는데 말 한마디에 시험이 든 것입니다.

여러분은 안 그럴지 한번 생각해보십시오. 여러분이 만약 암에 걸려서 교회 담임목사님에게 기도를 받고 싶은 마음에 교회에 왔는데, 마침 목사님이 사무실에 계십니다. 그런데 나와 보지도 않고 난방도 되지 않는 본당에 가서 30분 기도하고 가라고 한다면 어떻겠습니까? 섭섭하지 않으시겠어요? "아니, 세상에 이런 목사가 다 있어? 나와서 어디가 얼마나 아픈지 안부를 묻고, 주의 이름으로 머리에 손을 얹고, 간절히 기도해주어야 목사지! 우리 집 따뜻한 데서 기도하면 됐지, 추운 예배당에 가서 30분씩 기도할 건 뭐야. 나, 갈래. 교회가 여기만 있나!" 이러면서 돌아갈 것입니다.

그러니까 나아만이 특별히 나빠서 섭섭해한 것이 아닙니다. 하나님을 온전히 믿지 못하면 하나님의 은총을 입기 전에 스스로 시험에 빠져버립니다. 나아만이 시험에 든 것은 그동안 자기 나라에서 귀신을 섬기듯이, 하나님 앞에 나와 치유를 받으려고 했기 때문입니다.

귀신을 섬기는 사람들은 귀신으로부터 뭔가 얻기 원합니다. 전쟁에서 이기게 해주든지, 부자가 되게 해주든지, 병을 낫게 해주든지, 시험에 합격하게 해주든지…. 오직 능력과 문제 해결만 바라며 기도할 뿐입니다. 세상 사람도 이처럼 우상을 섬기고 귀신을 섬깁니다. 그 귀신은 "믿음이 있느냐", "회개했느냐", "순종하느냐" 이런 것을 따지지 않습니다. 오직 돈을 얼마나 가져왔는지 따집니다.

귀신을 섬기는 자는 귀신도 돈으로 조정할 수 있다고 여깁니다. 그래서 나아만도 엘리사에게 갈 때 예물을 많이 가져간 것입니다. 신전의 사제는 신의 사제인 동시에 유력한 사람들을 섬기는 사제였습니다. 그러니 사제는 왕이나 군대장관에게 복종해야만 했습니다. 돈을 많이 갖다 바친 그가 원하는 대로, 그가 시키는 대로 신에게 가서 제사하고 마음껏 복을 빌어주는 것이 사제가 하는 일이었습니다.

그러니까 나아만은 엘리사의 기도를 돈으로 사려고 한 것입니다. 하나님의 은혜도 돈으로 사는 줄 알았습니다. 그런데 엘리사가 아람 신전의 사제들처럼 자신을 예우하지도 않고, 요단강에 가서 몸을 일곱 번 씻고 가라니까 화가 난 것입니다.

주 예수님을 주목하라

나아만이 엘리사를 찾아갔을 때 엘리사가 나아만 장군을 직접 영접하지 않은 이유는 그의 자존심을 꺾으려고 하거나 그의 믿음을 시험해본 것이 아닙니다. 나아만은 하나님을 전혀 모르는 사람입니다. 그래서 그는 자꾸 엘리사만 바라보는 것입니다. 그렇기 때문에 엘리사가 자신을 감춘 것입니다. 나아만이 하나님을 만나는 데 자신이 가장 큰 걸림돌이 되기 때문입니다. 나아만의 나병을 고쳐주시는 분은 하나님이시며 그 하나님을 믿어야 하는데, 자신만 주목할까 봐 걱정한 것입니다.

우리에게도 똑같은 문제가 있습니다. 여러분이 치유받기를 원한다면 진짜 주목해야 할 것은 오직 주님이십니다. 엘리사가 나아만을 걱정한 것처럼 저도 여러분이 담임목사인 저를 바라볼까 봐 걱정이 됩니다. 목사가 병을 고치는 것이 아닌데도 안수기도를 받으러 나올 때 '어느 목사가 더 능력이 있을까?', '이왕이면 담임목사에게 받아야지' 이렇게 고르는 분이 있습니다. 주님은 바라보지 않고 목사만 바라보는 것입니다. 그래서 주님이 역사하시는 데 제가 오히려 걸림돌이 될 수 있습니다. 나아만처럼 반응하는 것입니다. 우리가 이 문제를 해결해야 합니다.

특히 환자인 교인들에게 부탁드리고 싶습니다. 우리는 주님 앞에 나아가고, 주님의 발 앞에 무릎을 꿇는 것입니다. 주님의 손이 여러분을 안수하십니다. 그러니까 혼자 기도하더라도 주님이 고쳐주신다는 믿음이 생기고 그 역사가 여러분에게 임했다고 믿어지면 굳이 안수를 받을 필요가 없습니다. 그런데 아직은 내게 그런 믿음이 없고 안수를 통해서 주님이 나를 고치시겠다 싶으면 안수를 받으셔도 좋습니다. 지금도 주님은 환자들이 은혜로운 목사나 유명한 치유사역자가 아니라 주님을 바라보기를 원하십니다. 병 낫는 데만 매달리지 말고 주 예수님을 주목해야 합니다.

유명한 치유사역자 진 다니엘은 10대 때 성령체험을 한 후부터 하나님께 놀랍게 쓰임받았습니다. 그 분이 처음 성령체험 하던 날의 간증을 책에서 읽었습니다. 진 다니엘이 강력한 성령의 임재를 체험한 곳은 아주 작은 오순절 계통의 교회였다고 합니다. 장로교 전통의 교회에서 신앙생활을 한 진 다니엘이 보기에는 찬양도 기도도 너무 다르고 신앙의 분위기가 전혀 달랐습니다.

그렇습니다. 하나님의 역사는 환경과 여건에 좌우되지 않습니다. 뭔가 은혜로울 것 같고, 뭔가 역사가 일어날 것 같다는 생각이나 판단에 좌우되지 않기를 바랍니다. 주님을 바라보면 사람이나 환경에 연연하지 않게 됩니다. 주님은 전혀 예상치 못한 곳에서 전혀 예상치 않은 방법으로 우리를 찾아오시고 역사하십니다. 아무도 주목하지 않는 한구석에서 홀로 기도하는 가운데 주님을 만나는 역사, 주님이 깊이 만져주시는 역사가 지금도 일어나고 있을 것입니다. 모든 것의 핵심은 우리가 주님을 바라보는 것입니다.

유년부 전도사님이 유년부 예배 때 아이들이 떠들기만 하는 것 같아서 예배를 제대로 드리는지, 설교를 잘 듣는지, 은혜를 받고 있는지 늘 아쉽고 답답하고 안타까웠다고 합니다. 그런데 어느 날 한 어머니가 찾아와 전도사님께 "우리 아이가 교회에 가는 걸 너무 좋아해요. 전도사님 설교도 잘 듣고 있어요"라고 감사 인사를 하더랍니다.

한번은 속상한 일이 있어서 이불을 뒤집어쓰고 누워 있는데 아이가 다가오더니 "엄마, 어디 아파?"라고 묻더랍니다. "아니, 마음이 좀 아파서 그래" 했더니 "엄마, 우리 교회 전도사님이 그러는데 예수님이 우리 마음에 계신대. 그러니까 엄마도 아파하지 마" 그러면서 엄마 가슴을 쓸어주더라는 것입니다. 얼마나 감동이 되던지 아이를 통해 은혜를 받고 회복되었다는 것입니다.

그 말을 듣고 전도사님도 그만 울고 말았습니다. '아, 아이들이 설교를 듣는구나. 예배 시간에 떠들고 장난만 치는 게 아니었구나.' 그것이 너무 감격스러웠다고 합니다. 이렇게 주님을 주목하고 바라보면 놀라운 주의 역사가 일어납니다. 주님이 나를 주목하시고, 주님이 내게 손을 얹으시고, 내가 주님 안에 있고, 주님이 내 안에 계시면 이제 주께서 나에게 주의 일을 행하십니다.

하나님의 놀라운 치유로 가는 길

우리는 철저히 주님께 순종해야 합니다. 주님은 우리가 몸이 아파서 주님 앞에 나왔을 그때 우리가 순종하는 사람이 되게 하십니다. 순종의 걸음을 통해서 우리를 고치십니다. 나아만이 화를 내고 돌아가려고 하자 주변에 있던 신하들이 말렸습니다.

> 그의 종들이 나아와서 말하여 이르되 내 아버지여 선지자가 당신에게 큰 일을 행하라 말하였더면 행하지 아니하였으리이까 하물며 당신에게 이르기를 씻어 깨끗하게 하라 함이리이까 하니 왕하 5:13

요단강에서 몸을 씻기만 하면 깨끗해진다는데 못할 까닭이 없지 않느냐는 종들의 만류와 간청에 마음을 정리한 나아만은 그 말을 듣기로 합니다. 이제 나아만이 옷을 벗습니다. 칼과 창을 내려놓고 갑옷도 벗고 벌거벗고 나니 그는 더 이상 아람의 군대장관이 아니라 온몸에 나병이 퍼진 초라한 환자였습니다. 그것이 나아만의 실상이었습니다.

그는 그 모습으로 요단강에 몸을 담갔습니다. 그렇게 일곱 번을 합니다. 나아만이 일곱 번 요단강에 들어갔다 나올 때 어쩌면 만감이 교차했을 것입니다. 다른 한편으로 너무 편안했을지도 모릅니다.

하나님께 다 맡기는 심정이었습니다. 여러분, 하나님께 맡기고 순종하고 나서 갑자기 찾아오는 평안을 아십니까? 우리는 순종을 통하여 이처럼 믿어지지 않는 하나님의 역사를 체험하게 됩니다.

나아만이 일곱 번 씻고 나서 깨끗하게 고침을 받았습니다. 정말 놀라운 기적이 일어난 것입니다. 나아만이 요단강에서 몸을 일곱 번 씻었다는 것은 우리가 치유를 위해 기도할 때 한 번의 기도로 낫는 경우만 있는 것이 아니라 계속 기도하게 하실 수 있다는 것을 보여줍니다. 그럴 때 낙심하지 마시기 바랍니다. '주님이 나를 계속 부르시는구나' 하고 주님을 더욱 바라본다면 잘 가고 있는 것입니다.

'기도했는데 어떻게 고침을 받게 되는 거지?' 하며 자신의 몸을 계속 점검하지 않아야 합니다. '기도했는데 아직도 아픈데?' 이렇게 되지 않기를 바랍니다. 나아만이 일곱 번 몸을 씻은 그 심정을 잊지 말아야 합니다. 처음 몸을 씻고 일어났는데 나병이 그대로 있고, 두 번째도 그랬습니다. 그렇지만 그는 하나님의 놀라운 치유로 나아가고 있었습니다. 우리에게는 낙심하지 않고 주님을 계속 바라보는 순종이 필요한 것입니다. 그러면 주님의 역사하심에 가까이 가고 있는 것입니다.

하나님을 믿게 된 기적

나아만이 일곱 번째 요단강에 몸을 담그고 일어났을 때 몸이 깨끗해졌음을 알았습니다.

… 요단강에 일곱 번 몸을 잠그니 그의 살이 어린 아이의 살같이 회복되어 깨끗하게 되었더라 왕하 5:14

그리고 비로소 하나님이 믿어지게 되었습니다.

나아만이 모든 군대와 함께 하나님의 사람에게로 도로 와서 그의 앞에 서서 이르되 내가 이제 이스라엘 외에는 온 천하에 신이 없는 줄을 아나이다… 나아만이 이르되 그러면 청하건대 노새 두 마리에 실을 흙을 당신의 종에게 주소서 이제부터는 종이 번제물과 다른 희생제사를 여호와 외 다른 신에게는 드리지 아니하고 다만 여호와께 드리겠나이다 왕하 5:15,17

나아만이 이런 엄청난 고백을 하게 되었습니다. 나아만의 나병이 나은 것보다 그가 하나님을 믿게 된 것이 이 본문의 핵심입니다. 그리고 그것이 훨씬 더 큰 기적입니다. 여러분 중에는 병 고침을 받는 것이 가장 큰 관심인 분들도 있을 것입니다. 그러나 하나님의 계획은 그 병을 통해 여러분이 하나님과 더 가까워지고, 주님과 온전히 연합한 자가 되고, 주님을 계속 바라보는 자로 서는 것입니다. 하나님은 그것을 더 원하십니다. 그것이 훨씬 더 큰 일입니다.

나아만은 이력이 화려했지만 나병 하나 때문에 무너졌습니다. 그러나 그 고통스럽고 두려운 나병 때문에 하나님을 만났습니다. 만약 나병에 걸리지 않았다면 그는 영원한 생명을 얻지 못하고 아람의 용사로 끝났을 것입니다. 그러나 나병 때문에 하나님을 믿게 되었습니다. 순종한 나아만에게 나병이 복이 된 것입니다. 그렇습니다. 우리의 질병이 무거운 짐처럼 느껴지지만, 이 질병이 하나님께 더 가까이 가고 주님과 온전히 하나 되게 만드는 역사를 이루는 하나님의 도구가 되는 것입니다. 그래서 내게 병을 주신 것조차 하나님께 감사하게 되는 것입니다.

만약에 나아만이 나병에 걸리지 않았는데도 하나님을 믿게 되었다면 훨씬 좋았을 것입니다. 그러나 그럴 가능성은 희박합니다. 아람의 군대장관이 나병에 걸리지 않았는데도 엘리사에게 오거나 엘리사의 말에 순종하지는 않았을 것입니다. 만약 나병이 낫지 않았는데도 하나님을 믿었다면 더 좋았을 것입니다. 하나님이 주시는 영생을 얻었다면 나병이든 건강하든 별 상관이 없습니다.

나병이 낫지 않았어도 예수님을 믿고 구원받은 사람도 많습니다. 벨기에 출신 다미안(Damien) 신부처럼 전도하기 위해 일부러 나병이 생기기를 원했던 사람도 있었습니다. 그는 자신이 나병에 걸린 것을 알고 기뻐서 나환자들에게 달려갔다고 합니다. 그렇다면 병 고침만이 문제를 풀어가시는 하나님의 뜻은 아니라는 것을 알 수 있습니다. 몸은 아프지만 건강보다 더 큰 은혜를 받고 있음을 믿으시기 바랍니다.

저는 순종입니다!

병 고침을 받았느냐, 안 받았느냐 하는 것보다 더 중요한 것이 있습니다. 하나님께서 원하시는 것은 오직 하나, 내가 순종의 걸음을 걷느냐 하는 것입니다. 하나님의 은혜의 역사는 순종으로 얻어집니다. 주님이 함께하시는 것과 주님의 역사가 일어나는 것은 별개인 것 같습니다.

순종이 열쇠입니다. 주님이 여러분에게 "감사하라", "찬송하라", "기뻐하라", "사랑하라", "용서하라", "간증하라", "고백하라" 기도 중에 이렇게 말씀하시면 "주님, 제가 순종하겠습니다"라고 답하는 것입니다. 나아만도 자기 자존심으로는 도무지 감당할 수 없는 일에 순종함으로 고침을 받았습니다.

주님이 함께 계셔도 순종하지 않으면 주님은 아무 역사도 이루지 않으십니다. 가나 혼인 잔치에 주님이 함께 계셨는데도 포도주가 떨어지는 일이 일어났습니다. 주님이 함께 계시는데 우리에게 위중한 병이 올 수 있습니다. 그러나 예수님이 주인처럼 종들에게 명령하시고 종들이 그대로 순종할 때, 물이 포도주가 되는 역사가 일어났습니다.

바로 순종입니다. 주님이 여러분에게 이루시려고 하는 것은 여러분이 '순종의 사람'이 되는 것입니다. "병이 들어서 내가 순종을 배웠습니다. 이제는 쓸데없는 데 마음을 쓰지 않고, '된다', '안 된다' 고집하지 않고, 주님이 말씀하시면 무조건 순종하겠습니다" 이런 믿음이 되면 주님이 여러분을 능히 깨끗하게 하실 것입니다.

주님께 작은 것부터 순종하는 것이 얼마나 중요한지 모릅니다. 하나님께 완전히 순종하는 것은 대단한 용기입니다. 한쪽 뺨을 맞은 다음 두려움을 이기고 다른 쪽 뺨을 돌려댈 때 폭력의 증오는 사라집니다. 이것은 하나님이 완전히 믿어지고 정말 의지가 되어야 가능한 일입니다.

지금 이 시간 주님이 주신 말씀이 생각나면 한 걸음 한 걸음 그 말씀대로 순종해보시기 바랍니다. 주님이 여러분에게 어떤 형태로 말씀하시든지 "주님, 저는 순종입니다. 주님, 저는 순종의 걸음을 내딛습니다" 그렇게 고백할 수 있기를 바랍니다. 그때 장벽이 무너집니다. 그러나 일곱 번까지 해야 합니다. 한두 번 하다가 포기하지 말아야 합니다.

prayer points

1. 우리 마음에 모든 의심이 사라지게 하소서. 주님이 하시는 말씀이라면 다 믿고 따르게 하소서.

2. 주님만 바라보게 하소서. 병도 아니고, 목사도 아니고, 교인들도 아니고, 오직 주님을 믿게 하소서. 사건이나 사람을 바라보지 않고, 오직 주님만 바라보게 하소서.

3. 주여, 말씀하소서. 제가 순종하겠습니다. 끝까지 순종하겠습니다. 더 말씀해주소서. 분명히 말씀해주소서. 제가 순종하겠습니다.

O N E   H O U R   P R A Y E R

끝까지 기도하라

PART 4

CHAPTER **13**

삶을 바꾸는 기도

9 야베스는 그의 형제보다 귀중한 자라 그의 어머니가 이름하여 이
르되 야베스라 하였으니 이는 내가 수고로이 낳았다 함이었더라 10
야베스가 이스라엘 하나님께 아뢰어 이르되 주께서 내게 복을 주시
려거든 나의 지역을 넓히시고 주의 손으로 나를 도우사 나로 환난을
벗어나 내게 근심이 없게 하옵소서 하였더니 하나님이 그가 구하는
것을 허락하셨더라

역대상 4:9,10

한 시간 기도는 주님이 오실 때까지 계속해야 할 일입니다. 그런데 한 시간 기도가 의무처럼 느껴지는 분이 여전히 계실 것입니다. 한 시간을 꼭 기도해야 한다는 부담감을 가지는 것입니다. 그러나 알고 보면 한 시간 기도는 우리에게 말할 수 없는 복입니다.

… 구하라 그러면 너희에게 주실 것이요… 눅 11:9

너무나 놀라운 약속입니다. 그러나 기도하면 응답하시겠다는 이 약속은 마트에 가서 무엇을 달라고 하면 내준다는 식의 의미가 아닙니다. 하나님의 약속은 그런 것이 아닙니다. 하나님께서 우리에게 기도하라고 하신 것은 기도를 통해 하나님이 우리 아버지 되심을 경험하게 하려는 뜻입니다.

아이가 떡을 달라고 하면 아버지에게 떡이 있는데 안 줄 리가 없습니다. 그런데 아이가 떡이 먹고 싶으면서 돌을 떡으로 알고 돌을 달라고 했다면, "그래, 너 돌을 달라고 했지?" 하면서 떡 대신 돌을 줄 아버지가 어디 있습니까. "네가 돌을 달라고 하지만 네게 필요한 건 떡이지" 하고 돌을 달라고 해도 떡을 줍니다. 달라고 하지 않아도 아버지라면 당연히 떡을 줍니다. 하나님은 우리가 구한 것이 합당하면 그대로 주시고, 잘못 구하면 더 좋은 것으로 주시고, 혹시 구하지 않아도 주시는 좋은 아버지이십니다.

제가 결혼할 때 나이가 스물여섯이었는데, 그때를 돌아보면 저는 하나님께 좋은 아내를 달라고 간절히 기도하지는 않았습니다. 물론 배우자에 대해 생각하고 있었지만 금식하고 철야하면서 그렇게 기도하지는 않았던 것 같습니다. 그런데 하나님께서 저에게 가장 좋은 아내를 주셨습니다. 하나님은 떡을 달라고 해도 떡을 주시고, 돌을 달라고 해도 떡을 주시고, 달라고 하지 않아도 떡을 주십니다.

정말 좋은 아버지시구나!

멕시코에서 사역하는 선교사님이 여자아이 하나를 입양했습니다. 친아버지에게 무참히 학대받던 아이를 겨우 구출했는데, 하나님이 그 아이를 입양하라는 마음을 주신 것입니다. 선교사님이 "이제 너는 내 딸이야, 무엇이든지 필요하면 말해"라고 했지만 안타깝게도 아이는 선교사님에게 어떤 것도 구하지 않았습니다. 딸이라면 아빠에게 조르고 투정할 게 많을 텐데 한 번도 울지 않고, 뭘 달라고도 하지 않았답니다. 사랑을 받아본 적이 없고 버림받을까 봐 두려웠을 것입니다. 친아버지라고 믿어지지 않는 것입니다.

그런데 어느 날 그 아이가 선교사님에게 다가와서 조용한 목소리로 말했습니다.

"아빠, 신발 끈이 하나 필요해요."

선교사님이 그 이야기를 듣는데 눈물이 왈칵 쏟아졌다고 합니다. '이 아이가 내게 자신이 필요한 것을 달라고 했다', 그것이 그렇게 감사하더랍니다. 이것이 기도입니다. '내가 너의 좋은 아버지라고 믿어! 내게 물어라. 구하라. 내가 아버지야!' 하나님의 마음이 꼭 그와 같습니다.

기도하는 것은 의무가 아닙니다. 복입니다. 기도는 하나님 앞에 무엇을 구하면 하나님이 그것을 주신다는 법칙이나 공식이 아닙니다. 기도는 무언가 얻는 비결을 가르쳐주는 것이 아니라 "아버지라고 믿으라", "마음껏 구하라", "아버지와의 친밀한 관계를 누리라"는 것입니다. 그래서 한 시간 기도는 하나님의 허락입니다. 아버지께 마음껏 기도하고 주님을 바라보고 주님을 묵상할 수 있다는 허락입니다.

하나님이 우리에게 뭔가를 주실 때는 관공서에서 청구한 그대로 주는 방식을 말씀하는 것이 아닙니다. 엄밀히 말하면 하나님은 구하거나 구하지 않거나 우리에게 좋은 것을 주십니다. 여러분에게 있는 모든 좋은 것이 다 기도하고 받은 것입니까? 실제로 여러분이 하나님께 구하지 않았는데도 거저 받은 것이 얼마나 많습니까?

그러면 우리에게 왜 기도하라고 하십니까? 하나님이 아버지이심을 경험하는 방법을 가르쳐주시는 것입니다. 사랑하는 자녀가 아버지에게 구하면 아버지는 항상 좋은 것으로 주십니다. 구한 대로 주시는 것이 아니라 항상 좋은 것으로 주십니다. 그래서 기도는 정말 복입니다. 하나님께서 "내가 너의 아버지인 것을 정말 믿으라"고 하시는 말씀이 믿어지면 기도가 되는 것입니다.

야베스의 인생 역전

야베스는 기도로 운명이 바뀐 사람입니다. 성경에 나오는 야베스의 기도를 가리켜 흔히 '인생이 바뀐 기도', '팔자를 고친 기도'라고 생각합니다. 그런데 우리가 이 야베스의 기도를 주목해볼 필요가 있습니다. 하나님께서 우리에게 기도하게 하시는 이유는 우리의 인생을 바꾸기 원하시기 때문입니다. 기도는 우리의 인생을 바꿉니다. 정말 기적과 같이 바꿉니다. 그러니까 한 시간 기도는 엄청난 복입니다. 의무가 아닙니다.

역대상 4장은 유다 자손과 시므온 자손과 여분네의 아들 갈렙의 자손을 비롯한 여러 후손들의 이름이 기록된 족보입니다. 그런데 9,10절에 걸쳐서 야베스를 소개하고 있습니다. 물론 이 두 절만 가지고 야베스가 어떤 사람이었는지, 그의 생애가 어떠했는지 알기는 어렵습니다. 그러나 이 짧은 구절만으로도 우리는 기도에 대한 귀중한 교훈을 얻을 수 있습니다.

야베스는 성경에 성(城) 이름, 길르앗 야베스 사람을 가리키는 지역 이름으로도 많이 나오는데, 인물 야베스에 대해서 언급한 성경은 이 본문이 유일합니다.

성경은 야베스가 '귀중한 자'라고 했습니다.

야베스는 그의 형제보다 귀중한 자라… 대상 4:9

귀중한 자란 없어서는 안 되는 자, 영향력이 큰 자, 모든 이들이 존경하고 사랑하는 자를 말합니다. 야베스 가문의 여러 사람 중 야베스가 그런 귀중한 자라고 합니다. 여러분의 가정을 생각해보십시오. 여러분 가정에 어느 누구는 다른 가족보다 더 귀중한 사람이라고 할 수도 있습니다. 예를 들어 가정의 경제를 책임지는 가장이라면 귀중한 사람입니다. 교회에서도 어떤 분을 두고 "그 분 없으면 큰일 나요"라고 말한다면, 그런 분이 귀중한 자입니다. 야베스가 그런 평가를 받았습니다. 모든 형제 중에 특별히 귀중한 사람, 하나님이 보시기에 마음에 들고 주변 사람들도 그를 의지하여 은혜를 받는, 모범적이고 높임을 받는 사람, 야베스가 그런 사람이었습니다.

그러나 야베스가 본래 그렇게 존귀하고 복된 삶을 살았던 것은 아니었던 것 같습니다. '야베스'라는 이름은 그의 어머니가 지어준 이름으로 아이러니하게도 "고통", "내가 수고로이 낳았다"라는 뜻입니다. 당시 자녀의 이름은 아버지가 짓는데, 어머니가 이름을 지었다는 것은 아버지가 부재(不在)를 의미합니다. 혹은 야베스가 태어날 때 아버지가 죽음을 맞았을지도 모릅니다.

그렇더라도 좀 이상합니다. 아무리 해산의 수고가 크다고 하지만 아이의 이름을 '고통'이라고 짓지는 않을 텐데, 이렇게 지은 것을 보면 아마 야베스가 불행한 출생과 힘든 어린 시절을 보냈다고 볼 수 있습니다. 야베스는 자신이 '태어나지 말아야 했던 사람', 어머니의 고통이라는 자의식을 가지고 자랐을 것입니다.

그런 야베스가 하나님께 이렇게 구합니다.

> …주께서 내게 복을 주시려거든 나의 지역을 넓히시고 주의 손으로 나를 도우사 나로 환난을 벗어나 내게 근심이 없게 하옵소서 하였더니 하나님이 그가 구하는 것을 허락하셨더라 대상 4:10

야베스의 기도에서 어떤 심정이 느껴집니까? 사는 집도 좁고, 땅도 작고, 사는 지역도 협소하고, 뭔가 꽉 막혀서 답답한 사람의 심정이 느껴지는 기도입니다. "나로 환난을 벗어나 내게 근심이 없게 하옵소서" 이렇게 기도하였으니 그가 환난 중에 근심이 많았다는 말입니다. 이 짧은 구절을 보더라도 그가 아주 유복했던 사람이라고 말할 수는 없습니다. 그런 야베스가 형제보다 더 귀중한 자가 되었습니다. 인생이 완전히 역전된 것입니다. 그리고 하나님께서 그가 구하는 것을 허락하셨습니다.

하나님께 기도 응답을 받은 사람은 인생이 완전히 바뀝니다. 야베스의 삶이 이렇게 바뀐 것도 전적으로 그의 기도 때문이었습니다. 그렇다면 야베스의 삶을 뒤바꾼 기도는 어떤 기도였을까요?

하나님이 복을 주신다고 믿는 사람

10절에 "주께서 내게 복을 주시려거든", 야베스는 하나님이 복을 주신다는 사실을 믿었습니다. 하나님은 복을 주시는 분입니다. 야베스 자신은 매우 불행한 처지였지만, 고통을 운명으로 받아들이지 않았습니다. 왜입니까? 하나님이 복을 주신다는 사실을 믿었기 때문입니다. "하나님이 세우시면 나도 여기서 일어날 수 있어", "하나님은 내 인생을 완전히 바꾸실 수 있어", "복은 하나님이 주시는 거야", 야베스는 이것이 믿어진 사람입니다. 믿어지니까 그렇게 기도한 것입니다.

성경은 하나님께서 우리에게 복을 주신다고 분명히 말씀합니다.

> 여호와께서 주시는 복은 사람을 부하게 하고 근심을 겸하여 주지 아니하시느니라 잠 10:22

하나님이 사람을 처음 만드셨을 때에도 그렇게 말씀하셨습니다.

> 하나님이 그들에게 복을 주시며 하나님이 그들에게 이르시되 생육하고 번성하여 땅에 충만하라, 땅을 정복하라… 창 1:28

성경은 일관되게 하나님이 우리에게 복을 주신다는 사실을 계속 말씀합니다. 문제는 이것을 진짜 믿느냐 하는 것입니다. 하나님께서 복을 주신다고 정말 믿어지면 그는 하나님께 복을 달라고 기도합니다. 믿으니까 그렇습니다. 그런데 믿어지지 않으니까 기도하지 않는 것입니다. 반대로 하나님은 자신의 좋은 것을 가져가시는 분이라고 믿는 이들도 많습니다. 그러면 두려워서 기도하지 않습니다. 이처럼 기도 자체가 그 사람의 믿음의 결과입니다.

만약 은행에 가서 통장에 있는 예금을 인출하려고 하는데 창구에서 지급해주지 않으면 어떻게 합니까? '안 주네' 하고 그냥 돌아 나올 사람은 아마 한 명도 없을 것입니다. 여러분의 돈을 예금해놓은 것입니다. 아무 문제가 없는데도 지급을 해주지 않는다면 강하게 항의할 것입니다. 우리가 돈 문제에 참 예민합니다. 내 돈이니까, 내가 분명히 받을 거라고 믿으니까 요구도 하고 항의도 하는 것입니다.

그런데 은행에 가서 대출 신청을 했다면 어떻습니까? 은행에서 대출을 해주지 못하겠다고 하면 '안 주네' 하고 나오는 수밖에 없습니다. 내가 주장할 것이 없습니다. 내가 자격이 안 되어 돈을 못 빌려준다는 데 어떻게 합니까. 내가 받을 거라는 확신이 없으니까 달라고 요구하지 못하는 것입니다.

남의 집 문을 두드려서 밥을 달라고 했다가 거절당했다고 항의하겠습니까? 하지만 아이가 자기 집에 들어가 엄마에게 밥을 달라고 했는데 안 주면 아이는 불같이 화를 낼 것입니다. 왜냐하면 엄마는 당연히 내게 밥을 줄 거라고 믿었기 때문입니다. 자신의 엄마이기 때문입니다.

여러분은 하나님께서 복을 주신다는 것을 믿습니까? 믿는지 안 믿는지는 여러분의 기도가 말해줍니다. 그리고 정말 하나님이 복을 주신다는 사실이 믿어지면 염려도 안 되고 욕심도 없어집니다. 하나님이 복을 주시는데 복 받을 것을 믿으면서 염려할 것이 무엇이고 욕심낼 것이 뭐가 있겠습니까? 하나님은 내게 복 주시는 분이라고 정말 믿어지면 지금 힘들고 어렵다고 해서 염려하지 않고, 뭔가를 더 가져야겠다고 안달하지도 않습니다.

심지어 누가 내 것을 빼앗아가도 가져가라고 할 수 있습니다. 바로 이삭이 그랬습니다. 창세기 26장에서 이삭이 우물을 팔 때마다 그곳 사람들이 이삭의 우물을 빼앗고 막고 메꾸었지만 이삭은 싸우지 않고 또 다른 곳으로 가서 우물을 팠습니다. 물이 나오게 하시는 하나님을 믿었기 때문입니다. 하나님이 정말 복을 주실 거라고 믿는 사람은 염려하거나 욕심을 낼 일이 전혀 없습니다.

하나님나라의 확장과 부흥을 위한 기도

그런 점에서 야베스의 기도는 사람들로부터 오해를 받기도 합니다. 그것은 야베스가 하나님께 담대히 구해서 부자가 되고 성공했다고 해석하는 경향 때문입니다. 아마 야베스가 "내게 복을 주시려거든 나의 지역을 넓히시고"라는 기도가 자신의 땅을 더 넓혀달라는 의미로 해석되었기 때문일 것입니다. 그러니까 부동산이 돈이 되고 더 많은 땅을 소유하고자 하는 한국 교인들에게는 야베스의 기도가 눈이 번쩍 뜨이는 기도였던 것입니다. "야베스처럼 되게 해주세요", "저도 땅을 주세요", "아파트에 당첨되게 해주세요" 마치 이런 기도처럼 야베스의 기도를 생각한 것입니다.

그러나 이것은 하나님께서 야베스에게 땅을 주셨다는 의미가 아닙니다. 구약의 율법을 보면 하나님은 어떤 한 사람이 땅을 많이 갖는 것을 금하셨습니다. 하나님은 욕심으로 땅을 소유하지 못하게 하셨습니다. 모든 사람에게 땅을 공평하게 나누라고 하셨습니다. 그런데 살다보면 어떤 사람은 재주가 많아서 자꾸 재산이 늘어나고, 똑같은 땅에 농사를 지어도 농사가 잘되어 재산이 많아집니다. 반면에 어떤 사람은 수확이 없고 돈을 빌려서 곡식을 살 능력도 없게 되어 가지고 있는 땅을 팔 수밖에 없습니다. 그래서 부자는 점점 더 땅을 많이 갖고 가난한 사람은 땅이 없어지는 것입니다.

하나님은 그런 일이 있더라도 희년(禧年), 즉 50년이 되면 땅을 원래 주인에게 돌려주라고 말씀하셨습니다. 남의 땅을 영원히 소유할 수 없게 하신 것입니다. 그것이 하나님의 말씀입니다. 그렇다면 야베스가 "하나님, 저에게 땅을 주세요. 많이 주세요"라고 구했다거나 하나님께서 "그래, 너는 땅을 많이 가져라" 이렇게 하실 리가 없는 것입니다.

그러면 야베스가 왜 땅을 원했을까요? 무슨 의미가 있을까요? 성경에 나오는 땅은 '하나님의 통치'를 의미합니다. 하나님의 다스림을 말하는 것입니다. 야베스가 하나님께 지역을 넓혀달라고 한 것은 자기 소유의 땅을 달라고 한 것이 아닙니다. 그가 원했던 것은 하나님이 약속하신 땅에서 하나님의 영광이 회복되게 해달라는 것이었습니다.

가나안 땅은 하나님의 약속의 땅입니다. 이스라엘 백성에게 가나안 땅은 하나님이 다스리는 나라를 의미합니다. 그런데 이스라엘 백성이 온전히 순종하지 못해서 가나안 땅에는 여전히 이방 족속들이 살고 있었고, 여전히 우상숭배가 만연하여 하나님을 경외하지 않았습니다. 이런 상황에서 야베스는 가나안 땅에 하나님의 나라가 더 확장되게 해달라고 기도한 것입니다. 그 점이 아주 중요합니다.

하나님 앞에 귀중한 자의 기도

지금 한국 사회에서 교회는 점점 영향력을 잃어가고, 구설수에 오르고, 비난의 대상이 되기도 합니다. 하나님 말씀의 권위가 무너지고, 동성애와 낙태로 생명을 경시하고, 하나님께서 말씀하신 것을 의도적으로 어기려는 풍조가 한국 사회에 강하게 퍼져 있습니다. 이것이야말로 야베스가 하나님 앞에 간절히 기도했던 문제였습니다. "하나님, 이 땅에 하나님의 영광이 드러나고, 사람들이 다 하나님의 살아 계심을 믿게 하시고, 하나님의 말씀대로 사는 것을 중요한 삶의 원칙으로 삼게 해주소서."

여러분, 기도는 우리의 삶을 바꿉니다. 그래서 한 시간 기도를 하는 것입니다. 그러나 어려움이 해결되고, 부자가 되고, 팔자를 고치게 해달라고만 기도해서는 안 됩니다. 하나님의 나라를 위해 기도하고, 나라와 민족을 위해 기도하고, 한국 교회에 새 부흥을 주시도록 기도해야 합니다. 야베스는 하나님께 땅을 달라고 기도해서 복을 받은 것이 아닙니다.

여러분, 하나님이 보실 때 누구를 더 귀중한 자라고 보시겠습니까? "야, 너는 정말 특별하구나. 어쩌면 그렇게 내 마음과 똑같니!

너는 정말 귀중하다! 내가 너 때문에 위로를 받는다." 이럴 수 있는 사람이 누구일까요? 하나님의 나라를 위해서 기도하는 사람입니다. 자기도 먹고사는 일이 쉽지 않은데 하나님의 나라를 위해, 이 땅의 민족을 위해, 한국 사회를 위해, 한국 교회를 위해 눈물로 기도하는 사람입니다.

그러니까 매일 밤 10시에 드리는 매일합심기도를 남의 일처럼 여기면 안 됩니다. 하나님의 나라와 민족과 한국 교회를 위해서 드리는 그 기도가 여러분의 인생을 바꿀 수 있음을 꼭 기억하셔야 합니다. 그 기도를 시작으로 기도의 물꼬를 트는 것입니다. 하나님의 나라를 위해, 우리 민족을 위해, 한국 교회를 위해, 하나님을 생각하면서 기도해보십시오. 매일 그렇게 기도하면 정말 귀중한 자가 됩니다.

우리가 모두 기도하지만 기도의 내용은 다 다릅니다. 그런데 우리가 하나님께서 정말 귀하게 보시는 기도를 드릴 때 그 기도가 우리의 인생을 바꿉니다. 우리의 인생을 바꾸시는 분은 하나님이십니다. 하나님이 우리를 귀중하게 보시는데 어떻게 그 인생이 바뀌지 않을 수 있겠습니까. 이것이 야베스의 기도가 우리에게 가르쳐주는 교훈입니다.

그런데 이렇게 사명을 위해서 기도하는 사람에게는 어려움이 생깁니다. 야베스는 삶에도 환난과 근심이 있었습니다.

> … 주의 손으로 나를 도우사 나로 환난을 벗어나 내게 근심이 없게 하옵소서 하였더니 하나님이 그가 구하는 것을 허락하셨더라 대상 4:10

그러나 야베스가 기도한 것은 먹고살기 어려우니 살려달라, 도와달라는 것이 아니었습니다. 어떤 일이 있어도 하나님의 나라가 이 땅에서 온전히 회복되기를 갈망하는 기도를 드렸습니다. 이제 명심해야 합니다. 사명으로 살려고 하는 사람이라면 각오해야 합니다. 분명히 어려움이 있을 것입니다. 하나님의 뜻대로 하려고 하면 반대가 많기 때문입니다. 마귀가 반드시 역사합니다. 사명의 길을 간다는 것은 어려운 길을 가는 것입니다.

하나님의 나라를 위한 기도

'영국의 양심'으로 불리는 윌리엄 윌버포스(William Wilberforce)는 정치가였는데 회심한 이후 타락한 영국의 정치 현실을 보고 정치인으로 살기를 포기하려고 했습니다. 그러나 "영국 국회가 당신의 사역지입니다"라는 존 뉴턴(John Newton) 목사의 조언을 따라 마음을 다잡고 의정 활동을 하여 영국의 노예무역을 폐지하였고, 영국 사회의 악습과 악법을 개혁하는 데 헌신했습니다. 그러자 엄청난 저항이 일어납니다. 당시 노예무역은 영국 국가 수입의 3분의 1을 차지할 정도로 비중이 컸고, 엄청난 이권이 있는 만큼 상인, 재벌, 군인, 왕족, 귀족들을 망라한 지지파들이 거대한 세력을 이루고 있었습니다.

윌버포스가 노예무역 폐지를 주장할 때 그것이 그냥 된 것은 아닙니다. 왜소한 체격의 윌버포스는 150번이나 대(對) 국회 논쟁을 벌였습니다. 그는 "영국이 진정으로 위대한 나라가 되고자 한다면 하나님의 법을 지켜야 하는데, 노예무역은 분명 하나님의 분노를 자극하는 일입니다. 기독교 국가를 자처하는 영국이 황금에 눈이 멀어 노예무역을 하고 있다니, 이러고도 오래 살아남은 제국은 역사에 없었습니다"라고 외쳤습니다.

결국 영국 국회는 노예무역을 영원히 폐지하는 법안을 통과시켰습니다. 또한 윌리엄 윌버포스의 영향으로 영국의 젊은 국회의원 3분의 1이 복음적인 기독교인이 되었다고 합니다. 윌리엄 윌버포스야말로 야베스의 기도를 한 사람입니다. "하나님의 역사가 이 땅에 일어나기 원합니다. 하나님의 나라가 가정에, 직장에, 사회에, 나라에, 민족에, 세계 열방에 이루어지기를 원합니다. 하나님의 뜻이 아닌 것은 폐지되고, 하나님의 법이 우리 가운데 받아들여지게 해주옵소서." 자신에게 주어진 삶의 영역에서 하나님의 나라를 위해 기도했던 그 기도가 야베스의 기도입니다.

하나님나라 사명을 위해 사는 사람

하나님께서 당신의 자녀들에게 복을 주시는 이유는 사명 때문입니다. 대표적인 사람이 요셉입니다. 요셉이 애굽의 총리가 되었다는 것은 요셉의 성공을 의미하는 것이 아닙니다. 그것은 사명이었습니다. 대흉년을 앞두고 야곱의 가족뿐 아니라 주변의 모든 백성을 먹이고 살릴 사명을 요셉에게 주셨고, 그 사명 때문에 요셉이 총리가 되게 하신 것입니다. 요셉은 총리가 되고 난 다음에 자기 욕심을 구하지 않았습니다. 사명을 감당하게 되기까지 그는 엄청난 시련을 겪었습니다. 그러나 그가 사명자였기 때문에 하나님께서는 극심한 환난과 시험에서 그를 구원해내시고 하나님의 영광을 드러내셨습니다.

여러분에게 사명이 있다면 하나님은 여러분의 문제에 깊이 관여하십니다. 여러분의 문제, 시련, 환난이 하나님께서 너무 중요하게 생각하는 문제가 됩니다. 바로 사명 때문입니다. 부산 세계로교회 손현보 목사님이 저희 교회에 방문하신 적이 있었는데, 그때 손 목사님께서 부흥이 안 되는 교회는 표어도 다르다는 이야기를 하셨습니다. "한 사람이 한 사람 전도하자"라는 표어를 내건 교회는 절대 부흥이 안 된다는 것입니다. 사실 1년에 한 사람이 한 명을 전도하자는 것은 대단한 일입니다. 100명의 교인이 1년에 100명을 전도할 경우 200명이 되니까 두 배가 되는 것입니다. 이렇게 하면 교회가 몇 년 안에 엄청나게 성장하리라 기대할 수 있습니다.

또 많이 전도하라고 하면 부담스러워서 못할까 봐 1년에 한 사람을 전도하자는 것입니다. 그런데 손현보 목사님은, 1년에 한 사람만 전도하면 된다고 하면 급한 마음 없이 지내다가 12월까지 한 사람도 전도하지 못하게 된다는 것입니다. 대부분의 교회가 그렇습니다. 그리고 1년에 한 사람만 전도하면 되기 때문에 인상이 좋지 않은 사람은 피합니다. 이 사람은 이래서 안 되고, 저 사람은 저래서 안 된다고 하면서 사람을 가려가며 전도합니다. 그러다가 12월이 되면 어느새 또 한 사람도 전도하지 못합니다.

그래서 손 목사님은 1년에 한 명이 100명을 전도하자는 목표를

정했다고 합니다. 한 사람이 100명을 전도해야 하기 때문에 연초부터 마음이 급합니다. 인상이 좋지 않다고 포기했다가는 한 사람도 전도하지 못하니까 외모에 상관없이 무조건 전도하게 된다는 것입니다. 이렇듯 작은 생각의 차이가 엄청난 변화를 가져오는 것입니다.

그를 의지하면 그가 이루시고!

손 목사님이 그토록 열심히 전도하는데도 답답하고 어려운 일이 너무 많았다고 합니다. 하나님의 영광을 위해, 영혼을 구원하는 일에 뜨겁게 헌신하는데도 힘든 일들이 계속 생깁니다. 그때 하나님 앞에 "하나님, 아무리 해도 안 되는 것 같습니다. 하나님, 정말 어렵습니다"라고 기도했을 때, 하나님께서 '너, 아무리 힘들어도 두 가지만 기도해라. 그러면 내가 놀랍게 다 해결해줄 것이다' 하는 마음을 주셨다고 합니다. 두 가지 기도란 "왜 안 될까?", "어떻게 하면 될까?"였습니다. "하나님, 왜 안 되지요?", "하나님, 어떻게 하면 되나요?" 이렇게 기도하면 반드시 길이 열린다는 것입니다.

한번은 밤 12시에 누가 사택 문을 두드려서 나가보니 술에 취한 남자가 행패를 부리고 있었습니다. 목사님이 남자를 말리려고 다가갔다가 다짜고짜 뺨을 맞고 말았습니다. 아찔한 그 순간에 하나님께서 항상 두 가지를 물으라고 하신 것이 생각나서 '하나님, 왜 이렇죠? 제가 지금 어떻게 하면 됩니까?'라고 기도했더니 '계속 맞아라' 그런 감동을 주셔서 다 이해하기 어려웠지만 취객에게 친절하게 대하고 술주정도 다 받아주었다고 합니다. 그런데 그 분이 나중에 그 교회의 장로님이 되셨습니다. 주님이 하라는 대로 하니까, 전적으로 주님을 의지해서 맡기고 나가니까 하나님께서 그런 역사를 이루어주시더라는 것입니다.

여러분, 아무리 힘들고 어려워도 두 가지 기도를 꼭 해보십시오. "하나님, 왜 이런 겁니까?", "어떻게 하면 되는지 가르쳐주세요"라고 기도해보는 것입니다. 가정에 다툼이 있다면 "우리 가정은 왜 이렇게 싸우기만 하는 걸까요?", "어떻게 하면 싸우지 않고 하나 되어 사랑할 수 있나요?"라고 기도하고, 일이 잘 안 풀릴 때면, "하나님, 정말 하는 일마다 안 됩니다. 왜 안 되지요?", "어떻게 하면 잘할 수 있을까요?"라고 기도해보는 것입니다.

여러분이 사명을 위해서 사는 사람이라면 하나님이 여러분의 자녀 양육이나 부부 문제, 직장생활 등 여러분이 겪고 있는 문제와 어려움에 대한 이유를 알려주시고, 그 해결 방법도 가르쳐주실 것입니다.

인생이 완전히 바뀌는 기도

얼마 전 교우 한 분이 아프리카 선교를 결심하고 저에게 인사를 하러 오셨습니다. 선교 단체 출신이기는 해도 아프리카 선교사로 가는 일은 참으로 어려운 결단입니다. 그런데 우리 교우 중에 그런 분들이 계속 일어나고 있습니다. 도처에서 하나님의 일을 위해 자신을 헌신하겠다고 나서는 분들이 많습니다. 사명을 감당하는 일은 환난과 고생을 각오해야 합니다. 그 삶이 결코 만만치가 않습니다. 그러나 하나님께서 사명을 위해서 사는 이들에게 반드시 함께하시겠다고 약속하십니다. 그것이 다름 아닌 야베스의 기도입니다.

우리는 야베스의 기도 응답을 부러워할 것이 아니라 야베스와 같이 귀중한 자가 되기를 힘써야 합니다. 하나님이 보시기에 귀중한 자의 핵심이 '기도'입니다. 결국은 기도를 통해 삶이 바뀌는 것입니다. 내 마음의 소원이 기도니까 결국 그 기도대로 살게 되는 것입니다. 그리고 하나님의 역사가 우리 삶에 나타납니다. 하나님이 다 지켜보고 계십니다. 우리 인생은 하나님이 결정하십니다. 여러분이 가진 것이 없고, 배운 것이 없어도 괜찮습니다. 나이가 너무 많다고 걱정하지 마십시오. 하나님은 그런 것으로 사람을 택하시지 않습니다. 오직 여러분의 기도가 하나님의 마음을 움직입니다.

"하나님, 저는 하나님께 기도하는 것이 너무 기뻐요!"

"그렇게 기도하는 네가 있어서 나도 기쁘다!"

이 기도를 붙잡으십시오. 한 시간 기도는 하나님이 우리에게 주신 축복입니다. 하나님이 기뻐하시는 기도를 계속 드리겠다는 다짐과 함께 주님이 무엇을 원하시는지 알게 해달라고 기도하십시오. 여러분의 인생이 완전히 바뀌는 기도를 하게 되기를 축복합니다.

prayer points

1. 하나님이 아버지 되시는 기도의 복을 평생 누리며 살게 하소서. 우리가 하나님께 구할 때 하나님이 얼마나 기뻐하시는지, 주를 바라보는 눈을 더욱 열어주셔서 하나님이 아버지 되심을 분명히 믿게 해주소서. 기도 시간이 즐겁고 기쁘게 해주소서.

2. 불행을 운명으로 여기지 말고 낙망과 실패에서 일어날 기도의 힘을 주소서. 하나님이 내게 복을 주기 원하심을 믿습니다. 하나님은 내 인생을 바꾸시는 분입니다. 내 삶의 모든 지경을 변화시키시는 주님을 믿사오니 그리해주소서. 하나님, 가정과 일터와 교회가 완전히 새로워지게 해주소서.

3. 하나님나라를 위한 사명에 눈을 뜨게 하소서. 사명을 위해 기도하고 사명을 위해 살 힘을 더해주소서. 하나님의 나라가 열방에 이르고, 이 민족에 복음의 영광이 임하고, 한국 교회에 새 부흥을 주소서. 이 땅에 하나님을 대적하는 것들이 다 꺾어지고, 말씀의 권위가 세워지고, 하나님의 살아 계심이 증거되게 해주소서. 우리의 심령과 가정부터 하나님의 나라가 온전히 이루어지게 해주소서.

CHAPTER **14**

하나님께서 쉬지 못하시게 하는 기도

6 예루살렘이여 내가 너의 성벽 위에 파수꾼을 세우고 그들로 하여
금 주야로 계속 잠잠하지 않게 하였느니라 너희 여호와로 기억하시
게 하는 자들아 너희는 쉬지 말며 7 또 여호와께서 예루살렘을 세워
세상에서 찬송을 받게 하시기까지 그로 쉬지 못하시게 하라

이사야서 62:6,7

우리가 하나님 앞에 기도의 삶을 살 때 두 가지 중요한 문제가 있는데, 하나는 실제로 기도를 해야 한다는 것입니다. 기도에 대해서 아는 것도 필요합니다. 기도에 대한 설교를 듣는 것도 유익합니다. 기도에 대한 간증도 언제나 은혜가 됩니다. 그러나 무엇보다 중요한 것은 실제로 기도해야 한다는 것입니다.

존 번연의 《천로역정》을 보면, 주님이 기독도(基督徒)에게 "너, 천성 가는데 이것 하나만은 꼭 가져가거라" 하시며 열쇠를 주는 장면이 나옵니다. 그런데 기독도가 천성에 가다가 '아볼루온'이라는 마귀 대장을 만나 감옥에 갇히고 맙니다. 감옥에 갇혀서 하루가 지나고 이틀이 지나고 사나흘이 지나자 너무 답답했습니다. 그때 주님이 주신 열쇠가 불현듯 떠올라서 감옥의 자물쇠 구멍에 열쇠를 넣고 돌리자 굳게 닫힌 문이 활짝 열려서 감옥을 나오는 장면이 있습니다.

우리가 하나님의 자녀가 되어 이 세상에 살게 하실 때, 예수님께서 이 세상을 이기는 무기로 주신 것이 바로 '기도'입니다. 기도라는 열쇠를 주신 것입니다. 그러나 기도를 제대로 하는 사람보다 기도를 하지 못하는 사람이 압도적으로 많습니다. 열쇠를 가지고 있기는 하지만 사용하지 않는 것입니다. 게다가 우리의 기도를 방해하는 자가 있습니다. 마귀입니다. 마귀는 기도가 예수 믿는 성도에게 어떤 문제든지 풀어내는 하나님의 열쇠라는 것을 잘 알기 때문입니다.

실제로 기도해야 한다

마귀가 역사하는 가장 뚜렷한 증거는 우리에게 기도할 시간을 빼앗아가는 것입니다. 그래서 기도 없이 살게 하는 것입니다. 아침 일찍 일어나고 밤늦게 잠자리에 들 정도로 열심히 사는 것은 마귀가 얼마든지 허락합니다. 오히려 "더 열심히 살아야 돼", "더 열심히 일해!"라고 자꾸 부추깁니다. 기도를 안 한다면 열심히 사는 것이야말로 마귀에게 사로잡히는 조건이기 때문에 얼마든지 허락하는 것입니다.

혹시 남편이 열심히 일하고 직장에 충성하면 마음이 놓입니까? 자녀가 갑자기 마음을 바꿔서 열심히 공부하면 흐뭇하고 주님께 감사합니까? 아내가 열심히 가정을 꾸리고 자녀를 잘 양육하면 안심입니까? 열심히 교회에 나와 예배하고 봉사하고 헌신하면 안심입니까? 그러나 기도 못하면 큰일입니다. 기도하지 않고 열심을 내는 것은 아무 의미가 없습니다. 오히려 위험합니다.

중요한 것은 기도가 있느냐 없느냐 하는 것입니다. 기도가 빠져 있다면 어떤 것도 우리 삶의 문제를 해결할 수 없습니다. 그래서 마귀가 다른 것은 다 하도록 내버려두지만, 기도만은 못하게 하는 것입니다. 우리가 잘 분별해야 합니다. '왜 기도가 잘 안 되지? 기도를 못하게 하는 악한 영의 역사가 내게도 일어나고 있구나!' 그 사실을 알면 거기서 벗어나려는 간절한 마음이 생기게 됩니다.

이 분별이 안 되면 마음이 눌려 지내게 됩니다. 지금 기도 안 하고 다른 것만 열심히 하고 산다면 나도 모르는 사이에 악한 영에게 사로잡혀 있다는 것을 깨달으시기 바랍니다. 실제로 기도하지 못하고 있다면 부인할 수 없는 일입니다. 그것부터 바로잡아야 합니다. 그래서 여러분에게 함께 기도하라고 권하는 것입니다. 주위에 있는 교인들과 같이 기도하고, 동행일기를 쓰면서 서로 기도를 점검하라는 것입니다.

바른 기도를 하라

그런데 실제로 기도하는 것 못지않게 중요한 것이 바른 기도를 하는 것입니다. 바로 "어떤 내용으로 기도하느냐?" 하는 것입니다. 아무 기도나 하는 것이 아니라 바른 기도를 해야 합니다. 기도만 하면 하나님이 우리 마음의 소원을 다 이루어주신다는 것은 미혹입니다. 그렇지 않습니다. 우리가 어떤 기도를 드리더라도 하나님이 다 들어주시는 것은 아닙니다.

어떤 분은 기도할 때 아주 구체적으로 기도하라고 가르치기도 합니다. 만약에 차를 사고 싶다면 "하나님, 저에게 차를 주세요. 자동차가 필요합니다" 이렇게 기도하는 것이 아니라 원하는 차종, 색깔, 배기량, 제조사를 밝히고 정확하게 기도하라는 것입니다. "하나님, 저에게 집이 필요합니다"라고 기도하면 믿음이 없는 것이고, "어디에 있는 몇 평짜리 아파트를 달라"고 기도하라는데 이것이 마귀의 유혹입니다. 이것은 완전히 속는 것입니다. 하나님은 이런 기도에 응답하지 않으십니다.

> 너희 중에 싸움이 어디로부터 다툼이 어디로부터 나느냐 너희 지체 중에서 싸우는 정욕으로부터 나는 것이 아니냐 너희는 욕심을 내어도 얻지 못하여 살인하며 시기하여도 능히 취하지 못하므로 다투고 싸우는도다 너희가 얻지 못함은 구하지 아니하기 때문이요 구하여도 받지 못함은 정욕으로 쓰려고 잘못 구하기 때문이라 약 4:1-3

우리의 기도에 두 가지 문제가 있는데, 하나는 실제로 기도를 안 하는 것이고, 다른 하나는 기도를 해도 정욕에 쓰려고 잘못 구하는 것입니다. 내 욕심이 아닌 바른 기도를 하는 것이 어려운 분도 있을 것입니다. '나에게 절박한 필요가 있는데도 그런 기도는 하지 말라는 건가?' 하고 마음의 부담을 느끼기도 할 것입니다. 그런데 운동의 기본기를 갖추지 않으면 아무리 열심히 운동을 해도 오히려 몸이 망가진다고 합니다. 그래서 기초 자세를 중요하게 가르치는 것처럼 기도도 똑같습니다. 바른 기도를 하려고 꾸준히 훈련하면 기도가 달라집니다.

우리가 기도하다가 지치는 이유는 구해도 응답되지 않기 때문입니다. 그러면 주님이 왜 들어주시지 않는다고 합니까? 정욕에 쓰려고 잘못 구하기 때문입니다. 우리가 기도를 제대로 배우지 않고 바른 기도를 드리는 훈련을 받지 않은 상태에서, 하나님 앞에 원하는 것을 달라는 기도밖에 하지 않는다면 우리는 더 이상 기도할 수 없을 것입니다. 왜입니까? 하나님이 그대로 들어주시지 않기 때문입니다. 그러면 기도해도 소용없다고 생각하고 더 이상 기도하지 않게 되는 것입니다. 하나님 앞에 기도의 축복을 누리고 살려면 기도도 바른 기도를 해야 합니다.

바른 기도의 훈련

그런데 예수님을 만나면 우리 기도의 내용이 달라집니다. 예수님을 만나기 전, 주님을 바라보는 눈이 뜨이기 전에 드렸던 기도와 주님을 인격적으로 만나고 주님을 알고 주님과 교제가 깊어지면서 드리는 기도는 그 내용이 완전히 다릅니다.

이사야 선지자는 우상숭배하고 하나님의 말씀을 떠나 살던 이스라엘 백성에게 하나님의 심판을 선포했던 선지자입니다. 그런데 이사야서 60장 이후에, 하나님이 이스라엘의 죄 때문에 이스라엘 백성을 징계하시겠지만, 그들을 다시 회복시키실 것을 예언합니다. 이사야서 62장은 그런 배경에서 나온 예언입니다.

> 나는 시온의 의가 빛같이, 예루살렘의 구원이 횃불같이 나타나도록 시온을 위하여 잠잠하지 아니하며 예루살렘을 위하여 쉬지 아니할 것인즉 이방 나라들이 네 공의를, 뭇 왕이 다 네 영광을 볼 것이요 너는 여호와의 입으로 정하실 새 이름으로 일컬음이 될 것이며 너는 또 여호와의 손의

아름다운 관, 네 하나님의 손의 왕관이 될 것이라 다시는 너를 버림받은 자라 부르지 아니하며 다시는 네 땅을 황무지라 부르지 아니하고 오직 너를 헵시바라 하며 네 땅을 쁄라라 하리니 이는 여호와께서 너를 기뻐하실 것이며 네 땅이 결혼한 것처럼 될 것임이라 사 62:1-4

이스라엘 백성을 향해 하나님이 구원을 회복하시고, 은혜를 회복하시고, 하나님의 복을 회복하실 거라는 말씀은 황홀할 정도입니다. 정말 놀라운 약속입니다. 그런데 그러면서 "성벽 위에 파수꾼을 세우라"고 당부합니다. 파수꾼이 할 일은 하나님으로 하여금 약속하신 것을 기억하게 하는 일이고, 약속을 이루시기까지 쉬지 못하시게 하는 일입니다. "하나님, 이렇게 약속하셨잖아요? 하나님, 이렇게 말씀하셨잖습니까? 하나님, 이것이 하나님의 뜻이라고 하셨지요! 하나님, 그 말씀이 이루어지기를 원합니다." 바로 하나님께서 약속하신 것을 항상 기억하시도록 하나님께 끊임없이 기도하는 사명입니다.

예루살렘이여 내가 너의 성벽 위에 파수꾼을 세우고 그들로 하여금 주야로 계속 잠잠하지 않게 하였느니라 너희 여호와로 기억하시게 하는 자들아 너희는 쉬지 말며 또 여호와께서 예루살렘을 세워 세상에서 찬송을 받게 하시기까지 그로 쉬지 못하시게 하라 사 62:6,7

하나님께서 하시려는 일을 끝까지 이루시도록 동역하는 것, 이것이 기도입니다. 기도는 내가 답답하고 필요한 것을 하나님께 구하는 형태의 기도만 있는 것이 아닙니다. 성경이 말하는 놀라운 기도는 우리 삶을 완전히 바꾸는 기도입니다. 이것이 진짜 기적입니다. 하나님이 이루시겠다고 하시는 약속이 성경에 이미 나와 있습니다. 우리가 그 말씀이 이루어지기 원하고 하나님의 약속이 이루어지기 원하는 것이 바른 기도의 훈련입니다. 말씀을 붙잡고 기도하고, 약속을 붙잡고 기도하고, 하나님이 하시겠다고 하신 것이 이루어지기를 기도하고, 계속해서 하나님께 그것을 아뢰는 것입니다.

하나님의 동역자

기도는 우리 소원을 이루는 수단만이 아니요, 어떤 사역을 위한 준비 과정이 아닙니다. 기도는 사역 그 자체입니다. 인도네시아 자카르타에 있는 늘푸른교회는 자카르타에서 가장 큰 한인교회입니다. 제가 그 교회에 처음 갔을 때가 2007년이었습니다. 그때 교회가 건축 중이었는데 당시 100여 명의 교인들로서는 600석이나 되는 큰 예배당을 짓는 일이 기적과 같았습니다.

알고 보니 그들은 1년 반 동안 24시간 연속기도를 드리고 있었습니다. 처음 시작은 120명 정도였는데 80명 정도가 매일 참여하여 꾸준히 기도했다고 합니다. 1년을 마친 다음 6개월을 더 연장하여 기도했습니다. 저는 그 예배당 건축이 기도로 이루어졌다는 것을 느꼈습니다. 공사 현장에 인부들이 와서 철근 콘크리트로 예배당을 지은 것이 아니라 기도로 건축하고 있었던 것입니다.

여러분, 우리가 하나님의 일을 하고, 하나님의 역사가 일어나는 그 중심에는 우리의 기도가 있습니다. 우리가 기도로 하나님과 동역하는 것입니다. 저희도 제자훈련을 하고, 전도집회를 하고, 단기선교를 나가고, 예수동행 세미나를 할 때마다 중보기도 사역 팀이 구성됩니다. 저 역시 기도로 설교를 준비하고, 기도로 설교하고, 설교하며 기도하는 것입니다. 교회의 모든 일은 사실 다 기도로 하는 것입니다. 이것이 주님과 동역하는 것입니다.

하나님의 일은 모든 것이 다 기도로 이루어집니다. 이제부터는 내가 무엇이 필요하면 하나님께 구하는 것이 기도라고 생각하지 말고, 여러분이 식사 준비를 하든지, 직장생활을 하든지, 자녀를 기르든지, 장사를 하든지 우리 삶의 모든 것이 다 기도로 된다는 것을 명심하시기 바랍니다.

케냐에 마크 브라완이라는 여덟 살 난 고아가 있었습니다. 고아로 자라다보니 14세에 죄를 짓고 소년원에 들어갔습니다. 그런데 교도소 집회에서 예수님을 영접했습니다. 몸이 아파 병원에 입원해 있는 동안 성령을 체험하고 사람이 완전히 달라졌습니다. 8년 뒤 22세의 나이에 그는 주의 종이 되기로 헌신합니다. 그리고 하나님께서 그에게 교회를 세우라는 마음을 주셨기 때문에 어떻게 해야 하는지 방법은 모르지만, 열두 명의 친구들이 모여 40일간 매일 철야기도를 시작했습니다. 그리고 예수님을 믿으라고 전도했습니다.

첫째 날은 아무런 결실이 없었습니다. 둘째 날 노숙자 한 사람이 찾아왔는데 정신 이상인 분이었습니다. 그런데 그날 그 한 사람을 위해 열두 명이 둘러서서 간절히 기도하는데 놀랍게도 그 사람이 깨끗하게 나았습니다. 정신 이상이던 사람이 정상으로 돌아온 것입니다. 그리고 그가 이 사실을 간증하기 시작하자 다음 날부터 사람들이 몰려와 교회가 크게 성장하게 되었습니다.

하나님이 우리에게 주신 기도의 방법은 정말 놀랍습니다. 우리가 실제로 기도로 살지 않으니까 경험하지 못할 뿐입니다. 기도로 일하고, 기도로 가정을 꾸리고, 기도로 교회를 세우고, 기도로 소그룹 모임을 섬기지 않으니까 경험하지 못하는 것입니다. 기도는 너무나 놀라운 것입니다.

여러분, 기도할 수 있습니까? 그렇다면 여러분은 이미 하나님의 훌륭한 동역자입니다. 왜냐하면 하나님은 여러분의 기도를 통해 당신의 일을 하시기 때문입니다. 이것이 바로 하나님이 일하시는 방식입니다. 우리가 기도를 중단하면 하나님의 일도 중단됩니다. 그러나 우리가 기도로 하나님의 일을 시작할 때 실제로 하나님의 일이 시작됩니다.

우리는 하나님의 동역자들이요… 고전 3:9

기도를 부탁하라

오몽근 목사님이 쓰신 책에서 읽은 내용입니다. 오 목사님이 신학생이었을 때 캐나다의 베리 무어 목사님이 한국에 오셔서 말씀을 전하셨는데 그 말씀을 듣고 엄청난 은혜를 받으셨다고 합니다. 특별한 설교가 아니라 그저 예수를 잘 믿기 바란다는 내용의 말씀이었는데 그 설교를 듣고 난 많은 사람들이 눈물로 기도하는 은혜가 있었다고 합니다. 그 후 6년 만에 무어 목사님이 한국에 다시 오셨을 때 다시 만나 대화할 기회가 있어서 이렇게 질문했다고 합니다.

"목사님, 제가 6년 전 목사님의 설교를 듣고 아주 감동했는데, 그렇게 설교를 잘하시는 비결이 어디 있습니까?"

그러자 베리 무어 목사님이 웃으며 이렇게 대답했다고 합니다.

"저는 말씀을 준비할 때 하루에 성경을 많이 읽을 뿐 아니라 한 주에 서너 권의 책을 읽고, 20시간 정도 설교 원고를 씁니다. 그리고 원고를 붙잡고 밤새 기도하고 교인들에게 기도를 부탁합니다."

설교 준비도 정말 열심히 하지만, 설교하는 목사님 자신을 위한 기도 부탁을 잊지 않는다는 것입니다. 기도를 부탁하는 특별한 사람이 한 분 더 있는데, 그 분은 목사님이신 자신의 아버지라고 합니다. 장애 때문에 걷지 못해 꼼짝없이 누워 있을 수밖에 없지만, 침상에서 기도를 많이 하시는 아버지에게 꼭 전화를 드린다는 것입니다.

"아버지, 제가 곧 설교를 시작합니다. 기도해주세요."

그러면 아버지가 "그래, 기도하마" 하시고 "아들이 설교를 잘하게 해주세요" 이렇게 기도하고 마는 것이 아니라, 아들이 설교를 끝마칠 때까지 설교하는 시간 내내 기도를 하신다는 것입니다. 그러니 그 설교에 능력이 나타나고, 그 설교를 듣는 사람들이 가슴을 치게 된 것입니다. 베리 무어 목사님을 통한 은혜의 역사는 사실상 기도를 통해 이루어진 것입니다.

끝까지 기도로 반응하는 법

우리가 이 점에 대해서 분명하게 눈을 떠야 합니다. 우리의 소원을 이루어달라고 기도하는 것이 아니라 하나님이 하실 일에 대해서 우리가 기도로 반응해야 합니다. "하나님이 우리 가정에 어떻게 일하기 원하실까?", "하나님이 우리 교회에 어떤 일을 하기 원하실까?", "하나님이 직장에서 내가 어떻게 하기 원하실까?" 하나님이 원하시는 것, 주님이 하시려는 것, 주님이 영광을 받으시도록 기도하는 것입니다. 욕심이 아닌 하나님의 뜻이 이루어지기를 기도하는 것이 힘들게 여겨진다면, 그것은 그런 기도를 하지 않고 살았기 때문입니다. 올바르지 않은 기도는 헛고생일 뿐입니다.

하나님으로 쉬지 못하시게 하라고 해서 우리가 하나님을 마음대로 움직인다는 말이 아닙니다. 기도는 하나님의 역사가 계속되도록 하는 힘입니다. 기도가 중단되면 가정에서 교회에서 직장에서 하나님의 역사가 중단됩니다. 이처럼 기도로 하나님과 동역할 때 반드시 명심할 것은 되어지는 일을 바라보는 것이 아니라 하나님을 바라보아야 한다는 것입니다. 그 초점을 하나님께 맞춰야 합니다. 기도를 해도 결과에 초점을 맞춰서 기도하는 사람은 중간에 쉽게 그만둡니다.

때때로 '이젠 기도하기도 지쳤어' 하고 기도의 의욕이 사라질 때가 있습니다. 왜 그런가 돌아보면 무엇인가 하나님께 서운한 것이 있기 때문입니다. 기도하며 사명을 위해 열심을 다해 달려왔는데 열매가 없을 때 하나님으로부터 배반당한 것 같은 마음이 드는 것입니다. 힘이 쭉 빠지고 기도를 해도 건성으로 하게 됩니다. 왜 그렇습니까? 결과와 열매만 바라보니까 좌절과 낙심에 빠지는 것입니다.

참으로 신실한 주의 종인데도 사역의 열매가 없고, 가난하고 병든 사람들이 있습니다. 하나님 앞에서 가증한데도 부하고 건강하고 형통해 보이는 사람들도 있습니다. 그런데 순교자에 대해 묵상하면서 깨닫게 되었습니다. '순교자는 무엇을 바라보며 살았기에 그 길을 끝까지 갈 수 있었을까?' 주님만 바라보았기 때문입니다. 결과만 바라보고, 일이 잘 되나 안 되나 그것으로 위로받고 힘을 얻는 사람은 순교의 길을 끝까지 가지 못합니다.

어려운 문제를 보는 눈을 바꿔라

목사인 저도 '이제는 좀 힘들고 어려운 일은 피하고 편안하고 부담없이 지냈으면 좋겠다' 하는 마음이 일어날 때가 있습니다. 주님은 그럴 때마다 저를 깨우쳐주십니다. 저의 지난날을 돌아볼 때 참으로 감사한 순간들은 전부 힘들었을 때였습니다. 너무 힘들고 어려웠는데 그럴 때마다 감사한 기억이 있습니다. 그래서 힘든 일에 대한 생각이 바뀝니다. 지금 힘든 일이 정말 중요한 일이라는 것입니다. 그것을 미처 깨닫지 못했을 때는 힘든 것은 피하려고 합니다. 힘든 것은 외면하고, 편안하고 대우받는 쪽으로 가려고 하는 것입니다. 사람은 다 그렇게 기울어지는 경향이 있습니다.

주님 앞에서도 마찬가지일 것입니다. 주님 앞에 섰을 때 자신의 지난날을 돌아보면 어떤 것만 기억에 남을까요? 힘들고 어려웠던 그 순간에 내가 하나님과 기도로 동역해서 하나님의 일을 이루어낸 것만 남습니다. 그러니까 우리의 삶에서 힘들고 어려운 문제를 보는 눈을 완전히 달리해야 합니다.

이스라엘 백성이 출애굽하고 홍해를 건널 때 얼마나 두렵고 얼마나 가슴 졸였겠습니까? 앞에는 망망대해가 펼쳐져 있고, 뒤에는 애굽 군대가 병거를 몰고 달려오고 있습니다. 완전히 독 안에 든 쥐 신세입니다. 아마 자신들이 세상에서 가장 불행하다고 여겼을 것입니다. 그런데 이스라엘 백성이 홍해를 건너게 됩니다. 홍해 바다가 갈라지고, 그 깊고 엄청난 바닷속이 바닥을 드러냈고, 물은 좌우에 벽이 되었습니다. 그들은 마른 땅을 걸어서 지나갔습니다. 그러나 하나님께서 바다를 다시 하나가 되게 하셔서 뒤따라 들어온 애굽 군대를 홍해 바다에 그대로 수장시키십니다. 바다를 먼저 건넌 이스라엘 백성의 입장에서는 정말 죽다 살아난 것입니다.

그런데 한번 생각해보십시오. 우리가 천국에서 홍해를 건넌 분들을 만나면 그들은 그때 이야기를 너무나 실감나게 해줄 것입니다. 그 자리에 있었다는 사실로 인하여 두고두고 자랑스러워할 것입니다. 크나큰 간증이자 기쁨일 것입니다. 어쩌면 그것 말고는 달리 할 이야기가 없을지도 모릅니다.

어느 시대나 하나님께서 주목하시는 곳이 있습니다. 이스라엘 백성에게는 절체절명의 순간이었지만 하나님은 그 순간 홍해를 주목하셨습니다. 하나님의 사랑하는 자녀가 애통해하며 눈물을 흘리고 위기에 빠져 있는데, 하나님이 가만히 계실 수는 없는 것입니다. 하나님이 우리의 아버지이시고 우리의 모든 것을 아시는데, 우리가 힘들고 어렵고 눈물 흘리는 것을 하나님께서 어떻게 모른 척하시겠습니까. 이스라엘 백성이 요단강을 건널 때도 하나님께서 주목하셨습니다. 다니엘이 들어간 사자굴이나 세 친구가 던져진 풀무불 속을 하나님께서 주목하고 계셨습니다. 그럴 때 그들이 하나님의 역사를 경험하게 된 것입니다.

우리의 삶 속에도 하나님께서 주목하시는 곳이 있음을 알아야 합니다. 이사야는 이스라엘이 범죄하여 하나님으로부터 징계를 당할 때 그들이 너무나 비참하였지만 하나님께서 그런 이스라엘의 황폐함을 주목하고 계셨음을 깨우쳐주었습니다. 하나님은 아버지이시기에 우리의 고통과 눈물과 탄식이 있는 곳을 주목하십니다. 그러나 고난의 현장이자 두려운 곳이요 막막할지라도 하나님께서 주목하시는 곳이라면 사실은 그곳이 축복의 자리입니다. 그러니 이제는 깨달아야 합니다. '여기가 하나님이 관심하시는 곳이구나!' 그것을 외면하거나 거기서 도망치지 말아야 합니다. 그것은 후회하고 또 후회하며 땅을 치고 괴로워할 일입니다. 우리는 거기서 기도로 하나님과 동역해야 합니다.

저는 대한민국이 하나님이 주목하시는 곳이라고 생각합니다. 한반도에서 남한과 북한, 미국과 북한이 어떻게 될지 연일 뉴스가 보도 되고, 전 세계적인 관심이 집중되고 있습니다. 그 말은 하나님도 이곳을 주목하고 계신다는 것입니다. 동일하게 우리는 하나님이 주목하시는 문제를 붙잡고 기도해야 합니다. '부담스럽다', '힘들다', '잘 모르겠다' 이렇게 반응하는 것이 아니라 우리가 가장 힘들어하는 문제, 우리가 가장 고통스러워하는 문제, 많은 사람이 눈물 흘리는 문제, 하나님이 특별히 주목하시는 것을 붙잡고 기도해야 합니다.

하나님나라의 큰 잔치

여러분, 하나님께서 침묵만 하시는 것 같을 때가 있습니다. 사역에 열매가 없고, 가족은 변화되지 않고, 언제나 가시 같은 사람이 있고, 힘든 일도 계속해서 일어납니다. 하나님은 우리의 모든 일을 다 알고 계십니다. 그러나 우리가 이 세상에서 하나님이 하시는 모든 것을 다 누릴 수는 없음을 인정해야 합니다. 우리가 세상에서 낙심하게 되는 것은 이 세상이 우리의 최종 목적지가 아니기 때문입니다. 궁극적으로 우리가 받을 상급은 하나님나라에 가서 받게 됩니다. 그러니까 결과만 바라보고 기도하지 말라는 것입니다. 그것을 깨닫고 나니 이 세상에서 충분히 보상받지 못한 것 또한 하나님의 은혜였습니다.

어느 사모님이 칠순 잔치에 초청을 받아 목사님과 함께 예배를 드리러 갔습니다. 그 교인은 하나님이 기뻐하시는 뜻대로 살고자 몸부림치는데도 이상하게 형편이 좋지가 않았습니다. 교회 안에서 가장 신실한데도 경제적인 상황이나 자녀들의 진로 문제 등 뭔가 시원하게 하나님이 복을 주셨다고 말하기가 어려웠습니다. 목회자의 입장에서도 '하나님께서 이런 교인을 잘 되게 해주시면 얼마나 좋습니까' 하는 마음이 들 정도로 답답했습니다. 어려운 형편 가운데서도 자녀들이 기쁨으로 잔치를 준비해서 예배를 드리는데, 갑자기 주님의 음성이 마음에 들려왔다고 합니다.

"끝까지 달려만 와다오! 내가 너희를 위해 이렇게 잔치를 준비하고 있단다."

이 세상의 잔치와 비교할 수 없고, 상상할 수 없는 놀라운 잔치가 하나님나라에 준비되고 있다니, 눈물이 왈칵 쏟아졌다고 합니다. 이름 없이 빛도 없이, 주님의 이름이 나의 이름이고, 주님의 빛이 나의 빛이라고 믿는 자에게 주님은 큰 소리로 외치십니다. 주님과 교회를 위하여 충성하는 이들을 향한 주님의 마음이었습니다.

저 역시 하나님의 나라를 위해 기도하기 시작하는 분들에게 정말 드리고 싶은 말씀입니다. 기도하다가 낙망하고 지치는 순간이 수시로 찾아올 것입니다. '언제까지 이 기도를 해야 되나?' 하는 생각이 들 수도 있습니다. 그런데 여러분이 주님을 바라보면 주님은 누구에게나 이렇게 말씀하실 것입니다.

"너, 끝까지 달려와. 내가 너를 위해서 큰 잔치를 준비하고 있어."

하나님의 나라를 위해 기도해야 하는 이유

그것이 깨달아지고 믿어지는 사람은, 기도하고 하나님의 말씀대로 살았지만 열매가 없는 것 같은 위기를 이겨냅니다. 여러분, 하나님의 나라를 위해서 기도해야 하는 이유가 무엇입니까? 우리가 잊지 않기 위해서입니다. 하나님의 나라를 위해서 기도하는 사람과 안 하는 사람은 하나님의 나라를 기억하는 것이 극명하게 갈립니다.

하나님의 나라를 위해서 기도하지 않는 사람은 하나님나라 자체를 잊어버리고 삽니다. 그러나 매일 하나님의 나라를 위해서 기도하면 하나님의 나라가 있음을 항상 기억하게 됩니다. '우리가 보이는 이 세상에 살고 있지만, 그러나 하나님의 나라가 있어! 하나님의 나라가 이미 임했어! 우리 안에 임했어!' 그러니 생각이 달라지는 것입니다. 나는 누구인지, 내가 왜 사는지, 결국 나는 어디로 가는지 항상 명심해야 합니다. 하나님의 나라를 위해서 기도하는 사람만이 이것을 잊지 않을 수 있습니다. 하나님의 나라를 위해서 기도하는 사람만이 하나님의 나라를 분명하게 알게 되고, 믿게 되고, 더 기도하게 됩니다.

이스라엘은 2천 년 동안 나라 없이 살았지만 회당을 중심으로 율법을 가르치고 유대 공동체의 기초를 마련해왔기 때문에 결국 잃어버렸던 나라를 되찾았습니다. 우리가 하나님의 나라를 잊지 않고 기도하는 것이 끝내 우리가 그 나라에 설 수 있도록 만들어줍니다. 그 나라에 가보면 알게 됩니다. 하나님의 나라를 위해서 기도하지 않는 사람은 하나님의 나라에 갈 수도 없습니다. 하나님의 나라를 위해 기도하지 않았는데 어떻게 하나님의 나라를 응답으로 받을 수 있겠습니까.

하나님의 나라를 위해서 기도하는 것은 엄청나게 중요한 일입니다. 우리가 하나님의 나라를 위하여 기도하는 것은 하나님께서 하나님의 나라를 이루실 근거가 됩니다. 하나님께서 하나님의 나라를 이 땅에 이루시려는 이유가 무엇입니까? 우리가 원하기 때문입니다. 우리가 하나님의 나라를 원하니까 주시는 것입니다. 우리가 원하지도 않는 하나님의 나라를 하나님께서 왜 이루시겠습니까?

내가 원합니다!

그런데 마귀가 가만히 있겠습니까?

"하나님, 인간들은 하나님의 나라를 원하지 않습니다. 그들은 다 세상에서 잘 되기만 원합니다. 세상에서 잘 먹고 잘 살고, 세상에서 부유하고 성공하고, 세상에서 집 짓고 그렇게 살기만 원한다고요. 하나님, 하나님의 나라를 위해서 기도하는 사람이 있는지 좀 보세요. 다 여기서 잘 먹고 잘 살기 위해서, 자식 위해서, 집 달라고, 병 고쳐달라고 기도하지, 하나님의 나라를 위해서 기도하는 사람이 어디 있습니까? 그런데 하나님께서 왜 간섭하십니까?"

이것이 마귀가 하는 짓입니다. 그러면 우리가 이렇게 대답해야 합니다.

"아니야. 내가 있잖아! 하나님의 나라를 위해서 기도하는 내가 있습니다. 나는 하나님의 나라가 이루어지기를 원합니다. 나는 하나님의 나라가 이 땅에 임할 것을 믿고, 하나님의 나라가 이 땅에 임하게 해달라고 기도합니다. 내가 원합니다! 하나님! 하나님의 나라를 원하는 사람이 여기 있습니다!"

이렇게 외칠 사람이 누구입니까? 이것이 얼마나 영적으로 중요한 의미가 있는지 아십니까? 하나님께서 마귀의 권세를 멸하시고 이 땅에 하나님의 나라를 이루시려는 이유는 하나님의 나라를 구하는 자들 때문입니다. 하나님의 나라를 위해 눈물로 기도하는 자들, 생명을 포기하고서라도 하나님의 나라를 구하는 자들이 있으니까 하나님께서 이 땅에 오시는 것입니다.

하나님의 나라를 위해서!

여러분은 왜 사십니까? 우리의 존재 이유가 무엇인가요? 우리는 가장 귀한 것을 붙잡아야 합니다. "하나님의 나라가 이 땅에 임하도록 기도하는 자로 서겠습니다." 거기서부터 우리의 기도가 시작되는 것입니다. 우리에게 왜 건강이 필요합니까? 하나님의 나라를 위해서! 우리에게 왜 재정이 필요합니까? 하나님나라를 위해 일하기 위해서! 우리에게 왜 기회가 필요하고, 우리가 왜 이 세상에서 성공해야 합니까? 이 땅에 하나님나라를 이루는 일에 쓰임받기 위해서! 그 이상도 이하도 아닙니다.

모든 기도 제목이 거기서 나옵니다. "하나님, 우리 가정에 하나님의 나라가 이루어지기 원합니다." 부부나 부모와 자녀 사이에서도, 우리의 삶 전체가, 하나님께서 하시려고 하는 일이 이루어지는 과정에 내가 기도로 동역하는 것입니다. 우리가 하나님 앞에 “제가 하나님 앞에 바른 기도를 드리기 원합니다”라는 기도를 드리기 원합니다. 여러분의 가정에서, 여러분의 일터에서, 여러분이 사는 곳에서 하나님의 나라를 부르짖고 구하고 갈망하는 자로 서게 되기를 축복합니다.

prayer points

1. 주님이 하시는 일을 알게 해주소서. 가정에서, 일터에서, 교회에서, 공동체에서 하나님이 하시려는 일이 무엇인지 알게 하소서. 주님이 하시는 일에 제가 기도로 동역하기를 원합니다. 기도로 해야 할 일을 깨닫게 하소서.

2. 하나님 앞에 기도하지 않고 애만 쓴 것을 회개합니다. 하나님, 정말 기도로 일하기를 원하오니 역사해주소서. 무슨 일이든지 기도로 시작하겠습니다. 이제는 노력해도 기도하면서 노력하겠습니다. 기도의 힘을 주시고 기쁨을 주소서.

3. 하나님, 하나님께서 하고 계신 일을 알게 하소서. 하나님의 뜻을 분명히 깨닫고 기도하게 하소서. 하나님의 나라를 위하여 기도하다가 주님을 맞이하게 하소서.

CHAPTER **15**

하늘의 권능이 임하는 기도

23 사도들이 놓이매 그 동료에게 가서 제사장들과 장로들의 말을 다
알리니 24 그들이 듣고 한마음으로 하나님께 소리를 높여 이르되 대
주재여 천지와 바다와 그 가운데 만물을 지은 이시요 25 또 주의 종
우리 조상 다윗의 입을 통하여 성령으로 말씀하시기를 어찌하여 열
방이 분노하며 족속들이 허사를 경영하였는고 26 세상의 군왕들이
나서며 관리들이 함께 모여 주와 그의 그리스도를 대적하도다 하신
이로소이다 27 과연 헤롯과 본디오 빌라도는 이방인과 이스라엘 백
성과 합세하여 하나님께서 기름 부으신 거룩한 종 예수를 거슬러 28
하나님의 권능과 뜻대로 이루려고 예정하신 그것을 행하려고 이 성
에 모였나이다 29 주여 이제도 그들의 위협함을 굽어보시옵고 또 종
들로 하여금 담대히 하나님의 말씀을 전하게 하여 주시오며 30 손을
내밀어 병을 낫게 하시옵고 표적과 기사가 거룩한 종 예수의 이름으
로 이루어지게 하옵소서 하더라 31 빌기를 다하매 모인 곳이 진동하
더니 무리가 다 성령이 충만하여 담대히 하나님의 말씀을 전하니라

사도행전 4:23–31

한 시간 기도운동을 통해서 기도하지 못하던 사람이 실제로 기도를 하게 되고, 이미 기도하던 사람은 기도의 시간이 늘어나고, 기도를 더 오래 지속하게 되었다는 고백이 저에게 전해졌습니다. 특별히 한 시간 기도운동이 많은 사람들에게 기도의 힘을 불러일으키는 계기가 되었다는 간증이 기쁜 것은, 앞으로 하나님의 놀라운 역사가 있을 것이 예상되기 때문입니다.

어느 순간 왠지 모르게 하나님 앞에 간절히 기도하게 되었습니까? 깊은 기도 후에는 늘 하나님의 역사가 있었습니다. 반대로 왠지 모르게 기도의 힘을 잃어버려서 모양만 남은 기도생활을 하고 있다면 참으로 두려운 일입니다. 얼마 안 가서 기도하지 않았기 때문에 큰 시험이 일어나는 것을 보게 될 것입니다. 따라서 기도가 뜨거워졌다는 것은 우리 마음에 큰 기대를 갖게 합니다. 설령 어려움 때문에 기도하게 되었을지라도 나중에는 우리가 그 기도로 살았다고 고백하게 될 것입니다.

그러니까 기도가 잘 되고 안 되는 것은 정말 중요한 문제입니다. 기도가 잘 안 된다면 무슨 일이 있어도 그 상태를 벗어나야 합니다. 정말 기도하고 싶다는 갈망으로 주께 매달리는 사람은 결국 기도의 불을 받습니다. 기도가 잘 안 될 때 그냥 넘어가지 않기를 바랍니다. 기도가 잘 안 되는 것은 대단히 위험한 상태입니다.

하나님 앞에 서 있는 담대함

사도행전 4장에 나오는 기도는 그저 기도한 것으로 끝나는 기도가 아닙니다. 하나님께 기도할 때 강력한 하늘의 권능이 부어지는 기도가 있습니다. 우리가 기도한다면 우리에게도 이런 기도의 역사가 일어나야 할 것입니다.

성령을 받고 예수님의 부활을 전하는 사도들에게 엄청난 핍박이 오기 시작합니다. 베드로와 요한이 잡혀서 감옥에 갇혔고 산헤드린 공회 앞에 섰습니다. 산헤드린 공회는 당시 유대의 종교와 정치를 통합한 최고 권력 기구입니다. 예수님도 여기서 재판을 받고 사형 판결을 받으셨습니다. 그러나 예수님 당시에 유대는 로마의 식민지였기 때문에 사형 선고는 로마 총독의 승인이 있어야 했습니다. 예수님은 빌라도를 통해 로마 군인들에게 넘겨진 후 십자가에서 죽임을 당했습니다.

그러니까 산헤드린 공회는 사람을 죽이고 살리는 막강한 권한이 있었던 곳입니다. 그 산헤드린 공회에서 베드로와 요한에게 예수 이름 사용 금지 명령을 내렸습니다.

> … 예수의 이름으로 말하지도 말고 가르치지도 말라 하니 행 4:18

그때 베드로와 요한이 당당하게 대답합니다.

… 하나님 앞에서 너희의 말을 듣는 것이 하나님의 말씀을 듣는 것보다 옳은가 판단하라 행 4:19

베드로와 요한이 이토록 담대할 수 있었던 것은 자기들을 무서운 눈초리로 내려다보는 산헤드린 공회원들의 눈을 의식한 것이 아니라 그보다 더 크고 놀라우신 하나님을 바라보았기 때문입니다. 베드로와 요한은 19절에 '하나님 앞에서'라고 말합니다. 그들이 지금 산헤드린 공회 앞에 서 있지만 하나님 앞에 서 있다고 고백하는 것입니다. 이것은 너무나 놀라운 믿음입니다. 하나님께서 자신들을 보고 계시고 그 하나님 앞에 서 있다는 것을 깨닫자 담대함이 생겼습니다. 그리고 하나님께서 그들에게 담대하게 복음을 전하라고 하신다는 것도 알았습니다. 그렇기 때문에 그 살벌한 산헤드린 공회원들 앞에서도 담대히 "우리가 하나님의 말씀을 듣지 않고 너희 말을 듣는 것이 옳은지 스스로 판단해봐라" 이렇게 대답한 것입니다.

사실 대제사장들과 장로들은 베드로와 요한이 자기들 앞에서 담대히 말하는 것을 보고 깜짝 놀랐습니다. 베드로와 요한이 제대로 배우지 못한 보잘것없는 사람인 줄 알았는데, 그들이 너무나 담대히 말했기 때문입니다.

그들이 베드로와 요한이 담대하게 말함을 보고 그들을 본래 학문 없는

범인으로 알았다가 이상히 여기며 또 전에 예수와 함께 있던 줄도 알고 행 4:13

대개 많이 배운 사람이 말도 잘합니다. 그러나 많이 배워서 말만 번지르르하게 하는 사람과 하나님을 바라보는 눈이 뜨여서 말하는 사람은 다릅니다. 평소에는 말을 잘하지만 두려운 일이 생기면 아무 소리도 못하고 말을 더듬는 사람이 있는 반면, 하나님을 바라보는 사람은 평소에는 어눌하고 표현이 세련되지 않아도 위기의 때, 두려운 일이 닥치면 전혀 달라집니다. 말에 권세가 있고 사람의 심령을 움직이는 말을 합니다. 사도들이 그와 같았습니다.

하늘의 권능이 임하는 기도

그들이 감옥에서 풀려나 동료들에게 가서 제사장과 장로들이 한 말을 다 이야기하였습니다. 그리고 한마음으로 함께 기도합니다.

그들이 듣고 한마음으로 하나님께 소리를 높여 이르되 대주재여 천지와 바다와 그 가운데 만물을 지은 이시요 행 4:24

그들은 공회 앞에 서서 예수 이름으로 절대 말하지 말라는 판결을 받고 나오는 길이었습니다. 그러나 그들은 "살려주세요", "도와주세요", "핍박이 사라지게 해주세요"라고 애절하게 두려운 마음으로 기도드리지 않았습니다. 우리가 이 점에 주목해야 합니다. 그들은 핍박 중에 오히려 큰 소리로 하나님께서 천지의 주재자이심을 고백하고 하나님을 찬양하였습니다. 오직 하나님의 이름과 영광을 위해서 하나님의 뜻이 이루어지기를 간구했습니다.

> 주여 이제도 그들의 위협함을 굽어보시옵고 또 종들로 하여금 담대히 하나님의 말씀을 전하게 하여주시오며 손을 내밀어 병을 낫게 하시옵고 표적과 기사가 거룩한 종 예수의 이름으로 이루어지게 하옵소서 하더라
>
> 행 4:29,30

다시 붙들려가도 좋고, 매를 맞아도 좋고, 죽임을 당해도 좋으니 하나님께서 원하시는 그 일이 이루어지기를 원한다고 기도한 것입니다. 오직 담대히 복음을 전하게 하시고, 주 예수의 이름으로 표적과 기사가 일어나고, 병든 자들이 고침을 받는 일이 지금도 일어나게 해 달라고 기도한 것입니다.

그때 하늘의 권능이 임하고 기도하던 곳이 진동했습니다.

> 빌기를 다하매 모인 곳이 진동하더니 무리가 다 성령이 충만하여 담대히 하나님의 말씀을 전하니라 행 4:31

이것이 권능 있는 기도입니다. 이런 기도를 정말 사모해야 합니다. 우리의 기도가 이런 기도가 되어야 합니다. 그러려면 반드시 하나님

의 뜻대로 기도하기를 힘써야 합니다. 나의 육신적 반응으로 기도하는 것이 아니라 이 상황에서 하나님이 무엇을 원하실지 그것을 계속 생각하고, 하나님이 깨우쳐주시면 그 방향으로 기도하는 것입니다.

하나님의 뜻대로 구하는 기도

사람의 마음에는 많은 계획이 있어도 오직 여호와의 뜻만이 완전히 서리라 잠 19:21

내 마음속에 여러 가지 생각과 많은 계획이 있어도 다 허사입니다. 하나님은 내 생각과 계획을 이루어주시는 분이 아닙니다. 오직 여호와의 뜻만이 완전히 서리라 말씀하셨습니다. 그러니 이왕 기도할 것 같으면 하나님이 뜻하시는 것을 붙잡고 그 뜻이 이루어지기를 기도해야 합니다.

기도해도 응답 안 되는 게 많다고 하는데 천만의 말씀입니다. 기도하면 다 응답받습니다. 하나님의 뜻대로만 기도해보십시오. 구원의 확신을 구하면 반드시 응답받습니다. 죄에서 떠나게 해달라고 기도하면 반드시 응답받습니다. 전도하고 싶고, 하나님이 기뻐하시는 일을 하며 살게 해달라고 기도하면 반드시 응답하십니다. 하나님의 뜻대로 구하는 기도는 다 응답받습니다. 기도했는데 응답이 안 된다면 무슨 기도를 했는지 점검해봐야 합니다. 그 문제 속에서 하나님의 뜻을 제대로 분별했는지 살펴야 합니다.

한번은 제가 아주 어려운 일을 만나 삼 일 금식을 했습니다. 저로서는 매우 난감한 일이었습니다. 하나님의 뜻이 무엇인지 알기가 어려웠습니다. 그런데 기도 중에 하나님께서 제 마음속에 응답해주셨습니다. 주님이 제게 원하시는 것은 "항상 기뻐하고 쉬지 말고 기도하고 범사에 감사하라"는 것임을 알았습니다. 저는 그 시험 속에서 '이래야 되나 저래야 되나', '하나님의 뜻이 무엇인가?'를 찾았는데, 제가 모든 일에 기뻐하고 기도하고 감사하지 못했기 때문에 주의 인도하심을 깨닫지 못했다는 것을 알았습니다. 하나님의 뜻을 구한다고 하면서도 "힘들다", "난감하다", "답답하다"고만 생각했지, 정작 하나님의 뜻대로 아무것도 하지 않은 것입니다. 그러자 회개할 것이 깨달아졌고 저에게 시험이 되었던 문제에 대해서 기뻐하고 기도하고 감사하였습니다. 그렇게 믿음으로 순종하자 놀랍게도 문제가 다 사라지는 것을 느꼈습니다. 그 문제가 제 마음속에 더 이상 문제가 되지 않았습니다. 정말 모든 일에 기뻐하고 기도하고 감사하는 것이 저도 사는 길이고 모든 사람을 살리는 길임을 깨달았습니다.

기도는 하나님의 역사에 동참하는 방법이다

여러분이 기도할 때 하나님의 뜻이 무엇인지를 정확히 붙잡는 것이 매우 중요합니다. 기도는 성령께서 우리를 하나님의 역사에 동참시키시는 방법입니다. 우리가 기도하니까 하나님이 움직이시는 것이 아니라 하나님이 어떤 일을 계획하시고 우리에게 기도를 시키셔서 그 일에 동참하도록 해주시는 것입니다. 개인적인 일이든, 교회와 나라를 위하는 일이든 하나님이 어떤 일을 계획하시고 우리에게 기도하게 하심으로 하나님이 하시는 그 일에 우리를 동참시키시는 것입니다.

사도행전을 읽어보십시오. 제자들이 기도했기 때문에 그 응답으로 성령이 임한 것이 아닙니다. 제자들이 성령의 임하심에 대해 아무 생각이 없었을 때, 부활하신 예수님이 제자들에게 예루살렘을 떠나지 말고 아버지께서 약속하신 것을 기다리라고 말씀하셨습니다(행 1:4,5). 기다리라는 말은 "기도하고 있으라"는 뜻입니다. 제자들은 그 약속을 붙잡고 마가의 다락방에 모여 기도하며 기다렸을 뿐입니다. 성령을 보내시겠다는 하나님의 계획이 있었고, 제자들에게 기도하라고 하셨고, 마침내 성령이 임한 것입니다.

오순절 성령강림 사건 이후 제자들은 담대히 복음을 전하고, 예수의 이름으로 병든 자가 고침을 받고, 많은 기사와 표적이 나타나는 것이 하나님의 뜻임을 알았습니다. 하나님의 뜻이 그렇기 때문에 사도들은 온갖 핍박을 당할 때도 권력자들의 위협에서 벗어나게 해달라고 구하지 않고, 담대히 하나님의 말씀을 전하게 해달라고, 예수 그리스도의 이름으로 치유와 표적과 기사가 나타나게 해달라고 기도한 것입니다. 이처럼 하나님의 뜻이 이루어지게 해달라고 기도할 때, 하늘의 권능이 임하여 땅이 흔들리는 역사가 나타나는 것입니다.

제가 안산에서 목회할 때 청년들을 위한 독립 교회를 세워서 젊은이교회를 창립할 당시 한 청년이 간증을 했습니다.

"제가 처음 청년부에 올라왔을 때, 몇 안 되는 언니 오빠들과 토요예배를 준비하시는 전도사님을 보면서 참 썰렁했습니다. 청년부에서 아무리 이런저런 행사를 준비해도 나오는 청년들만 나오고 있었습니다. 저는 학교에서 여의도순복음교회 소속 기독교 동아리에 가입하게 되었고 그러면서 주님을 향한 청년들의 뜨거운 사랑을 볼 수 있었습니다. 교회를 위해 헌신하고 지체들을 섬기며 자기의 것들을 드리는 그들이 부러웠습니다. 순복음교회의 청년 금요철야도 따라가 많은 젊은이들의 뜨거운 열정도 보았습니다. 정말 은혜로웠습니다. 그러나 토요일과 주일에 우리 교회로 와보면 참 안타까웠습니다. 아니 화가 났습니다. 왜 우리 교회 청년들은 이 모양일까 하고요.

그때 저를 양육해주던 언니가 이렇게 말해주었습니다. "이런 모습을 보고 안타까워하거나 화만 낼 것이 아니라 우리 교회 청년들에게도 그런 부흥이 임하기를 기도해야 하지 않겠어?" 그때서야 저는 저의 잘못을 깨달았습니다. 그리고 기도했습니다. 우리 교회 청년들도 순복음교회 청년들만큼 부흥하고 주님을 향한 비전을 품게 해달라고요.

어제 젊은이 예배가 창립되었습니다. 어제까지만 해도 전 이것이 하나님의 응답이라는 것을 몰랐습니다. 그런데 오늘 아침 갑자기 깨달았습니다. 하나님께서 우리 교회 청년들을 부흥시키시려고 우리에게 기도하게 하셨고 우리의 기도에 응답하셨음을 깨달았습니다."

여러분, 하나님은 우리가 기도하니까 비로소 어떤 일을 이루시는 그런 하나님이 아니십니다. 하나님이 어떤 일을 이루려고 하시고, 우리로 하여금 기도를 시키시고, 그 기도를 통해서 우리가 하나님의 역사를 경험하고 하나님의 일에 동참하게 하십니다. 그러니까 우리가 어떤 상황이든지 우리가 기도할 때 하나님께서 어떤 일을 하려고 하시는지, 하나님의 뜻이 어디에 있는지 생각하는 것이 대단히 중요합니다.

성령께서 그 길을 막을 수 있었던 사람

제 목회를 돌아볼 때 가장 반성하게 되는 것이 있습니다. 저는 목회를 열심히 하고 최선을 다하면 잘하는 줄 알았습니다. 그래서 열심히 했고 최선을 다했습니다. 그런데 계속해서 하나님의 뜻을 찾기 위해 몸부림쳤는지 생각할 때 마음에 가책을 느낍니다. 그 일이 좋다 나쁘다를 판단하기 이전에 하나님께서 무엇을 원하시는지 그것을 찾아갔어야 하는데 말입니다.

사도행전 16장에는 성령 하나님께서 사도 바울의 아시아 전도를 막으시는 장면이 나옵니다. 전도는 너무나 중요합니다. 전도를 하겠다는데 하나님이 길을 열어주셔야 합니까, 막으셔야 합니까? 당연히 전도하겠다는 사람의 길을 열어주셔야 합니다. 그런데 아시아에서 말씀을 전하지 못하게 하시는 것입니다. 그때 바울은 마게도냐 사람 하나가 바울 앞에 서서 "마게도냐로 건너와서 우리를 도우라"라고 하는 환상을 보았습니다. 하나님께서 아시아가 아니라 유럽의 문을 여신 것을 본 것입니다. 아시아에도 아직 복음을 다 전하지 못했지만 하나님께서 유럽으로 가라고 하신다는 것을 깨닫자 바울은 마게도냐로 건너가려고 하였고 빌립보로 건너가 복음을 전합니다.

사도 바울의 위대한 점이 여기 있습니다. 사도 바울은 성령께서 그 길을 막을 수 있었던 사람이었습니다. 성령께서 막으실 때 '아, 막으시는구나! 왜 그렇지? 하나님, 그러면 어떻게 할까요?' 이렇게 묻고, 하나님이 유럽 선교의 문을 여시는 것을 깨닫고 유럽으로 옮아간 것은 정말 탁월한 결정입니다. 전도가 아무리 중요해도 성령께서 이끄시는 대로 하지 않으면 아무 유익이 없기 때문입니다.

그런데 보통 사람들은 성령님도 못 말립니다. 자기가 한다면 하고 안 한다면 안 합니다. 주님이 "너, 그거 하지 마"라고 하셔도 "주님, 저 말리지 마세요. 제가 하겠다는데 왜 간섭하십니까? 주님, 당장 문을 열어놓으세요" 이렇게 주님 앞에 명령도 하고, 고집도 부리고, 생떼도 씁니다. 열심히 하지만 실제로는 자기 마음대로 목회하고 선교하고 사역하는 사람이 얼마나 많은지 모릅니다.

주님이 말씀하시면 당연히 그렇게 해야 하는데 "주님, 그건 잘못됐잖아요! 주님, 이것도 모르세요?" 이런 식으로 오히려 주님을 가르치려고 합니다. 그러니 가정 안에 부부 싸움이 일어나고, 부모 자녀 사이에 갈등이 생기고, 교회 안에 문제가 일어나는 것입니다. 하나님의 뜻을 분별하고 순종하는 것이 최선을 다하는 열심보다 중요합니다.

사도 바울이 성령의 이끌림을 받아서 아시아로 가려던 계획을 내려놓고 유럽으로 건너감으로 세계 기독교 역사를 새로 쓰게 되었습니다. 그런데 이 일이 지금 우리 가운데도 그대로 일어날 수 있습니다. 그러니까 어떤 일이 "된다, 안 된다", "내가 원하는 대로 됐다, 안 됐다" 그렇게만 판단하지 말고 그 일 가운데 두신 하나님의 계획이 무엇인지 물어야 한다는 것입니다.

맡기는 기도

오만(Oman)의 선교사님 한 분이 간염을 앓고 비자와 거주증을 받을 수 없는 상태가 되었습니다. 오만은 간염 보균자에게 비자를 발급해 주지 않는다는 것을 오만에 가서야 안 것입니다. 병원에서도 의사가 서류에 사인을 해주지 않았습니다. 선교사님과 비슷한 이유로 거주증을 받지 못한 이집트 사람이 의사에게 거칠게 항의하는 모습도 보였습니다.

그러나 주님을 바라봄으로 평안한 마음을 받은 선교사님은 뭔가 주님의 뜻이 있으리라 여기고 병원 근처에서 며칠을 보냈습니다. 아침에 병원 문이 열리면 선교사님이 병원 의자에 앉아 가만히 기도하고 말씀을 보며 묵상하다가 저녁이면 돌아갔다가 그다음 날 또다시 병원에 찾아오고, 며칠째 그러는 모습을 지켜본 의사가 선교사님을 불렀습니다. 그러더니 검사 결과 없이 사인을 해주어 거주증을 받아 무사히 집으로 돌아올 수 있었다고 합니다.

이 선교사님의 행동은 병원과 주변 경찰 사이에서도 유명해졌습니다. 사정이 딱한 외국인이 화내지 않고 침착하게 기다리는 모습을 보며 한국 사람은 성품이 참 좋다고 소문이 난 것입니다. 저는 이 선교사님의 선교 편지를 읽으면서 감동이 되었습니다. 만약 처음 거절당했을 때 선교사님이 흥분하고 항의했다면 일이 더 꼬일 수도 있었습니다. 그런데 주님의 뜻을 믿고 기다리자 도무지 안 될 일도 하나님께서 기적적으로 문을 열어주시고 좋은 평판까지 얻게 하신 것입니다.

인도에서 사역하시는 한 선교사님도 비자 발급을 받는 데 문제가 생겼습니다. 비즈니스 비자를 받아야 하는데 인도 정부에서 요구하는 매출 실적 수준이 너무 높아 비자를 받기 어렵게 된 것입니다. 그런데 기도하는 중에 하나님께서 "내게 맡기라"고 하셔서 비자가 나오게 해달라고 기도하지 않고, "주님이 함께하시지요. 주님 한 분이면 충분합니다"라고 맡기는 기도를 드리고 난 뒤 마음의 평안을 지켰습니다. 그런 다음 비자 인터뷰를 하게 되었는데 어려운 질문이 많았지만 그때마다 하나님께서 지혜를 주셔서 영사 앞에서 할 말을 주시고 역사하셔서 1년 비자를 발급받게 되었다고 합니다.

어떤 상황에서든지 하나님이 원하시는 대로 기도하는 일은 우리가 훈련하고 또 훈련해야 하는 일입니다. 그 일을 통해 하나님은 지금도 살아 계시고, 우리의 기도를 통해 역사하시고, 우리 가운데 함께하시는 것을 알게 됩니다. 하나님의 뜻을 계속 구하십시오. 그것이 하나님의 뜻이라고 믿어지면 우리는 순종하게 되고, 또한 그 뜻이 이루어지기를 기도하게 됩니다.

주님, 제가 어떻게 하기를 원하십니까?

베드로는 환난을 당할 때 하나님의 뜻이 무엇인지 알았습니다.

> 선을 행함으로 고난 받는 것이 하나님의 뜻일진대… 벧전 3:17

실제로 베드로는 예수 부활의 복음을 전하다가 감옥에 가서 말할 수 없는 고초를 당하고 어려움을 겪었습니다. 그러나 그것이 하나님의 뜻이라고 깨달아지자 더 이상 "살려달라, 도와달라"는 기도를 하지 않았습니다. 대신 지금도 병이 낫는 역사와 표적과 기사가 주 예수의 이름으로 이루어지게 해달라고 담대하게 구한 것입니다. 우리가 어려움을 당할 때 그 어려움에서 벗어나게 해주시는 것이 하나님의 뜻일 수도 있고, 선을 행하다가 고난을 받는 것이 하나님의 뜻일 수도 있습니다.

사도행전 4장 25-28절에 보면 성령께서 사도들에게 시편 2편으로, 모든 세력이 합세하여 예수 그리스도의 복음을 전하지 못하도록 대적하여 일어날 것에 대하여 예언하셨음을 깨닫게 해주셨습니다. 그러면 된 것입니다. "하나님, 충분합니다. 이런 일이 있을 거라고 하셨군요. 그렇다면 그 일이 당연히 일어나겠군요. 알겠습니다. 하나님, 그렇지만 저희는 이에 굴하지 않고 담대히 주 예수님의 부활의 복음을 전하게 해주옵소서." 이렇게 기도하게 된 것입니다. 하나님의 뜻을 알고 나니 고난 앞에서도 명확히 답을 찾게 된 것입니다.

여러분, 혹시 사고가 났습니까? 병이 들었습니까? 자녀에게 문제가 생겼습니까? 큰 손해를 봤습니까? 주님이 여러분과 함께 계시고 주님을 바라보다가 일어난 일이라면 주님이 다 알고 계시고, 다 보고 계십니다. 우리가 기막힌 어려움 가운데 있고, 말할 수 없는 두려움에 빠져 있다는 것을 주님이 다 아신다는 것을 믿으면 기도는 달라질 수밖에 없습니다. "주님, 제가 어떻게 하기를 원하십니까? 제게 하시려는 일이 무엇입니까?" 내 마음대로 되지 않을 때 더욱 주님을 바라보아야 합니다.

우리가 예수님을 믿고 예수님의 생명으로 살며 우리 안에 주님이 이미 와 계신데, 우리가 겪는 일을 주님이 어떻게 모르실 수 있겠습니까. 주님은 정말 다 아십니다. 그 점에 대해서 분명한 확신을 가져야 합니다. '주님이 모르시는 바가 아니다. 주님이 다 아시고, 지켜보시는 중에 이런 일이 생겼다'는 것이 분명하다면 기도가 이렇게 나와야 합니다. "하나님, 제가 어떻게 해야 됩니까? 이런 상황에서 주님은 제가 어떻게 하기를 원하십니까?"

말할 수 없이 억울한 일을 당하고 엄청난 손해를 입었을 때 "살고 싶지 않다", "억울해서 미치겠다"라고 반응하지 말고 "하나님, 다 보셨잖아요? 하나님, 다 아시잖아요? 이런 상황에서 제가 어떻게 해야 됩니까?"라고 기도해야 합니다. 그러면 신기하게도 하나님께서 무엇을 원하시는지 알게 해주십니다.

하나님을 완전히 신뢰하라

어느 때는 하나님의 뜻을 분별하기가 쉽지 않은 순간이 옵니다. 감정이 너무 격해지거나 너무 화가 나거나 너무 좋거나 너무 싫거나 별별 일이 다 일어납니다. 그때가 위기입니다. 하나님이 무엇을 원하시는지 확인하지 않고 말하거나 행동해버리면 두고두고 후회할 일이 생깁니다. 하나님을 완전히 신뢰해야 합니다. "이거 아니면 나 죽어" 이런 것은 없습니다. 살다보면 그런 느낌이 들 때도 있지만, 지나고 보면 그것이 아니면 죽는 경우는 없습니다. '이번 기회를 놓치면 내 인생은 끝장이야', '무슨 일이 있어도 그 대학에 가야 해' 하지 마시기 바랍니다. 내가 어떤 일을 정말 간절히 원할 수는 있겠지만, 그것이 이루어지지 않는다고 해서 하나님이 나를 사랑하시지 않는 것은 아닙니다. 나에게 주어진 상황 속에서 '이제 끝이야', '아무런 낙이 없어' 이렇게 판단하면 안 됩니다.

> … 우리가 구하거나 생각하는 모든 것에 더 넘치도록 능히 하실 이에게
>
> 엡 3:20

하나님은 이런 분이십니다. 우리가 구하거나 생각하는 모든 것에 더 넘치도록 능히 하실 수 있는 분입니다. 그러니 더 이상 내 마음대로 살려고 발버둥치지 말아야 합니다. 내 마음대로 되지 않는다고 불평하지 말아야 합니다. 마음대로 할 수 없는 것이 오히려 복일 때가 많습니다.

주님의 뜻이 이루어지기 원합니다

제가 부산에서 목회할 때 전도도 열심히 하고 제자훈련과 양육으로 잘 섬기던 여자 권사님이 있었습니다. 그런데 남편 권사님이 IMF 때 갑자기 실직해서 집안 사정이 몹시 어려워졌습니다. 딸은 대학생이고, 아들은 고3이라 학비 부담까지 엄청났습니다. 어느 날 어렵게 모은 1백만 원을 은행에서 찾아 핸드백에 고이 넣고 교회에 전도하러 오는 길이었는데, 전도사님이 보니까 한눈에 보기에도 권사님의 핸드백이 쫙 찢어져 있더랍니다.

"권사님, 핸드백이 왜 그래요?"

깜짝 놀라서 보니 핸드백이 면도칼로 찢어져 있고, 그 안에 넣어두었던 돈이 없었습니다. 버스를 타고 오다가 소매치기를 당한 것입니다. 갑자기 하늘이 노래지고 서 있기도 힘들 지경이 되었습니다.

'이게 어떤 돈인데…. 칠칠치 못하게 소매치기나 당하고. 아이들 학교도 못 보내게 되었구나.'

그런데 양육 대상자가 그 권사님을 기다리고 있었습니다. 권사님은 아무런 내색 없이 새가족 양육을 마쳤습니다. 이번에는 전도사님이 전도하러 나가자고 하는데 그것만큼은 도저히 못할 것 같아서 양해를 구하고 집으로 돌아와 이불을 뒤집어쓰고 울었습니다.

전도사님이 저에게 이 권사님이 겪은 일을 알려주었는데 저도 참 난감했습니다. 전화하기도 미안했습니다. 무슨 말로 위로해야 하나 고민 끝에 전화를 걸었는데, 권사님이 받으셔서 힘내시라고 말씀드렸더니 권사님이 매우 밝게 이야기하셨습니다.

"목사님, 괜찮아요. 마음이 극복됐습니다. 하나님이 역사하실 줄 믿습니다."

저는 정말 감사했습니다. 권사님도 처음에는 주님의 일을 열심히 하노라 했는데 왜 그 돈을 지켜주지 않으셨는지, 하나님을 원망하는 기도가 나왔다고 합니다. 그러나 '내가 새가족을 양육하고, 예수님을 믿으라고 전도도 하는 사람인데, 이런 일을 겪었다고 누워서 울고 있다니 이게 믿음인가? 내가 그동안 전했던 믿음이 고작 이 정도밖에 안 되는 건가?' 하는 생각이 들어서 부랴부랴 자리를 정돈하고 이렇게 기도했다고 합니다.

"주님, 저는 정말 대책이 없지만, 주님께 다 맡깁니다."

그렇게 마음이 정리되었을 때 제가 전화를 드린 것입니다. 저녁에 가족들과 그 일을 나누고 가족들로부터 위로와 격려도 받으셨다고 합니다. 그러면 두 자녀의 문제가 어떻게 해결되었을까요? 휴학 신청을 하러 학교에 간 딸은 성적 우수자로 1년 장학금을 받게 되었다는 소식을 전해왔고, 대학 입시를 치른 아들은 의대에 수석으로 합격하여 6년 전액 장학금과 미국 유학까지 보장되었다고 합니다. 정말이지 영화 같은 일이 벌어진 것입니다.

물론 계기가 있었습니다. 이불을 뒤집어쓰고 계속 누워 있어야 하는지, 하나님께 감사하고 찬양하고 담대히 털고 일어나야 하는지, 그 순간에 권사님이 "하나님께서 내게 어떻게 하라고 하시나?" 구한 것입니다. 이렇게 주님의 뜻이 우리를 살려냅니다. 기도를 해도 "주님의 뜻이 이루어지기 원합니다"라고 기도해야 합니다. 그것이 우리가 사는 길입니다.

기도할 그때가 가장 안전하다!

2011년 동일본 대지진이 일어나고 쓰나미가 일어났을 때 일본 동경 영광교회를 담임하시던 이용규 목사님이 마침 한국에 와 계셨습니다. 일본에 있던 사람들도 다 한국으로 돌아오는 형편인데, 이 목사님은 바로 다시 일본으로 가려고 했습니다. 청년 모임에서 설교를 하고 그다음 날 바로 일본으로 가기로 한 이용규 목사님이 청년들에게 이렇게 말했습니다.

"저는 지금 세상에서 가장 안전한 곳으로 가려고 합니다."

일본에서 지금 난리가 났는데 세상에서 가장 안전한 곳으로 간다니, 의아해하는 청년들에게 목사님은 이렇게 말했습니다.

"전 세계가 일본을 위해서 기도하고 있으니 그곳이 가장 안전한 곳입니다. 기도할 수밖에 없는 상황인 그 지역이 오히려 더 안전합니다. 기도를 안 해도 되는 것처럼 느껴지는 이 나라 한국이 사실은 정말 걱정입니다."

정말 그렇습니다. '나는 왜 이렇게 문제가 많아서 기도할 수밖에 없나?' 하는 생각을 하십니까? 사실 지나고 보면 기막힌 하나님의 축복의 때였음을 알 수 있습니다. 하나님의 뜻을 분별해보십시오. '나는 특별히 기도할 문제가 없어', 오히려 그것이 두려운 일입니다. 어떤 형편에서도 하나님의 뜻을 알고 그 뜻대로 기도하면 반드시 하나님의 역사가 일어납니다. "오직 주의 뜻이 이루어지이다!" 이 기도에 하늘의 권능이 부어져 이 땅이 진동하는 역사가 일어나기를 축복합니다.

prayer points

1. 성령의 역사로 하나님의 뜻이 분명히 깨달아지게 하소서. 내가 원하는 기도가 아니라 하나님이 계획하신 그 일을 위해 기도하게 하소서. 성령님, 깨닫게 하소서. 하나님의 뜻을 알게 해주소서.

2. 주님, 제 귀를 열어주소서. 주님이 원하시는 것을 내 머릿속에 넣어주소서. 우리 생각 속에 주님이 역사해주소서. 주님의 뜻을 알면 낙심하지 않겠습니다. 주님의 뜻을 알면 용기를 낼 수 있습니다. 주님의 뜻을 알면 기쁨이 부어지는 줄 믿습니다. 주여, 성령의 역사로 기도하게 하소서.

3. 주여, 말씀이 제게 이루어지게 하소서. 빌기를 다하매 모인 곳이 진동했다고 하는데, 제 심령이 그렇게 되기를 원합니다. 하나님의 부흥이 우리의 심령에, 가정과 교회와 일터에, 우리 민족 위에 임하게 하소서.

한 시간 기도

초판 1쇄 발행 2019년 7월 22일
초판 31쇄 발행 2025년 1월 14일

지은이 유기성

펴낸이 여진구
책임편집 안수경
편집 이영주 박소영 최현수 구주은 김도연 김아진 정아혜
책임디자인 마영애 노지현 | 조은혜 정은혜
홍보 · 외서 진효지
마케팅 김상순 강성민
제작 조영석 허병용
마케팅지원 최영배 정나영
경영지원 김혜경 김경희

303비전성경암송학교 유니게과정
이슬비전도학교 / 303비전성경암송학교 / 303비전꿈나무장학회

펴낸곳 규장

주소 06770 서울시 서초구 매헌로 16길 20(양재2동) 규장선교센터
전화 02)578-0003 팩스 02)578-7332
이메일 kyujang0691@gmail.com 홈페이지 www.kyujang.com
페이스북 facebook.com/kyujangbook 인스타그램 instagram.com/kyujang_com
카카오스토리 story.kakao.com/kyujangbook
등록일 1978.8.14. 제1-22

책값 뒤표지에 있습니다.
ISBN 978-89-6097-218-6 03230

규 | 장 | 수 | 칙

1. 기도로 기획하고 기도로 제작한다.
2. 오직 그리스도의 성품을 사모하는 독자가 원하고 필요로 하는 책만을 출판한다.
3. 한 활자 한 문장에 온 정성을 쏟는다.
4. 성실과 정확을 생명으로 삼고 일한다.
5. 긍정적이며 적극적인 신앙과 신행일치에의 안내자의 사명을 다한다.
6. 충고와 조언을 항상 감사로 경청한다.
7. 지상목표는 문서선교에 있다.

하나님을 사랑하는 자 곧 그의 뜻대로 부르심을 입은 자들에게는 모든 것이 合力하여 善을 이루느니라(롬 8:28)

ecpa Member of the Evangelical Christian Publishers Association

규장은 문서를 통해 복음전파와 신앙교육에 주력하는 국제적 출판사들의 협의체인 복음주의출판협회(E.C.P.A:Evangelical Christian Publishers Association)의 출판정신에 동참하는 회원(Associate Member)입니다.